NO ONE
AT THE WHEEL

ドライバーレスの衝撃

自動運転車が社会を支配する

サミュエル・I・シュウォルツ
小林啓倫［訳］

DRIVERLESS CARS
AND THE ROAD OF
THE FUTURE

SAMUEL I. SCHWARTZ

白揚社

息子のアダム・ウィリアム・シュウォルツに捧げる

ドライバーレスの衝撃　目次

第7章　未来へ　295

付録　自動運転のレベル　327

◉〔　〕で括った個所は翻訳者による補足です。

イントロダクション　この車はバックできません

きみの車の停め方を見たとき、気づくべきだったんだ
長くは続かないって
——プリンス、「Little Red Corvette」

ヘンリー・フォードがモデルTを初めて生産ラインに載せてから20年後。発明家たちは、自動車というシステムにおける最大の弱点を取り除こうとしていた。その弱点とは、ドライバーである。それから1世紀がたとうとするいま、彼らの挑戦がついに実を結ぼうとしている。その結果、生活はより豊かで、より安全になるかもしれない。あるいは人々のライフスタイルは、悪い方向へと変わってしまうかもしれない。本書では、両方の可能性と、その間にあるグレーゾーンを探り、最良の結果を手に入れるための方策について考えてみたい。

1939年のニューヨーク万国博覧会において、ゼネラルモーターズは「ハイウェイ・アンド・ホライズン」と名づけられたパビリオンを設置し、その中で「フューチュラマ」という展示を行なった。そこでは来場者は音響装置が施された座席に座ったまま3分の1マイル（約530メート

ル）を移動し、3万5738平方フィート（約1000坪）もの広さのジオラマを見物する。ジオラマで表現されていたのは、1960年という未来の都市の姿だった。その世界には自動化された高速道路があり、光り輝く都心と不規則に広がる郊外、広大な田園地帯、そして現代的で効率化された産業地帯を結んでいた。

この展示を設計したのは、工業デザイナーで舞台美術家でもあったノーマン・ベル・ゲディーズである。彼は著書『魔法の自動車道』（*Magic Motorways*）の中で、次のように述べている。「フューチュラマは大型の模型で、アメリカのほぼあらゆる地形を再現しており、その中で高速道路システムがいかに国中に張りめぐらされるかを示している。高速道路は、山々を横切り、川や湖を越え、都市や町を抜けて、さまざまな場所を一直線につなぐ。そして設計における4つの基本原則、すなわち安全性・快適性・高速性・経済性をかならず満たすのだ[1]」。大恐慌から抜け出しつつあった人々の目に、このビジョンはユートピアのように映っただろう。

そして1960年になった。私は12歳で、人々はまだ、従来型の自動車を自動化されていない高速道路や一般道路で走らせていた。その年の6月19日、私が住んでいた場所から2区隣りのブロンクスに「世界最大」と謳い上げた遊園地がオープンする。この遊園地「フリーダムランド」は短命に終わるのだが、隣人でニューヨーク市建設局の職員だった人物が、私たち一家にフリーパスを2枚くれた。そこである日、22歳の兄ブライアンが私を園に連れて行ってくれた。205エーカー（約83ヘクタール）という敷地に建設されたフリーダムランドには、全長8マイル（約13キロ）にも及ぶリバーライド用の水路、8500台の自動車を収容可能な駐車場、37のアトラクションが用意されていた。その中には、1906年のサンフランシスコ地震やシカゴ大火を再現したアトラクション（ガスによって15分ごとに炎が噴き出し、子供たちは火を消すために消火栓へと走った）、そして銃撃戦のショーが毎日開かれる西部の城塞を模した一画などがあった。

なかでも私が惹かれたのは、軌道上を走るモーターカーだった。それは乗客が道を逸れてしまうことを防ぐようになっており、現在のオートパイロットの一種と同じものだった。ハンドルを握らなくても移動できる（私は運転するふりをして楽しんだが）というのは、12歳の少年だった私の目には、歴史を再現したアトラクションよりも、ずっと魅力的で印象深いものに映った。

1964年になっても、ドライバーのいらない自動車を普及させるというのは、単なる願望でしかなかった。しかし私も含めた多くの人々にとって、自動運転車（autonomous vehicle）は、大きな将来性と可能性を感じさせる存在になっていた。特に、クイーンズに隣接する地域で開催されたニューヨーク万国博覧会で、高架式の自動高速道路を模したアトラクションを体験した後とあっては。

私が初めて手にした自動車は、自動推進車にもっとも近づいた車だった――少なくとも、私の心の中では。中古の1960年型シボレー・インパラで、サウス・ブルックリンにあった父の食料品店で配送の仕事をして貯めた450ドルをはたいて、1966年に買ったものだった。この車にはフィンと呼ばれた飛行機のような翼が付いていた。私は、このフィンが形を変えて大きく伸びるところを、友人たちと想像したものだった。そうすれば、飛ぶように走る感覚も強くなるだろうから。フィンが大きくなれば、高速道路で加速するときに、ふわっと浮きあがるような感覚さえ得られるはずだ。

そしていま、大規模な「輸送の自動化」の実現がついに視野に入り、自動運転車革命も軌道に乗った。2016年10月、ウーバーの傘下企業オットーが開発した自動運転トラックが、コロラド州の高速道路を120マイル（約193キロ）走行し、ビール200ケースを運んだ。その間、人間のドライバーは寝台で休んでいた。[2] また、テスラ車のオーナーは、自分の車にオートパイロット機能をダウンロードすることができる。この機能があれば、高速道路を走行中、ドライバーはハンドルから手を離していても、ウィンカーを操作するだけで車両が自動的に車線を変更してくれる。自動パーキング機能も、すでに多くのモデルに実装されている。スウェーデンの自動車メーカーであるボルボは、ヨーテボリの大通りで自動運転車を走らせた。他にも全世界の道路で、たくさんの自動運転車が走行している。大手自動車メーカーは一社残らず、公的・私的な研究機関と協力しながら、輸送の自動化に向けて邁進している。

馬や馬車は、現在では観光客向けのレトロなアトラクションとなった。それと同じように、ドライバーのいらない自動車やバス、トラックが世界中で一般的に使われるようになると、人が運転する乗り物は古き良き時代の遺物となるだろう。1990年のカルト映画『トータル・リコール』には、アーノルド・シュワルツェネッガーが無人タクシーに飛び乗るシーンが登場する。このタクシーは名もなき町で、他の車両や歩行者をよけて安全に走行しながら乗客を運ぶ、無数の自動運転車の1台だった。このSF映画は2084年という設定だが、交通専門家の多くは、人が運転する自動車は2075年までに自動運転車にすっかり置き換えられるだろう、と予想している。なかには、それよりも早く、今世紀の中頃には、人が運転する自動車の時代は終わると予想する者もいる。

ちょうど1990年代初めに、米国でイージーパス（E-ZPass）〔米国版のETCで、有料道路を利用する際に、料金所で停車することなく利用料を支払うことが可能なシステム〕が普及したように、2025年までにはハンズフリー運転が一般的になっているかもしれない。また2035年までには、運転の大部分を、人間ではなく機械が担当するようになる可能性がある。ただ人の運転する自動車が正確にいつ消えるのかは、大した問題ではない。問題は、その移行が完了するまでに、社会システムにさまざまな衝撃がもたらされうることだ。私たちはそれに備えなければならない。自動運転車は、自動車の発明以来、最も破壊的な技術となって世界中の社会を襲うだろう。未来学者や政策の専門家のなかには、人間による運転が、一部あるいはすべての道路で禁止されると予想する者すらいるのだ。

自動運転車がもたらす影響とはどんなものか？　自動運転車によって生じる混乱が私たちの日常生活の隅々にまで波及するあいだ、人々や社会、政府はどんな選択を迫られるのか？　そうした影響や選択について、本書では論じていく。それには、良いものもあれば、悪いものも、最悪なものもあるだろう。そうした問題は、家庭生活や働き方、ビジネス、政治、倫理、環境、旅行、健康、さらには幸福にまで関係する。ある推計によると、米国の全雇用の7分の1が輸送に関わっているという[3]。トラックやタクシー、バスのドライバーから、鉄道の運転士に至るまで、世界中の輸送を人間のドライバーが担っている。誰もが自分の望む場所に行く手段、またモノやサービスを得る手段を必要とする以上、自動運転車の影響を受けない人など存在しない。私にしてみれば、目前に迫ったこの混乱はいままさに噴煙を上げている火山と同じだ——溶岩が流れ出すときには、災害への備えができていなければならない。

　ほぼすべての先進国で、突如としてウーバーのようなオンデマンド配車サービスや、他のアプリ型サービス（リフト、ゲット、ヴィアなど）が登場したが、それを歓迎した都市は少ない。パリ、トロント、ブリュッセル、またオランダ、ドイツ、スペイン、オーストラリアの一部、日本、タイ、インド、その他数十の国々で、ウーバーは大幅に規制されているか、サービスの一部もしくは全体を禁止されている。[4] ロンドンでは、タクシードライバーによる抗議活動が起きた。ニューヨーク市では、アプリ型の配車サービスによってＶＭＴ〔走行台マイル数。交通需要を表すために、すべての車両が走った距離の総和を示したもので、10台の車両が10マイル走れば１００台マイルとなる〕が急上昇しており、それが車両の走行速度の急落につながっているという調査結果が出たことで、サービスの成長を抑制する猶予期間を一時的に設ける措置を取った。

　こうした都市を、アプリ型輸送サービス時代の到来を十分に予見していなかったといって責めるのは酷だ。私を含む誰もが、人々が移動に関する習慣を、これほどすばやくかつ劇的に変化させるなどとは思っていなかったのである。また輸送の分野でこれほど急速な変化を体験した人もいない。ウーバーが立ち上げられたのは２０１０年だが、報道によると同社の評価額は２０１７年までに７００億ドルに達した。そして周囲がうらやむ（かどうかはわからないが）、圧倒的な影響力と市場シェアを武器に、社会的かつ政治的に大きな存在感を持つに至った。

　しかし自動運転車の普及によってさまざまな影響が生じれば、アプリ型のオンデマンド配車サービスの普及など、輸送の世界におけるマイナーチェンジ程度にしか感じられないようになるだろう。

自動運転車産業は数兆ドルのビジネスへと成長しつつあり（これは今日のアマゾンとウォルマートを足した規模よりも大きい）、そしてその規模によって、かつてないほど巨大な政治的影響力をふるうようになる。さまざまな専門家や関係者たちが、世界の自動運転車市場と、それがヨーロッパやアジア、アフリカの消費者および企業にもたらす利益について、印象的な経済見通しを示している。ボストンコンサルティンググループは、世界の自動運転車市場が2025年までに420億ドルに達すると予測している。[5] インフォホリック・リサーチは、全世界における自動運転車の売上が2027年まで毎年39・6パーセント増加し、1268億ドルに達すると予測している。[6] さらに大胆な見通しもある。世界経済フォーラムによれば、自動車産業のデジタル化によって、3・1兆ドル分もの「社会的利益」がもたらされる。その中には、個人が自動車の所有・維持・事故・燃料に関して支払うコストの低下、炭素排出量の減少、保険料の低下などが含まれている。[7] さらにインテルは、2050年までに、世界の自動運転車市場が7兆ドルもの「パッセンジャーエコノミー（乗客経済＝自動運転車の普及によって生まれる新たな市場）」を生み出すと予測している。[8] ちなみに、現在、世界トップ10の自動車メーカーの評価額を合計しても、6500億ドル程度にしかならない。

自動車が自動化された世界に対して、まったく異なる2つのビジョンが存在している。ひとつはノーマン・ベル・ゲディーズが掲げたような、自動運転車の誇大宣伝に基づくユートピア的ビジョンだ。それはすべてがうまくいくと想定しており、ドライバーのいらない自動車が「安全性・快適性・高速性・経済性」を社会にもたらすとする。そしてもうひとつは、ディストピア的ビジョンである。ディズニー映画『ウォーリー』では、人類は環境破壊によって壊滅状態となった地球から逃げ出して難民となり、宇宙船内で暮らしている。彼らはロボット化された移動装置によって介助されているため、立ち上がる必要すらなく、その結果、生き残ったホモ・サピエンスたちには病的な肥満が蔓延している。自動車事故で死亡する人が減る一方で、若いうちから高血圧や糖尿病を発症する人が増えるという、このような未来像は、自動運転の代償として受け入れることはできないだろう。また私は、自動運転車が主流となる世界では、交通システムが富裕層に有利なように整備されるのではないかと危惧している。低所得層は、品質や信頼性が低く、数も不十分で、乗り換えの不便な交通システムを使わざるをえなくなるおそれがあるのだ。もしかしたら乗換えというオプションさえ与えられないかもしれない。

よく考えず自動運転車に飛びつくことの危険性は他にもあり、そうした懸念は輸送分野におけるトップクラスの専門家たちの間で共通認識になっている。輸送専門の未来学者バーン・グラッシュ（後ほど改めて登場する）は、「意図せざる結果の法則」を警告する。「自動運転車はスマートフォンのようになるでしょう。人々は数年で新しいモデルを欲しがるようになるのです。世界の自動車の台数は、今日の10億台から20億台へと増加し、20年も経てば40億台へと達すると考えられます。これは20世紀初頭のような状況ですよ。１９００年に合衆国に８０００台しかなかった自動車が、１９１４年には１７０万台にまで増えたんです。まあ、こちらのほうが１０００倍も速いペースだったというのは別にしてですが」

「自動運転車の価格は現在の平均的な自動車と同じ、２万９０００ドル程度になるだろうというのがおおかたの見方です」とグラッシュは続ける。「しかし実際には、２０４０年には自動運転車の価格は7500ドルになるでしょう。コストダウンが進むのには、可動部品の削減や製造技術の進歩など、さまざまな理由があります。また、自動運転車を3Dプリンターでプリントアウトするようになる可能性も大いにあります。自動車をアマゾンや地元の3Dプリントショップを通じて発注して、翌日にはそれを手に入れているというような未来が、本当にやって来るかもしれないのです」。そうグラッシュは指摘する。

さらに言えば、これから自動車は安くなるだけでなく多機能化し、中で働いたり、寝たり、遊んだりできる場になると考えられる。そうなれば、自分専用の自動車を持つというのは非常に魅力的に感じられるようになる。そして今日の携帯電話のように、頻繁にアップグレードされるようになり、人々が自動車を購入するサイクルも短くなるだろう。大部分の人々は、1台の自動車におよそ10年乗り続けるが、携帯電話はわずか2〜3年で買い替える[9]。しかし将来的には、人々は携帯電話と同じくらいの頻度で自動車を買い替えるようになる可能性がある。そうなれば、道路は使用中の自動車だけでなく、遺棄された自動車でいっぱいになってしまうだろう。

フォード・モーター・カンパニーのビル・フォード会長は、「いまのまま突き進めば」、2050年までに「世界中で交通渋滞」が発生するだろうと警告している。さらに「いまのインフラでは、大規模な渋滞を発生させることなく、そんなにも大量の自動車を受け入れることができません。そして大渋滞によって、環境や人々の健康、経済活動、生活の質に深刻な影響が生じるでしょう」と付け加えている。グラッシュやフォードが警告する未来は、自動車の個人所有、つまり1人で過度に移動するという個人利用の傾向が続いた場合の話だ。

自動運転車はメリットとデメリットの両方をもたらす可能性がある。一方では、移動が安全で、より予測可能なものになることで、数万人の命が救われるだろう。しかしもう一方では、トラックやタクシー、バス、そしてウーバーのドライバーが職を失い、変化した交通サービス市場に見合った、新しいスキルを身に付けることを迫られるかもしれない。自動運転車が公共交通システムを破壊したら、都市は崩壊しかねない。イーロン・マスクは次のように公共交通をこき下ろしているが、彼のようなイノベーターが何を言おうと、そのおそれは否定できないのだ。

言わせてもらうと、公共交通はまったくひどい。最悪です。大勢の同乗者がいて、出発地点でもない場所から出発し、動いてほしくない場所で動き、目的地でもない場所で降ろされるようなものに乗りたいですか？　しかも、常に運行しているとは限りません。うんざりしますよ。だからみな嫌っているんです。それに見知らぬ他人が大勢いて、そのなかのひとりが連続殺人鬼かもしれない……。だから、人々は個人向けの交通手段のほうが好きなんですよ。行きたい場所に、行きたい時間に連れて行ってくれるんですから。(10)

公共交通の特徴をこのように表すのは、まったくばかげている。適切に運営される交通システムは、社会や環境に莫大なメリットをもたらす。私たちが正しく行動すれば、公共交通のマイナス面は抑制することも、回避することもできる。その方法を示すことは、本書の中心となるテーマのひとつだ。

もし指導者や都市計画を担う立場にいる人々が、目前に迫る交通革命への準備を怠るようなことがあったら、それは許されざることだ。政府が傍観する姿勢を取り、政策の決定を見送ったらどうなるか？　さらには、政府がこの問題をめぐる議論や政策の主導権を民間企業に委ねてしまったら？　そうなれば、私たちに災難が降りかかるのは間違いない。私たちはいま、自動運転車が生活や家族、倫理、そして環境にどのような影響を与えるかを考えねばならないのである。そのため本書では、多くのビジネス上の問題に加え、政治や社会政策の問題についても議論する。たとえば、労働組合も自動運転車に備える必要がある。なぜなら、早い段階でこの問題に取り組むことで、彼らには得るものがたくさんある一方で、遅れを取れば何もかも失いかねないからだ。都市の中心部では、自動運転車に関わる別の問題が発生する。マンハッタンのミッドタウンで会議に出席しようとしているビジネスパーソンがいたとしよう。その人が、すぐに１００ドルを超えてしまう駐車料金を支払うかわりに、自動運転車に自分が呼ぶまでその辺りを走っていろと命じても、何の不思議もない。

自動運転車は既存の高速道路の姿も変える可能性がある。自動運転車は一定のコースをきわめて正確に走ることができるため、幅6フィート（約1・8メートル）の車両に幅12フィート（約3・6メートル）の車線は必要ない。幅36フィート（約11メートル）の3車線の道路は、ラインを引き直すコストだけで、車線幅9フィート（約2・7メートル）の4車線道路へと変えることができるだろう。また近い将来、自動運転車専用レーンが生まれる可能性も高い。ただ都市の中央部では、そうやって車線を増やすよりも、車線幅を狭くした分で、バス専用レーンや自転車専用レーンを設けたり、歩道を確保したり、カフェや街路樹を増やしたりすることになるだろう。一方で郊外では、自動運転車と既存の交通機関がリンクしたり、自動運転車を活用した新しい交通システムが設計されたりするだろう。

これらの問題は、交通の未来という「火山」からいままさに降り注ごうとしている、大量の火山灰のごく一部に過ぎない。私たちが目にしているのは、気づかぬうちに自動運転車がもたらそうとしている、これまでとは異なるまったく新しい世界の幕開けだ。まだ実感がわかないというのなら、近年、野心的な若者たちが、最初の仕事とキャリアを得るためにどこに目を向けてきたかを考えてみるといい。1980年代、そうした若者の多くは、より大きな金を動かせる仕事へと向かった。すなわちウォールストリートとその周辺である。1990年代と2000年代初頭、彼らはデータを動かす仕事へと向かった。ドットコム企業やシリコンバレー、その他のハイテク産業である。そして今日、トップクラスの頭脳を持つ若者たちの多くが勧誘され向かう先は、人やモノを動かすことに取り組む企業や組織だ。そここそが、現在、そして近い将来、多くの金が集まる場所、自動運転車産業なのだ。

＊＊＊

私のお気に入りの一冊に、ジャック・フィニイが1970年に上梓した小説『ふりだしに戻る』(角川書店)がある。この中で主人公のサイモン・モーリーは、政府のプロジェクトの一環として1

882年にタイムトラベルする。彼はダコタ・ハウス（残念ながら、元ビートルズのジョン・レノンが射殺された場所として有名になってしまった）に住みながら、1970年のマンハッタンと1880年代のマンハッタンを行き来するのである。1880年代というのは、私の両親がポーランドから米国へと移住してくる40年ほど前で、マンハッタンが金ぴかに輝いた時代だ。ただ、自動車はまだ生まれたばかりで、多くの人々にとっては、見たこともなければ、ましてや乗ったこともないという存在だった。この新しい発明品によって、最初の歩行者が犠牲になるのは、モーリーがタイムトラベルした年から17年後の1899年のことである（事故死したのはヘンリー・ブリスという男性だった）。この事故が起きた場所は偶然にも、ダコタ・ハウスから北に1ブロックの場所だった。

できることなら、私自身がこの時代にタイムトラベルしてみたい。そして1880年代の人々に、将来、自動車がもたらすことについて重要な知らせがあると伝えるのである――2018年には交通事故によって、全世界で毎年130万人が死亡し、5000万人が負傷している、と。[11] 次の世紀には世界的な戦争が何度も起きるものの、20世紀に起きた戦争犠牲者の総数を、自動車によって死亡したり重傷を負ったりする人の数が上回るのだと、教えることができる。一方で、倫理的な事柄についても触れたい。自動車によって、移動時間が短縮し、経済的な繁栄を享受する人が増え、都市部に住む人でも1時間足らずで田舎に出掛けられるようになって、生活の質が向上すると伝えるのだ。しかし、私は警告することも忘れない。「物事を進めるのには、良いやり方と悪いやり方があある」と。このメッセージこそが本書のエッセンスだ。2018年の私たちのもとに、2100年から誰かがタイムトラベルしてきたと想像してほしい。その人物は、私たちの選択を称賛してくれるだろうか？　それとも混乱を生み出そうとしているのを見て、頭を抱えてしまうだろうか？　私たちは、そういう分岐点に差し掛かっているのだ。

第1章　昨日、今日、明日——未来は今

現代の自動車は、かつての壮麗なゴシック建築の大聖堂に匹敵する影響力を持っていると私は思う。どちらもそれぞれの時代において頂点に立つ創造物で、知られざるアーティストの情熱から生まれ、さらにはそれを魅力的な存在だと純粋に称賛する人々によって、利用を通じてではなくイメージの中で消費されるものだからだ。

——ロラン・バルト『神話作用』（現代思潮社）(1)

２００４年のこと。イタリアの都市フィレンツェで、広場を小さな三輪の自動運転車が走り、見物人たちを喜ばせた。(2) 設計者はこの古都にある多くの狭い一方通行の道に配慮して、直進か右折だけをするようにステアリング機構を設定し、左折はできないようにした。この車が適切に走行するために、ドライバーが車内に座っている必要はなかった。走行ルートはプログラミングされていて、急停車しなければならない場合に備え、ブレーキは遠隔操作できるようになっていた。

この車両は、21世紀のエンジニアによる発明品ではなく、ましてやテスト走行中の最新のロボットカーでもなかった。これは１４７８年ごろにレオナルド・ダ・ヴィンチによって設計された、

「自動運転車」の3分の1スケール模型のデモンストレーションだったのである。この車両は1回に40メートルしか走ることができず、歴史家たちはそれが見世物として設計されたのだろうと考えている。それでも、この模型の制作を指揮した科学史研究所博物館〔現在はガリレオ博物館に改名されている〕の館長パオロ・ガルッチは、これまで実現されることのなかったダ・ヴィンチの構想がその意図どおりに機能することを示し、彼のビジョンが何世紀も先行していたことを証明した。

自動運転車の簡単な歴史

ダ・ヴィンチの発明はまた、人々がいかに昔からドライバーのいらない自動車を夢見てきたのかを示している。実際に自動化技術は、世界初のガソリン車である「モデルT」が工場から出荷されるずっと前から存在していた。1860年代初頭、英国人のエンジニアであるロバート・ホワイトヘッドが、初歩的な誘導システムを使って深度を維持する自航式魚雷を発明したことで、自動化技術は大いに注目されることになった。おそらく列車は、自動誘導式の乗り物のもっとも初期の例と言えるだろう。列車は、線路によって、長くて重い車両の走行を支えるだけでなく、進む方向の制御も行なっている。

航空機では、1912年にスペリー・コーポレーションが世界初のオートパイロットシステムを導入している。このシステムを使うことで、パイロットは航空機の高度を保ってまっすぐ飛ばすことが容易になり、負担が大幅に軽減された。それはライト兄弟が最初のフライトを成功させてから、たった9年後のことだった。

1925年には、マンハッタンのフィフス・アベニューとブロードウェイが交わる交通量の多い交差点において、フーディナ・レディオ・コントロール・カンパニーが無線操縦車のデモンストレーションを行なった。新しいチャンドラー・モーター・カー製の自動車のトノー（オープンシートになっている後部座席）に送信用アンテナを積み込み、送信機を手にした人間のドライバーが、その後ろを走る車から簡単に操縦できるようにしたのである。無線信号によって、車内に搭載されたいくつもの小型電動機を操作して動きを制御し、他の自動車が行き交う中でも走らせることができた。これを初期の「ドライバーのいらない自動車」と見なすことができるだろう。実際には今日のリモコンカーのように、単に自動車の外にいるドライバーが、車外から操縦しているに過ぎないものではあったが。

1920年代と30年代にはこのような「ドライバーのいらない自動車」が試作され、「ファントム（幽霊）カー」としてデモンストレーションが行なわれた。チャンドラー車は「ふらふら走った」とニューヨークタイムズ紙は報じている。エンジンから火を噴きそうになり、このイベントを記事にしようと集まった大勢の報道陣に突っ込む寸前で停止したのだ。同じように無線操縦される無人走行車が、米国の至るところで披露されている。1927年秋、かつて海軍で通信士をしていたR・L・マックという男が、同様の自動車をロサンゼルスでデモ走行させ、その後全米を回っている。フーディナのチャンドラーは、散々なデビューだったものの、1926年にミルウォーキーで、1932年にバージニア州フレデリックスバーグでもデモを行なっている。

一般的に、1932年は無人運転技術にとって激動の年とされる。8月には無線技術を独学で学んだJ・J・リンチという男が、ペンシルベニア州ハノーバーにおいて、無線操縦型の無人走行車のデモンストレーションを行なった。このデモ見たさに、大勢の熱狂的な観客が集まった。ジャーナリストのブレット・バークによれば、リンチはこの無人走行車のデモを、これまで何度も大勢の人々の前で実施していたが、事故は起きていなかったそうである。しかしハノーバーのデモでは、無線操縦されたクライスラーがコースを逸れて暴走し、3000人の観客に向かって突っ込んだ。少なくとも12人の人々が巻き込まれ、そのなかのひとりである16歳の少年は、頭に大怪我を負った。彼は数年後に療養所で亡くなっているのだが、この怪我が死因となった可能性がある。皮肉なことに、リンチがこのデモンストレーションを行なっていた目的のひとつは、ドライバーのいらない自動車がもたらしうる安全性を示すことだった。1年後、別のデモンストレーションに先立ち、リンチはニューヨーク市ヨンカー地区を地盤にしたヘラルド・ステイツマン紙（廃刊された）に対して、彼の「マジックカーは決して黄信号を無視しません。左折するときには、必ず内側車線を通ります。右折に向けては、右車線の右側ぎりぎりを走ります。ドライバーが乗っている自動車よりも、はるかに配慮が行きとどいています」と語っている。[3] リンチや彼のような人々が起こした事故にもめげず、ドライバーのいらない自動車が安全性を大幅に向上させるという青写真を、開発者たちは熱心に追い求め続けた。

これ以降、あらゆる国際博覧会や万博で何らかのロボットカーが出展され、安全性や利便性、利用しやすさといったメリットがアピールされてきた。1950年代には、ゼネラルモーターズとR

CAが、特殊な道路の上のみで走行しうる無線操縦車を開発している。道路に鋼鉄製のケーブルが埋め込まれていて、それを車内に設置された磁石でトラッキングするという仕組みだった。1977年、日本の筑波にある機械技術研究所〔現在は産業技術総合研究所に統合されている〕が、最高で時速約30キロメートルで走行可能な無人運転車を、世界に先駆けて開発した。この車両は、道路上の白い標識をマシンビジョン〔機械に画像を処理させ、中に映っているものを把握させる技術〕で認識し、それをトラッキングしていた。1980年代には、ドイツにおける無人運転車のパイオニアであるエルンスト・ディックマンズが、高速道路上を何百キロメートルも自律走行可能なようにメルセデス車を改造する方法を開発している。

現在では、自動化技術は本格的な実現段階に入っている。私たちの食卓に並ぶパンの多くは、ダッチ・パワー・カンパニーが開発した「グリーンボット」のような、自動収穫機で刈り取られた小麦から作られたものだ。ドローンは災いであると同時に幸いでもあるマシンで、空から私たちを攻撃できる一方、玄関まで荷物を届けることもできる。そして、無人地上車両（UGV）がある。さまざまな状況下で使用されているが、多くの場合、爆発物などの危険物処理といった作業で特に威力を発揮する。(4)

しかし最近になるまで、量産化された無人運転車は一般の人々にとって叶わない夢でしかなかった。はるか遠くの砂漠に駐留している軍事用UGVや、ドローン、ロボット掃除機、さらにはオートパイロット機能付きのヨットとは異なり、自動車は入り組んだ都市の街路や郊外の大通り、工事が行なわれている混雑した幹線道路、そして田舎の曲がりくねった道を走らなければならないのだ。

そしてそのすべてに、人間が絡んでいる。

この難題を乗り越えるために、2004年、米国防高等研究計画局（DARPA）はすでに自動運転車の開発に着手しているさまざまな組織に呼び掛け、100万ドルの賞金を懸けたコンテストを開催することにした。コンテストを通じて、2015年までに全軍用車両の3分の1を自動化するという目標に道筋をつけようとしたのである。加えて、コンテストを勝ち抜いた技術であれば、一般向けの車両にも応用できるだろうという期待もあった。2004年のコンテストでは、参加者のほとんどが失敗に終わる。しかし翌年には、数台の無人運転の車やトラックが、カリフォルニア州のモハーヴェ砂漠を無事に走破することに成功した。そして2007年、DARPAは「アーバンチャレンジ」というコンテストを立ち上げ、開発者たちに新たな目標を課した。市街地の道路を安全に走行できる自動運転車の開発である。[5] 参加者は都市部を模した60マイル（約97キロ）のコースを、6時間以内に走破することが求められ、さらに交通ルールを守り、行き交う車両や人、その他の障害物にうまく対処するといったさまざまな課題が与えられた。優勝者の賞金は、200万ドルだった。

DARPAの最初のコンテストは惨憺《さんたん》たる結果に終わったが、道路追跡や衝突回避ソフトウェアの高度化、レーダーやレーザーセンサーの改良、マッピング技術の発展といったコンピューター技術の進化によって、アーバンチャレンジでは桁違いの成功を収めた。優勝を物にしたのは、カーネギーメロン大学とゼネラルモーターズの合同チーム「タータン・レーシング」がシボレー・タホを大幅に改造した車両「ボス」で、準優勝はスタンフォード・レーシング・チームの「ジュニア」

（２００６年型フォルクスワーゲン・パサート）、３位には２００５年型フォード・エスケープを改造した車両が食い込んだ。

　市販されている無人車両には、フランスの会社インダクトによって開発され、２０１４年に米国で販売された「ナビヤ」がある。[6] 時速約20キロメートルしか出せず、動力は電気モーターだ。つまりは巨大なゴルフカートであり、高速道路や一般道路上を他の車両と一緒に走ることはできないのだが、大学のキャンパスや空港の駐車場のような、比較的管理された環境において、およそ10人の乗客を運ぶことができる。バッテリーの残量が少なくなると、車両がそれを自動で認識し、自ら近くの充電ステーションに向かって充電を行なう。インダクトのマーケティング・ディレクターであるマックス・ルフェーブルは、「これは水平方向に動くエレベーターのような働きをします。乗客のほうから乗り込んで、目的地を選ぶのです」と述べている。[7]

　２０１６年10月には、ロンドン郊外にある小都市ミルトン・キーンズにおいて、小型の電気自動車が導入された。[8] このポッド型の車両は、乗客を乗せて時速約10キロメートルで専用の通路（一般の道路ではない）を周回し、歩行者がそばにいる状況でも運行できる。[9] 通路を走行するのに、この車両はカメラとライダー（ＬｉＤＡＲ＝Light Detection and Ranging）を利用する。ライダーとは、レーザーを周囲に照射してその反射光を分析することで、周囲にある物体までの距離を測るリモートセンシング技術である。スウェーデンでは、ボルボ初の自動運転車が路上に出て、無人のミニバスがストックホルム都市部で運行されている。[10] そして数台の自動運転車版ウーバー（もしものためにオペレーターが乗務する）が、２０１６年にピッツバーグで、そして２０１７年にサンフランシスコで導入されている。[11]

日本では、日産、トヨタ、ホンダが自動運転車の試験を行なっている。日本の技術力は米国、欧州、中国と同様に高い水準にあるが、同国の自動運転車開発に対する姿勢はきわめて慎重だ。日本における自動運転車の展開は、米国とはまったく異なる。米国では、個人で利用する自動運転車の実用化に焦点が当てられており、無人バスなどの他のタイプの自動運転車は後回しにしているように見える。この理由のひとつとして、文化が挙げられる。米国では日本よりも個人主義が重視されるが、一方で日本の社会は、よく知られるとおり米国よりも同質的である。[12] 加えて日本では、自動車に対する考え方が米国とは大きく異なっている。

たとえば東京では、タクシーよりも地下鉄を利用するほうが一般的だ。地下鉄のほうが速く、効率よく、信頼できるからである。情報通信企業ソフトバンクの子会社で無人運転車の開発を手掛けるSBドライブのCEO、佐治友基《さじゆうき》は、日本における自動運転車の普及は個人所有の自動車からは始まらないと考えている。「最初の大々的な商業展開は、地方部〔市街地を形成している都市部以外の地域〕での無人バスサービスとなるでしょう。2つの理由から、それは巨大な市場になると考えられます。第一の理由は、技術的な問題がそれほど大きくないということ。バスは常に同じルートを走行するだけですし、地方部の道路は都市部ほど混雑したり、複雑だったりしませんから。第二の理由は、路線バスを維持することが現在できていないコミュニティに、経済面で大きな利益をもたらす可能性があることです」と佐治は解説する。[13] この例からうかがえるのは、文化的な規範や公共の利益、法律や安全性に関する課題によって、各国がどのように自律型の交通機関を市場に導入するかが異なってくることだ。

また世界中の都市で、ウーバーやリフト、ヴィアなどの企業と、自律型の交通サービスの契約について交渉が進められている。それにより、公共交通機関を増設、あるいは代替しようとしているのだ。ただそうした契約の一部は、今後数年のうちに時代遅れになってしまうかもしれない。「自律型の車両」と言った場合、地面を走るだけでなく、飛んだり、浮いたり、行き交う車両の上を跳び越えたりする乗り物も考えられるからである。「弾丸よりも速く、機関車よりも強く、高いビルもひとっ跳び」してしまう、乗り物版スーパーマンだ。ドバイの「フライング・カーズ（空飛ぶ自動車）」や「ウーバー・エレベート」は、次の10年間に普及が期待される新しい自動運転車の例である。サンフランシスコのマリーナからサンノゼのダウンタウンまで、たった15分で通勤できるようになるかもしれない（通常であれば2時間近くはかかる道のりだ）。香港の郊外からダウンタウンまで通勤しようと思ったら、現在は90分間のノロノロ運転に耐えなければならないが、それも10分に短縮されるだろう。

現在テストされている車両は、どれも同じように見える。私たちが今日の路上で目にするような、洗練されたデザインの自動車のように見えるのだ。完全に自動化された（レベル5の）BMWのプロトタイプ自動運転車ですら、それが自動車だと認識できる。[14] しかし将来、自動車のデザインは現在とは大きく異なるものになるだろう。自動車デザイナーで、デトロイトのカレッジ・フォー・クリエイティブ・スタディーズの交通デザインの助教授でもあるダン・スタージェスは、「いまのところ、あらゆる自動運転車の考え方は、既存の車両デザインの外にあります」と述べている。「ハンドルが必要なくなり、またドライバーが特定の位置に座っている必要もなくなれば、デザインの可能性は大きく広がるのです」[15]

つまり未来の自動車は、小さな家のようなデザインになったり、あるいは縦長や横長、卵型や球などあらゆる形状を取ったり、タイヤの配置も千差万別になったりする可能性があるのだ。自動車の素材も変わるだろう。表面がテクスチャード加工されていたり、卵の殻のような材質になっていたりするかもしれない。また自動車はパーソナルアシスタントにもなるだろう。乗車する人がどのような音楽を好むか、どのような用事をしなければならないのか、車内で座ったり横になったりなど、どのような体勢でいるのが好きかなどを理解し、完全にリクライニング可能なシートといった柔軟性のあるデザインを用いて、そうしたニーズに応えられるようになる。

皆さんが本書を読まれているころには、より進化した自動運転車が多数登場しているに違いない。さらには、家の近くを自動運転車が走っている、ということもあるかもしれない。たったいま研究所や生産ラインで起きていることを正確に把握することはできない。しかし確実に言えるのは、ドライバーのいらない自動車（無人運転車）は必ず実現されるということだけでなく、それがもたらす劇的な社会変革が、多くの点において、かつて自動車がもたらした変革よりも大きなものになるということである。

自動運転車の開発は20世紀後半も衰えることなく続けられたが、この期間に行なわれた優れた研究の大部分が、人ではなく刻々と変化する周囲の情報に対処することに焦点を当てていた。そして一瞬のうちに数百万ビットもの情報を処理できる技術が確立されたことで、自動運転車の実用化がはるかに容易になった。いま起きようとしているのは、情報とモビリティの融合だ。ドライバーは1年間に数十万ものさまざまな状況に直面し、それに対してすばやい判断を下さなければならない。ただ今日のマイクロコンピューターにとって、それは比較的容易に対処できるタスクだ。無線技術によって最初の「人が運転席に座らない自動車」が誕生して以来、この分野ではさまざまな進化が起きたが、自動運転車の発展に最も大きなインパクトを与えた――そしてこれからも与え続ける――のは、情報技術である。今後、移動に対する人々の考え方に最も大きな変化を与えるのは、機械工学ではなく情報技術なのだ。

　コンピューター通信の高度化が現実のものとなる何十年も前から、ポップカルチャーの中では、機械ではなく情報が人々の移動のあり方を変えるだろうと予想されていた。ＳＦの巨匠アイザック・アシモフが１９５３年に発表した短編『サリーはわが恋人』（早川書房）は「オートマトモービル」と呼ばれる乗り物の話で、作中では、電子制御モーターのおかげで「人間は一度も運転席に座わったことがなかった」[16]。オートマトモービルがあれば、「車に乗り込み、行き先を打ち込んで、あとは任せておけばいい」。さらに、この乗り物は「車同士で話をすることができる」し、この作品は、自動運転車が主流を占めた場合に起きることまで予測している。「今日では誰もが当然のことと思っているが、旧式の自動車をハイウェイから締め出し、自動運転による移動のみを認める最初の法律が施行されたときのことを、私はよく覚えている。まったく、あのときの大騒ぎときたら！まるで共産主義だとか、ファシズムだとかさんざんな言われようだったが、そのおかげでハイウェイがガラ空きになって、交通事故で死ぬ人はいなくなった。しかもより多くの人々が、新しい道路をスイスイ行き来できるようになったんだ」

アシモフには先見の明があった。自動運転車が本格的に普及すると、多くの場所で人の運転する自動車は禁止されるはずだ。もしかしたら、ほとんどの場所がそうなるかもしれない。アシモフが描いた物語は、ある程度ユートピア的なものだ。それは初期の、そして現代の自動運転車の開発者にも支持されている見方である。しかし悪徳ビジネスマンであるレイモンド・ゲルホーンの登場によって、物語の終盤には暗雲が立ち込める。彼は自動運転車を何台か盗んで、その心を持つ頭脳をリサイクルしようとたくらむのである。さらに主人公のジェイクは、自分の自動車に対して抱いていた信頼を失ってしまう。もし自動運転車が、自分たちが人間によって事実上奴隷化されていることに気づき、反乱を起こすことを決意したら、世界はどうなってしまうのだろうと恐れるようになるのだ。

よりディストピア的な未来像の中では、自動運転車は破壊をもたらす、邪悪な存在として描かれている。小説家スティーブン・キングの１９８３年の作品『クリスティーン』（新潮社）には、制御不能な殺人機械となった自動車が登場する。スティーブン・スピルバーグによる２００２年の映画『マイノリティ・リポート』では、自動運転車は人々の行動を管理しようとする複雑で邪悪なシステムの一部となっている。自動運転車に対して、こうしたディストピア的な不安が抱かれているのは事実だ。しかし自動運転車に関して注意すべきことは、悪意を持った自動車が現れるかもしれないという懸念よりも、それが環境問題や社会の不平等、健康問題、倫理問題にどのような影響を与えるかである。

歴史から学べること

「2030年までに、人々は自動運転車が自分のために止まってくれることを理解するでしょう。そして『へぇ、僕はもう自動車を心配しなくていいんだ。どこでも、いつでも、好きに道を渡れるんだ』と考えるようになるはずです」と、エンジニアで未来学者のバーン・グラッシュは言う。人間が交通の流れを阻害することを禁じる措置が講じられない限り、あらゆる恰好、そしてあらゆる背丈の人間を検知するようにプログラミングされた「スマートな（賢い）」車は、運転の途中で止まってしまうことになる。人々が好き勝手に街中を歩き回れると、自動運転車は動いたり止まったりを繰り返すため、都市部ではほとんど使い物にならなくなってしまうだろう。自動運転車は千変万化する環境とやり取りするために独自の方法を駆使するが、その結果、画一的な交通法では自動運転車に対応できなくなってしまうかもしれない。歩行者にとってそうした交通ルールは、道路の横断に関する最初の法律が制定されて以来、ほとんど変わることはなかった。私たちは自動車の歴史から、今後自動運転車の普及がもたらしうる混乱や社会問題を回避する方法を学ばなければならない。

直感に反するように感じられるかもしれないが、モビリティの仕組みが大きく進化したにもかかわらず、人々がある地点から別の地点へと移動する方法は、自動車の発明以前からそれほど変わってはいない。人が運転する自動車が登場して変わったことと言えば、動力源だけだ。つまり馬（とその糞尿）から石油やガス（そしてその排気ガス）に替わっただけなのである。私たちは、自動車のエンジンのパワーを「馬力」という言葉で表すことで、いまだに両者を関連づけている。しかし私たちはいま、機械が力を発揮する時代から、コミュニケーションと情報が力を発揮する時代へと移りつつある。それがもたらす変化に比べれば、馬から自動車への移行など、些細なものに過ぎない。

歴史が教えてくれるのは、まったく新しい交通手段が発明されるたびに、それに対する過剰な期待から人々は簡単に騙されてしまうということだ。1880年代、サイクリスト、すなわち自転車に乗る人々と自動車の愛好家たちは手を組み、舗装道路の整備を推進した。しかしその後、ドライバーは整備された道路からサイクリストを締め出した。当時、多種多様な自転車が都市部と地方部を走っていたが、その多くは乗りこなすのが難しくて危険を伴うものだった。たとえばハイ・ホイールという自転車がそうだ。巨大な前輪と、不釣り合いに小さな後輪を持つ自転車で、これに乗ることで男性たちには首（と背中）を痛めるリスクがあった。一方女性たちは、大人版の三輪車に乗ることで、はるかに安全に走ることができた。

1880年代に起きた機械の技術革新（ラック・アンド・ピニオン式のステアリング、差動装置、バンドブレーキなど）というと、つい自動車を連想しがちだが、これらはもともと三輪車のために発明されたものだった。車輪2つの自転車が安定性を増し、より洗練された乗り物になると、そしてその価格も手頃になると、三輪車は人気を失い、男性も女性も、男の子も女の子も、今日の標準的な自転車に乗るようになった。

こうした手頃で高い安定性を実現した自転車は人気を博し、自転車に乗る中流階級の人々が増加した。その結果、自転車に関するさまざまな社会運動が展開された。たとえば1880年5月には、リーグ・オブ・アメリカン・ホイールメン（現・リーグ・オブ・アメリカン・バイサイクリスト）により、「グッド・ロード・ソサエティ」という名の政策提言団体が立ち上げられた。最終的にこの団体は（おそらく意図的ではなかっただろうが）、自動車支配の状況を生む下地をつくることとなった。

同団体の政治活動は、主に法律による差別からサイクリストたちの利益を守ること、道路の状態を改善すること、新しい道路（特に地方と都市間）をつくることに集中していた。彼らは人気を集め、1892年には全国規模の組織となり、「グッド・ロード」（*Good Roads*）という雑誌の刊行も始めた。そしてリーグ・オブ・アメリカン・ホイールメンと、新しい組織であるアメリカン・ロード・アンド・トランスポーテーション・ビルダーズ・アソシエーションの両方の組織のメンバーから、定期的な寄付が集まるようになった。1891年、ホイールメンは地方部における舗装道路の利点を主張した小冊子『良き道路の福音書』（*The Gospel of Good Roads*）を刊行し、配布を行なった。これは特に農家に向けられた内容になっていたが、それは都市と地方を結ぶ道路の整備をさらに進めようとした場合に、農民からの支持が不可欠だったからである。この小冊子は500万部近く発行され、全米に配布された。

1893年、まだ馬車が一般的に使われていたころ、米国人エンジニアのチャールズ・デュリエが、一頭立て馬車（バギー）の動力に単気筒ガソリンエンジンを搭載し、米国で初めてガソリンで動くバギーを開発した。同じ年、米国連邦議会において、地方に住む農家に直接郵便を配達するサ

サイクリストたちは自動車のドライバーたちと協力して舗装道路の推進運動を行なったが、1907年にブロンクス・リバー・パークウェイが建設されると、歴史上初めて、その道路から締め出されることとなった（歩行者や馬とともに）。〔図中の文字は上から、「歩行者、自転車、馬はフリーウェイへ進入禁止」「廃止」「色：文字 － 黒　地 － 白」「注意：本標識はR5-10の標識で置き換える」〕
出典：米連邦高速道路局

ービス「地方無料郵便配達（RFD）」を義務づける法律が可決された。RFD以前、地方に住む人々は、自分たち宛ての郵便物を郵便局（自宅から何キロも離れている場合も多かった）まで取りに行かなければならなかった。ガソリン・バギーがこの配達に使われるようになると、配達を安全に行なうために、より整備された画一的な道路が必要になった。

グッド・ロード・ソサエティはさらに増え続ける自動車の利用者たちから支持を集め、道路整備を推進していった。英国人作家で、自転車の専門家でもあるカールトン・リードは、2015年の著書『道路は自動車のために整備されたのではない』(*Roads Were Not Built for Cars*)で次のように解説している。「初期のモータリゼーションは、1890年代のサイクリストたちに大きく依存していた。道路整備を求めるロビー活動は最初、サイクリストたちによって行なわれた。そうして生まれた道路からモータリストたちも恩恵を受けたが、モータリストたちは往々にして先のロビー活動を行なった張本人でもあった。1890年代の終わりから1900年代初頭にかけてのサイクリストとモータリストは、別々のグループではなかったのである。彼らがまったく同じである場合も多かった」[17]。リードによると、皮肉なことに、アメリカ自動車協会(AAA)の前身であるオートモービル・クラブ・オブ・アメリカの有力な賛同者であったアモス・G・バチェルダーは、かつてホイールメンの役員だった。

道路の建設事業に州の資金を提供する法律を初めて制定したのはニュージャージー州だった[18]。他の州もすぐにこれに追従し、1928年に州道システムを建設したカンザス州をもって全米に州道が張りめぐらされた。カンザス州には1900年までグッド・ロード・ソサエティの支部がなかったが、同じ年、道路上の自動車数で、カンザス州は全米第10位の州となっていた[19]。1890年代後半、カンザス州の農務長官であったフォスター・ドワイト・コバーンが、農民や他の土地所有者に対して、自らが所有する土地の前に道路を引いて維持するように年に10~12回も依頼している[20]。

サイクリストたちは、不都合な事実に気づき始めた。幹線道路や道路システムを求めるロビー活動を支援してくれたのと同じ人々が、自動車に乗って道路を支配するようになったのである。自転車と自動車が道路を共有することが難しくなり、ついに幹線道路など一部の場所ではそれが禁止される事態にまでなった。ただこの時点では、他に利用可能なルートがない場合、州間高速道路の一部を利用することは危険だが許可されていた。さらに歩行者は、こうしたアクセスの制限された新しい道路のほとんどで立ち入り禁止となり、「どこでも好きなところを歩く」という数百万年にわたる人類の歴史に幕が下ろされることとなった。

自動車は１８００年代の後半に、欧州と米国の複数の地域において、同時期に、だがそれぞれ独立した形で発明された（そのため当然ながら、１９００年代初頭には自動車の大部分が欧州と米国に集中しており、たとえば１９０８年の東京には20台程度しか自動車がなかった）。１８８６年、カール・ベンツが初のガソリン車である「ベンツ・パテント・モートルヴァーゲン」を開発する。１８９５年までに、彼の会社ベンツ・アンド・シエは１１３２台の車両を販売した。20世紀が始まった時点では、世界中の自動車を合わせても２万５０００台未満で、米国には約８０００台しかなかった。１９０３年までに、自動車の製造台数は世界で約６万３０００台となり、そのうちおよそ半数がフランスでつくられた[21]。英国では、１８９０年代の中頃、道路を走っていた自動車の数は15台ほどでしかなく、自動車はきわめて珍しい存在だった。しかし１９００年までにその数は約８００台となり、１９３０年までに約１００万台、１９３４年までには１５０万台と急増した[22]。

フォードのような米国メーカーは、20世紀前半に急速に自動車業界を支配するようになった。米国に自動車が初めて登場したとき、それは贅沢で珍しい存在だったが、大量生産技術によって製造コストが下がり、多くの人々にも手を出せる価格になった。そして実際に、多くの人々が自動車を購入するようになった。１９００年、米国で所有されていた自動車の数はたった８０００台だったが、１９２０年には、その数は８００万台へと膨れ上がる。この自動車業界の勢力拡大の影響を受けたのは鉄道会社だった。1894年6月、鉄道会社は商品の輸送費を譲歩せざるをえなくなり、時には無料で輸送を行なう場合もあった。

自動車が都市部を走るようになると、馬が一般的な交通手段だった時代に比べて、衝突や、自動車と歩行者の間、自動車と自転車の間で死亡事故が頻繁に発生するようになった。そうした事故で死亡したのは主に歩行者で、なかでも高齢者や子供が多かった。[23] 自動車が登場して間もないころ、通りはまだ、あらゆる人々のためのものだった。ある地点から別の地点まで移動する場合、人々は自分にとって最も都合の良いルートを選ぶことができた。そしてそれは通常、交差点まで行って道を渡るのではなく、通りの真ん中を横断することを意味していた。一時停止の標識も、信号機も、警察官も存在しなかった。子供は通りで遊び、サイクリストはどこでも好きな場所を走ることができた。一方通行が明確に示されている道路もなかった。バージニア大学の歴史学者であり、『戦う交通——米国の都市における自動車時代の夜明け』(*Fighting Traffic: The Dawn of the Motor Age in the American City*) の著者であるピーター・ノートンは、「歩行者は通りのどこでも好きなところを好きな時に歩くことができ、通常は注意して周囲を見渡すということもなかった」と解説している。自動車の登場によって事故死者の数が増えると、さまざまな都市で子供の犠牲者を弔う慰霊碑が建てられ、新聞は交通事故の様子を詳しく報じ、その多くはドライバーたちを非難した。

自動車の歴史を研究する専門家たちによれば、世界で最初の自動車事故は、1891年にオハイオ州オハイオシティで発生したと考えられている。[24] 自動車のパイオニアであったジェームズ・ウィリアム・ランバートが、単気筒のガソリン自動車に友人のジェームズ・スウォーブランドを乗せて運転していたとき、木の根にぶつかって車体のコントロールを失い、馬をつないでおくための柱に激突してしまったのである。彼らはこの事故で軽傷を負った。

ニューヨークのように人口が密集した都市は、事故の危険がきわめて高かった。ニューヨーク市における最初の自動車と自転車の事故は、1896年5月30日に起きた。マサチューセッツ州スプリングフィールドのヘンリー・ウェルズが、サイクリストのイーブリン・トーマスに、「ウェスタン大通り」（現在はブロードウェイとして知られる）でぶつかったのである。[25] ウェルズはコスモポリタン誌が主催した「馬なし馬車レース」に参加して「馬なし馬車」を運転していたところで、目撃者によれば車両を制御できなくなってトーマスにぶつかったそうだ。トーマスは足を骨折し、ウェルズは一時的に逮捕された。[26]

メアリー・ワード、ブリジット・ドリスコル、ヘンリー・H・ブリスの3人は、それほど幸運ではなかった。1869年8月31日、若手の女性科学者だったワードは、アイルランドのバーという町で蒸気自動車から投げ出されて道路に落下し、世界で初めて自動車事故で亡くなった。皮肉なことにワードの親戚は、世界初の蒸気自動車の1台をつくった人物だった。[27] ドリスコルは1896年に、英国において自動車事故で亡くなった最初の歩行者である。[28] 不動産業者のブリスは、自動車事故によって死亡した歩行者として米国で最初に記録された。1899年9月13日、ブリスは当時から「危険な区画」として知られていたセントラルパーク・ウェスト西74丁目の交差点で路面電車を降りた後、自動車に激突された。タイムズ紙の報道によれば、ブリスにぶつかった車は、トラックが目の前に立ちふさがったために進行方向を変え、「そして自動車の2つの車輪が（ブリスの）頭と体を轢《ひ》いた。彼の頭蓋骨と胸部は粉々になった[29]」。

1900年代初頭には、自動車事故は都市の住民にとって大きな関心事になろうとしていた。1908年にはたった2カ月の間に、ミシガン州デトロイトで31人が自動車事故で死亡した。ちなみに、その年のデトロイト市の人口は30万人から40万人の間だった[30]。今日のニューヨーク市の人口は、その21倍にあたる850万人である[31]。つまり1908年のデトロイト市では、現在のニューヨーク市の人口に換算すると、2カ月で651人、1日に10人以上が自動車事故で死亡していた！ 現在、ニューヨーク市で1日に交通事故で死亡する人の数は、1人未満となっている。

自動車の侵入が都市生活を脅かすようになるにつれ、都市を管理する官僚たちは、歩行者や自転車が自動車の走る道に立ち入ることを防ぐための方策や、法律を設けるようになった。言い換えれば、彼らは自動車の側にメリットが生まれるように人々を管理しようとしたのであり、その逆ではない。市民団体が果敢に運動したにもかかわらず、自治体は通りから人々を締め出すために、標識や信号機、フェンス、その他の障害物を設置するなどさまざまな試みを行なった。

1915年、デトロイトは歩行による移動を管理するために、一時停止標識、車線表示、信号機を設置した最初の都市となった[32]。またデトロイトとニューヨークは、交通整理を担当する警察の部隊を他に先駆けて設立した都市である。ニューヨークの場合、1860年の時点ですでに、乱暴な運転をする馬車の御者を取り締まる任務が市警察に与えられていた[33]。

マンハッタンは、交通違反者を裁くための裁判所を設置した米国初の街である。1969年までに、この刑事裁判所の処理件数は激増し、駐車違反で切符を切られた被告人でも、裁判のために10

カ月待たなければならないほどだった。[34]自動車向けの同期型交通信号機は、1926年に初めてシカゴに導入された。それから90年以上が経過しているが、都市計画者たちは依然として、交通信号のタイミングを正しく決定する最善の方法について議論している。そうした管理が必要になるというのは、19世紀の人々にとっては考えることはおろか想像すらしなかっただろう。なにしろ19世紀には、道路はコミュニティの中心的な存在であり、ありとあらゆる人に使われるものと捉えられていたからである。しかし、自動車の登場から、「自動車道（交差点がなく、出入り口がある道路）」という発想が生まれるまで、長くはかからなかった。世界初の「自動車道」は、「ロングアイランド・モーター・パークウェイ」と名づけられ、ニューヨーク州ロングアイランドに1908年に開通した。その建設資金は、民間から提供された。米国で初めて公的資金によって建設された「自動車道」は、1907年に開通した、ニューヨーク州の「ブロンクス・リバー・パークウェイ」である。[35]ドイツでは、1913年に欧州初の自動車専用道路である「アウトバーン」が建設された。[36]

決められた場所以外で道路を横断する行為、すなわち「ジェイウォーク」を禁じる法律は、1900年代初頭にはほとんど存在しなかった。ピーター・ノートンは、「自動車が登場してまもないころ、歩行者を避けるのはドライバーの責任であり、歩行者が自動車を避けるよう求められていたわけではなかった」と解説している。[37]しかしより多くの自動車が都市を走るようになるにつれ、新しい考え方が登場した。「通りは自動車のものになった——そして歩行者が自動車にぶつかったら、それは歩行者の過失となった」とノートンは述べている。カンザスシティは初のジェイウォーク条例を1912年に制定し、決められた横断歩道以外で道路を横断することを制限した。[38]

かつてボーイスカウトたちは、ジェイウォークをする人々にこのようなカードを渡していた。このカードは社会奉仕団体のキワニス・クラブがスポンサーとなって作成されたもの。〔図中の文字は上から、「安全のために」「――渡ろう――」「こんなふうに――ここではなく――こんなふうでもなく」「ジェイウォークはやめよう」〕
出典：“Boy Scouts and Kiwanis Club of Hartford Put on Anti Jay Walking Campaign,” *National Safety News* 3 (February 7, 1921): 4; reprinted Peter Norton, *Fighting Traffic: The Dawn of the Motor Age in the American City* (Cambridge, MA: MIT Press, 2008), p. 76.

イントロダクションで紹介したジャック・フィニイの『ふりだしに戻る』の主人公、サイモン・モーリーがタイムトラベルした1880年代のニューヨーク市を訪れることを頭の中で描いてみよう。そして通行人に話しかけ、こう説明するところを想像してほしい――20年もすると、信号が人々を照らすようになり、人々はそれに従って停止するようになるだろう。歩行者は建物のそばを通るようになり、政府が「横断してもよい」と許可したときのみ、交差点でだけ道を横断するようになるだろう。それに従わないと、歩行者は刑事告発され、逮捕の対象となる、と。すると、あなたが話しかけた1880年代の通行人は笑いだし、まともな社会であればそんなことは起きないと言うに違いない。そんな事態が起きるとは想像できないのだ。この会話を心に留めた上で、本書を読み進めてほしい。2100年から現代にタイムトラベルしてきた人が、21世紀の「交通戦争」を説明するとき、私たちはどれほど奇想天外で、信じられない話を聞くことになるだろうか？

1913年12月、ニューヨーク州シラキュースにあるデパートがサンタクロースを雇い、出入り口の外にある歩道に立たせた。サンタはメガホンを持っていて、然るべき場所とタイミングで道路を横断しなかった人々に対して「ジェイウォーカー（ジェイウォークする人）！」と叫んで、そうした人々に恥ずかしい思いをさせた。[39] ノートンによると、カーディーラーが地元のボーイスカウトに依頼し、歩行者にジェイウォークについて説明するカードを配らせたこともあったそうである。ボーイスカウトはジェイウォークしようとしている人々を見つけると、それがいかに危険で、時代遅れの行為かを解説したカードを渡した。新しい時代には、新しい方法で道を渡らなければならなかったのである。[40]

1920年代半ばになると、自動車業界は自動車のためのスペースを広げ、邪魔者である人々を排除する手段として、ジェイウォーク法を支持するようになった。ジェイウォーク法を可決させるために、彼らが推し進めた精力的なキャンペーンは全米で成功を収める。たとえば、業界のロビイストたちの尽力によって、フーバー政権下において、「1928年モデル都市交通条例」が成立した。[41] ノートンによれば、「この条例において重要なのは、歩行者は横断歩道でのみ、しかも正しい角度でしか横断できないと定めた点だ。基本的に、これが現在の私たちにも課せられている道路交通法である」。赤信号で横断することも、ジェイウォークと見なされるようになった。何百万年もの間、人類は地球上を自由に歩き、危険や障害物を認識したときにだけ立ち止まってきた。しかし史上初めて、赤い信号を見た場合には止まることを求められるようになったのである。

私は1950年代にニューヨークで育った。1950年代から60年代にかけて繰り返し放送されていたジェイウォークを非難する内容の曲を、今でも完璧に歌うことができる。それは次のような歌詞だ。

通りの途中で、途中で横断しないで
通りの途中で、途中で、途中で
目で注意しよう！
耳でよく聞こう！
安全な交差点まで歩こう
そして待って
そして待って
信号が青に変わるまで

1920年代から40年代にかけて、米国では交通規制の導入が遅れており、1935年の時点で自動車の免許制を敷いていたのは39の州に留まった。[42] 1930年代、歩行者に一定の条件下で通行権を認める都市がある一方で、通りに障壁を設置し、特定の場所以外で歩行者が横断できないようにするという対応を行なう都市もあった。(43) 1941年には、約3万8000人の米国人が自動車事故で死亡している。(44) 第二次世界大戦中、自動車事故の数は減少したが、それはガソリンやゴム、金属の配給といった要因によって運転そのものが減少したことによるところが大きいと考えられる。(45) それでも1943年には2万2727人が、1944年には2万3165人が自動車事故で死亡している。(46) 1944年の連邦補助高速道路法では、「地方部と都市部の双方において、設計と建設における最大限の安全性を取り入れた、近代的な幹線道路」を整備するために、連邦予算が各州に与えられることとなり、「幹線道路設備におけるこのような改善は、事故防止に恒久的かつ実質的な貢献を果たすだろう」と宣言された。(47)

第二次世界大戦後、事故数は再び跳ね上がった。交通事故死者数が3万2000人近くに達した1946年には、米国における一連の高速道路安全性大統領会議がスタートし、戦後における交通安全対策の枠組みが設定された。(48) 5月8日の会議には、連邦・州・自治体の職員、高速道路の輸送や交通の専門家、各種国立機関のリーダー合わせて2000人が参加した。会議の初日、当時のハリー・S・トルーマン大統領は次のように宣言した。

いま目の前にある問題は、緊急を要するものです。終戦時に高速道路の通行制限が解除されて以来、交通事故の数は増加する一方です。1946年に入り、自動車で旅行するシーズンはこれからだというのに、交通事故による死傷者の数は、すでに戦前の状態に達しています。このペースのままでは、私が今日ここでスピーチしている数分間のうちにも、米国内で誰かが死亡したり、負傷したりすることになります。会議が開催される3日間で、交通事故で10 0人以上が死に、数千人が怪我を負うでしょう。(49)

この会議の成果のひとつは、高速道路での死傷事故を防ぐための行動プログラムの策定だった。道路規則に関する混乱の解消、学校における教育の推進、交通法実施の強化、高速道路の設計の改善を促すために、統一された「車両規則」と「モデル交通条例」が採用された。またこの会議では、車両登録に関する要件も定められ、積極的な広報キャンペーンを行なうための予算も可決された。(51)もうひとつの成果は、トルーマン大統領によって1946年9月3日に署名された、大統領令9775号である。この大統領令により、高速道路安全性大統領会議が設立を勧告していた、高速道路の安全性に関する連邦委員会が設けられることとなった。この連邦委員会には13の連邦機関の代表者が含まれ、次のような任務を与えられた。

当委員会は、高速道路の安全性の向上と、高速道路における交通事故の減少を目指すものとし、そしてこの目的のために、当委員会の判断により、高速道路の安全性に関わる連邦機関が、州政府および自治体の関連機関、州政府および自治体の職員による全国的な関連機関、および同様の民間組織と協力することを促すものとする。また当委員会は、法律で許可される範囲内において、高速道路の安全性に関する連邦機関の活動を調整するものとする。(51)

1956年6月29日、ドワイト・アイゼンハワー大統領は1956年連邦補助高速道路法に署名した。これは全長4万1000マイル（約6万6000キロ）にも及ぶ、全米州間国防高速道路網を建設するというものだった。アイゼンハワー大統領によれば、この法律は危険な道路や非効率なルート、交通渋滞、その他の「高速で安全な大陸横断移動」を妨害するあらゆるもの（特に歩行者やサイクリスト）を取り除くことを目指していた。[52] そうして、自動車を優遇する交通法が全国レベルで成立するに至ったのである。しかし、交通規制が全国的な争点になるのは、1966年に、自動車と高速道路の安全基準の管理責任を連邦政府が負うとした連邦法が議会で可決されてからだった。制限速度や飲酒運転など、ローカルな交通法の制定と施行は、いまなお市や州に任されている。とはいえ連邦政府は、高速道路の建設や維持など、諸々の補助金を受けようとする州に対して、最低安全性基準を課すことで、ローカルな交通規則に影響を及ぼしている。[53]

1950年代には、安全な運転を実現することは国際的な課題となっていた。1958年、国連は自動車基準調和世界フォーラムを設立した。これは自動車の安全に関する国際規格の導入を目的とした機関で、[54] シートベルトやロールケージの構造など、人命を救う多くのイノベーションがこの国際規格に従って市場にもたらされた。現在主流の3点式シートベルトは、1958年にニルス・ボーリンというボルボのエンジニアにより発明されて特許を取得され、翌59年には、すべてのボルボ車の標準装備となった。[55] シートベルトは1968年に米国で義務化されることとなり、その後数十年かけて、先進工業国のすべての車両に搭載が義務づけられるに至った。[56]

歩行者のための社会運動は、自動車業界のロビー活動に並ぼうとするのなら、相当な遅れを挽回する必要がある。歴史からの警告に耳を傾けるとすれば、それはこうなる。「歩行者とサイクリストは一致協力して、もっと声を上げなければならない。そして、自動運転の到来によって、歩行が多くの道路で完全に禁止され、フェンスで囲まれた場所や、道路と異なる高さの通路に押しやられてしまわないように、自動車業界の動向にもっと目を光らせなければならない」。これは過剰に聞こえるかもしれないが、1920年代と30年代の都会の「モダニスト」たち（フランスで活躍したスイス生まれの建築家兼デザイナー、ル・コルビュジエなど）は、実際に自動車が走る道から歩行者を排除することを提案しているのだ。[57]

1925年に発表された作品「コンテンポラリー・シティー」において、ル・コルビュジエは「セクター」という構想を描いている。セクターとは自給自足型の区画で、歩行者専用の通りに面して、店舗や学校、医療施設、リラクゼーション施設や礼拝の場が配置されるというものだ。一区画あたりの人口は3000人から2万人で、区画の大きさや地形に応じて増減する。「商店街」はセクターを横断する形で、北西－南東を軸に設置される。どのセクターも、内部に入ることが許される車両の数は4台までに制限されている。各セクターの商店街は、隣接するセクターの商店街とつながっていて、連続した（現代のインターチェンジのような）リボン状の大通りを形成している。[58]

20世紀の最初の3分の1で、歩行者の権利団体は自動車に敗北を喫した。しかし次の3分の1の期間に、新たな市民運動が芽吹いた。人々は自動車に抑圧されるのにうんざりして、自動車優位という風潮に対抗し立ち上がるところが、少数ながら出始めたのである。

1949年、ブエノスアイレス大学のカルロス・マリア・デッラ・パオレーラ教授が、世界都市計画の日を提唱した。[59] これは都市計画に市民を参加させ、人道的な側面を考慮しようとするものである。

またきれいな空気を求める社会運動が発展し、1960年代半ばから70年代にかけて、米国で「カーフリー」グループが登場した。私は1960年代に学生活動をしていたし、音楽と自然への回帰を象徴するイベントだったウッドストック・フェスティバルにも参加していたため、環境浄化という考えをすっかり信奉するようになった。ウッドストックという巨大なコンサートに参加したわずか数週間後の1969年9月、私はペンシルベニア大学の大学院に進学した。入学後すぐ私が学んだのは、自分が暮らしたような町（ニューヨーク市は、私が生まれたときから人口の大量流出が止まらず、郊外や南部、もしくは西部に逃げた人々にとって、「汚水溜め」とほとんど同じ意味だった）を変える方法だ。それは、交通を改善し、自動車への依存を下げ、自動車から歩行者のための空間を奪い返すということだった。

私は1971年にブルックリンに戻り、次席エンジニアとして運輸局に入った。当時の市長、ジョン・リンゼイは、ウォーキングとサイクリングを強く支持していた。彼は週末にセントラルパークとプロスペクトパークから自動車を締め出し、歩行者やサイクリスト、ジョガーに開放したのである。ニューヨークシティマラソンが1970年にセントラルパークで始まったのも、偶然ではない。[60] リンゼイはブルックリンのフルトン・ストリートをバス専用通りにし、フィナンシャル・ディストリクトにあるナッソー・ストリートは一日の大部分、歩行者専用になった。

1971年、運輸局に入って最初に担当する仕事が「レッドゾーン」だと知ったとき、私は胸を躍らせた。これはリンゼイの計画で、午前10時から午後4時まで、マンハッタンのミッドタウン地区の大部分で、自動車の進入を禁止するというものだった。私たちは米国の他のどの都市よりも、こうした一周まわって新しい交通を実現する計画において先を走っていたのである。私の仕事は、この計画の実施前後を比較調査することで、そのため1971年3月、私は交通量と速度に関するデータの収集にかかりきりになった。さらにこんな標識が作られた――「レッドゾーン、車両進入禁止、月曜日～金曜日、午前11時～午後4時」。そして実施の日である4月22日（この日はアースデイでもある）はあっという間に近づいてきていた。しかし開始日の2週間前、市長はホテルや他の企業グループからの圧力に屈して、計画を放棄した。計画の唯一の名残は、なんとか隠しおおせた、レッドゾーンの標識だ。それはいま、私のチェルシーのオフィスに飾られている。

米国初のカーフリー計画への期待は打ち砕かれたが、私の熱意は違った。上司は気づかなかったが、私はひそかに歩道の幅を広げ、車線を減らす取り組みを始めた。さらには私が当時住んでいたプロスペクト・レファーツ・ガーデンズの近くにあった、プロスペクトパークのランプウェイを閉鎖することさえした。

私はひとりではなかった。自動車で荒廃した都市に人間的な温かみを吹き込もうとする動きが、欧州の各地で生まれていたのである。1972年、英国において、鉄道網整備の予算削減に反応する形で「キャンペーン・フォー・ベター・トランスポート」が開始した[61]。オランダでは、自転車の専用道路や専用レーンの巨大なネットワークがすでに設けられていたが、1978年から96年にかけてその規模を2倍以上に拡張し、ドイツは1976年から95年にかけて同様の交通網を3倍にした。ドイツとオランダは今日に至るまで、サイクリストが厳格な通行権を持つ「自転車通り」の数を増やし続けている[62]。

1980年代に注目を集めるようになった「ニューアーバニズム」運動は、人々の交流とコミュニティを特徴とする都市開発を促している。この運動では、歩きやすさ、移動の容易さ、多目的な空間、多様性、バリエーション豊かな住居、上質な構造とデザイン、優れた交通機関、伝統的な近所づきあいに原則が置かれている[63]。

「ニューアーバニズム」というコンセプトの先駆者である作家の故ジェイン・ジェイコブズ（彼女はこの言葉を使わなかったが）は、ニューヨーク市のコミュニティ活動家で、1961年の著作『アメリカ大都市の死と生』（鹿島出版会）は、人々の都市計画に対する考え方に影響を与えたという点で画期的なものだった。いわゆる「スラム」や荒れた近隣関係をブルドーザーで一掃し、近代的なビルやオープンスペースに変えようとするのが一般的な考え方だった時代に、ジェイコブズは伝統的な都市の近所づきあいにおける多様性と密集性に、ダイナミズムと真のコミュニティを見たのである。人々とその活動を密集させることで、楽しく、活気とまとまりがあり、経済的に持続可能なコミュニティが生まれると彼女は考えた。同書はある意味で、当時各地で始まろうとしていた、都市の大規模な破壊に対する反作用だった。そしてそうした都市の破壊には、近所づきあいを分断し、多くの都市景観を荒廃させ、危険で貧しい地域へと変えることになる「道路の建設」が含まれていた。

『アメリカ大都市の死と生』では、望ましい都市環境の創造に向けて、次の4つの勧告を行なっている。①街路もしくは地区はいくつかの主要機能を果たさなければならない、②街区《ブロック》は短くなければならない、③建物は築年数、状態、利用状況の点で多様でなければならず、賃貸物件も含まれる必要がある、④人口が密集していなければならない。これらは賢明な都市計画担当者が現在でも配慮している、もしくは配慮すべき原則だ。

自動車はジェイコブズのビジョンにおいて、重要な要素ではなかった。実際のところ、ジェイコブズは自動車が持つ価値を低く見えるようにしていたのである。彼女の哲学は、研究によって芽吹いたものもあったが、大部分は自身がニューヨークのグリニッジ・ビレッジに住んだ経験から生まれたものだった。ジェイコブズはハドソン・ストリート555番地のお菓子屋の上にあった自宅から、人々の人生を観察し、都市の近所づきあいに見られるリズムを記録した。朝になると子供たちが歩いて学校に向かい、それから少しして店主たちが自分の店を開け、歩道を掃除してお客を迎える準備をし、主婦たちが歩道で噂話に花を咲かせ、労働者たちが仕事の後の一杯を求めバーに立ち寄るのだった。そこには明らかなことがひとつあった——隣近所でこうした活動が行なわれ、人々が密集していることで、周囲に常に誰かがいるという状態が生まれ、その結果として住民はより安全であると感じるようになっていたのである。

今日、都市計画において、私たちはそれと同じことに腐心している。そして私は、自動運転車が道路を支配するようになり、サイクリストや歩行者が消えてしまうと、同じ問題が起きるのではないかと懸念している。もし自動車に支配される社会から、歩行者が自分たちの居場所を取り戻すことを望むのなら、歩行者は団結し戦略的に事に当たらなければならない。自動運転車はどこでも利用できるよう設計され、人々はほんの数十センチさえも歩く必要がなくなるはずだからだ。私がこれを書いている現時点でさえ、英国のミルトン・キーンズでは、自動運転ポッドが歩道を通るのを許可した市当局と、歩行者との間で争いが続いている。

「私たちがどのように行動するかは、私たちが何を考案し、どのような規制を行なうかによります」とバーン・グラッシュは言う。「ひとつの可能性は、自動車が走れるほどの交通容量はないがそこそこ広い通路を、都市の中につくることです。さらに通りには、自動車が走っておらず、多くの欧州の都市に何世紀も前から存在しているような大きな広場につながるようにします」。歴史的に見て、そうした広場は、自動車で「走り抜ける」文化では経験できない、一体感やコミュニティの存在を感じさせることがわかっている。自分が隣近所の一員であるという感覚は、自動車のシートに座っていては得ることが難しいのだ。歩行者用の広場（他人と交流し、会話し、友好的なやり取りをしたり、絆を形成したりすることが簡単にできる場所）に座ったり、立ったり、歩き回ったりすることで、そこに根を下ろしているような感覚が得られるのだ。

作家でありながら農家でもあり、環境活動も行なっているウェンデル・ベリーが指摘したように、コミュニティは人々がお互いを知っている場所にしか存在しない。[64]もし自動車があらゆる場所に侵入し、そして自動車が走る場所から人間が排除されると、都市やコミュニティは崩壊してしまうだろう。自動車の登場と、それに続く自動車の支配によって、いかにコミュニティが混乱に陥ったかを歴史は示している。だが、そうした諸々の要素から人間を完全に締め出す自動運転車は、さらに大きな問題を突きつけているのである。

一方で、もし一部の場所で、個人所有の自動車を大幅に減らすか、なくすかして、ライドシェア〔自動車の相乗り〕や公共交通にシフトできれば（自動運転技術はそれを容易にするだろう）、人間的で、健康的で、公正で、経済的に持続可能な文明に欠かせない、人々の交流を維持することができる。私たちが考えるべき問いは、「自動運転車が一般的な存在になったときに、従来のようなエンジンの付いた交通手段を使いつつ、どうやって自動車から受ける影響を弱めていくか」だ。もしくは、ピーター・ノートンが問いかけているように、「私たちはどのような都市を望むのか」である。私たちは依然として、人々がお互いの目を見ながら交流する場所を望むだろうか？　あるいは鞘《ポッド》のような自分専用の空間に留まって、何の苦もなくある地点から別の地点へと移動し、その乗り物から降りずに必要なものを手に入れられるような生活を望むだろうか？　誰もが自分だけの自動運転車を持つようになってほしいだろうか？　それは果たして可能なのか？　それとも、自動運転技術を使って、便利でクリーンな、誰でも利用できる大量輸送機関を実現したいだろうか？

私たちはまだ、新しい自動運転技術に見とれている段階だ。ドライブ中にテキストメッセージを打てたり、読書できたり、睡眠を取ったり、仕事できたりしたらどんなにいいだろう。こうしたこと以外に、自動運転がもたらしうる影響について思いをめぐらす人はほとんどいない。でも、もし人々がピーター・ノートンの都市部に対する考え方を理解できればどうだろう？　つまり、生活の必要性と社会的参加の両方を満たす「交通ソリューション」の観点から人々が考えることができれば、渋滞という不快な副作用なしに、誰もが手頃な料金で利用できる便利な交通機関を実現するために、自動運転車をいかに、そしてどこで活用すべきかという問題に、賢い判断を下すことができる。

たとえば、28のEU加盟国では50歳以上の年齢層が人口の大きな割合（多くの国で約50パーセント）を占めているが、自動運転車は移動の選択肢を増やすことから、そうした高齢者たちにメリットをもたらす可能性がある。[65]しかし停滞し、回復に時間のかかっている欧州経済の下で、自動運転車を普及できるかどうか（最新の交通システムの一部として、あるいは個人が所有する車両として）については、議論の余地がある。[66]欧州の出生率低下は深刻な状態で、人口置換水準を下回っており、ミレニアル世代も少数派で、成人人口の24パーセントを占めているに過ぎない。

もしいま多くの場所で起きようとしている都市の再生を、自動運転車産業が潰してしまうようなことがあったら、それは残念なことである。特にそうした再生は、ミレニアル世代やナレッジワーカー、起業家が集まる、米国の小規模な都市（オハイオ州コロンバス、ノースカロライナ州ローリー、アイオワ州デモイン、ウィスコンシン州マディソン、アイダホ州ボイシ、ミシガン州グランドラピッズ、ノースダコタ州ファーゴ、ニューヨーク州ビーコンなど）で起きている。[67]米国のミレニアル世代の人口は、最終的にベビーブーマー世代を追い越し、成人人口の大部分を占めるようになるだろう。したがって、彼らの転居の動向に注意を払い、彼らを市街地に惹きつけておくことは理にかなっている。

ジェイン・ジェイコブズが2冊目の著作『都市の原理』（鹿島出版会）で指摘したように、活動的な都市は、新参者か既存の市民かを問わず、チャンスとアクセスを社会のあらゆる階層の人々に提供する、経済のエンジンであることを歴史は示している。[68]都市の再活性化を進める取り組みと、いわゆる「歩きやすさを求める運動」に関わる人々は、協力してさまざまな規模の市街地を改善に向けて前進させてきた。それが、自動運転車産業の金と力で止まってしまわないようにしなければならない。

結局のところ、歴史をふり返ることの意味は何か？　そうすることで、「誰もがどこへでも行くことを可能にする、あるいはどこであれ行きたいと願えるようにする唯一の方法は、(無人運転かどうかを問わず) 自動車である」という思い込みを、私たちは放棄しないまでも、それに疑問を持たずにはいられなくなるのだ。この思い込みが生まれたのはつい最近のことだが、きわめて強力に私たちの考えを縛り付けている。より良い移動システムとは、過去から最良の部分――通りは人々のものであるという前提――を取り込み、最悪の部分――「通りは自動車だけのものだ」という100年かそこらの歴史しかない考え――を排除するものだろう。そのシステムの一部に、自動運転車はなることができるし、なるべきである。

第2章　インフラストラクチャー——少ないほうが豊かになる

誰もが個人所有の自動車を持つ時代に、自動車で都市内のあらゆる建物に移動できる権利とは、都市を破壊する権利である。
——ルイス・マンフォード、米国人歴史学者・文芸評論家(1)

何十年もの間、道路や橋、トンネルなど、国のインフラストラクチャーに対する一般的な考え方は、「移動のトレンドに対応するためには、継続的な拡張、再開発、改善が必要である」というものだった。「より良い」というのは「より多く」という意味であるのが普通だったのである。自動車が最優先、人間は二の次という考え方が定着してしまい、今日でもそれを変えるのは難しい。たとえば米国における2017年度の税制では、「定期的な自転車通勤に関する費用」として、課税所得から月額20ドルの控除を認める連邦規則が撤廃された。また自動車を所有することが中流階級の通過儀礼と見なされるようになって以来、「個人は自動車を所有すべきであり、その数は多ければ多いほどいい」と考えられてきた。

自動車の所有権の問題については、後ほど改めて考えてみよう。それは私たちのインフラに対する考え方と、何より自動運転車に対するすべての考え方において、重要な役割を演じているからである。ただまずは、米国やその他の国々において、自動車の個人所有が一般的になるにつれ、道路建設に対する熱意がいかに盛り上がっていったかを概観してみるのがいいだろう。

19世紀の米国では、大部分の道路と橋が、必要に応じて各地域の団体によって建設されていた。そうした団体は米国独自の存在だったが、その活動は結局、20世紀に始まる国による州間道路の建設政策に取って代わられる。「良い道路」とは自動車にとって良い道路のことであり、さらに自動車にとって良い道路は米国とその市民にとって良い道路である——そうした考え方が浸透していくが、それはひと握りの人たちが貢献してのことだった。彼ら「未来志向の」人々は最終的に、道路建設に対する最初の政府介入である、1916年連邦補助高速道路法に影響を与えた。この法律は、50対50のマッチングファンドという形で、5年の期間中に7500万ドルの連邦予算を州に提供し、この予算を管理するため、1917年までに、すべての州で道路管理局が設けられた。

マサチューセッツ州道路委員会の地質学者兼テストエンジニアだった、バージニア州出身のローガン・ウォーラー・ペイジは、1900年に米公共道路調査局（OPRI）のテスト担当チーフとして入局した。1905年、同局は公共道路局（OPR）に改称され、ペイジは局長に就任する。役割と予算が拡大したことで、ペイジはより大きな権限を持ち、「科学と技術は社会問題を解決することができる」という信念を追求できるようになった。もちろん解決すべき社会問題の中には、「道路問題」も含まれていた。[2] 彼は1916年連邦補助高速道路法が可決され、連邦予算による新しい高速道路建設が実現するよう尽力した。

ウッドロー・ウィルソン大統領は自動車の普及に個人的な情熱を燃やし、その熱意は生涯変わることなく続いた。第一期の任期が終わりに近づいていた1916年7月11日、彼は1916年連邦補助高速道路法に署名した。教育を受けたり仕事に行ったりするための手段となる道路は、国民の経済力の向上と国の団結を実現する鍵となるというのがウィルソンの見解だった。1916年の民主党政策綱領には、「地方部の生活における幸福と快適さと繁栄、そして都市の発展は、どちらも公共の高速道路の建設によって持続する。したがって我々は、郵便物用の道路や、同様の道路の建設に国が支援を行なうことを支持する」という一節が含まれているが、これはウィルソンのアイデアだった。[3] ウィルソン大統領は、「大きなピースに分けて」考え、そして「最後に全体として」考えることが、米国の国益になると信じていた。道路を通じてコミュニティを結びつけることは、「自由と才能」を最も簡単に行き渡らせる、ひとつの方法になると彼は考えたのである。[4]

良い道路を通じて社会改良を進めるというこの考え方に、オレゴン州選出連邦下院議員のトーマス・H・タンが賛同した。「良い道路をつくるというのは、予算だけの問題ではない。それは健康を増進し、幸福や喜びを大きくする手段になったり、趣味を洗練させ、品性を強め、広め、高める手段にもなりうるからだ」と彼は記している。[5] 道路がなければ、都市の居住者は自然が持つ純粋さと健全さを享受することはできないだろう、とタンは主張した。

南北戦争で司令官を務めたロイ・ストーンも、連邦補助高速道路法の成立に尽力した。ストーンは「良い道路」を求める集会や、関連イベントの講演者として引っ張りだこだった。そうしたイベントには農民向けのものもあった。連邦政府の予算による高速道路建設プロジェクトは農場や畑を横断して建設される予定だったため、農民たちからの支援が欠かせなかったからだ。ストーンは良い道路が欠けていることを「私たちの文明における最後の大きな汚点」や「未開時代の遺物」、さらには政府の介入によって治療しなければならない「病気」とまで表現した。[6]

米国の交通機関の歴史において、大規模なインフラが急速に整備されるということが何回かあったが、そうした取り組みが移動に関する実際の習慣に合わせて進められることはなかった。第一次世界大戦によって、議会が連邦補助高速道路法に割り当てる予算は削減されたかもしれない（実際、連邦予算の支出は1マイル（約1・6キロ）あたり1万ドルに制限された）。しかし、1921年の連邦補助高速道路法（コロラド州選出の共和党上院議員だったローレンス・C・フィップスにちなんで、フィップス法としても知られる）によって、連邦予算による道路建設が党派を越えて熱狂的に支持されることがはっきりした。1923年までに、この法律によって承認された道路はすべて建設された。

次の大規模な連邦政府による道路建設事業は、ドワイト・D・アイゼンハワー大統領の連邦補助高速道路法による州間高速道路の建設で、250億ドルを出資するという点で当時最大の公共事業だった。予算の一部には国防予算が割り当てられ、さらに高速道路の設計を通して、米空軍は道路網に直接のつながりを持った。1956年の法律について公にされていた目的のひとつは、米国が攻撃された際に、高速道路を軍用車両の通路に転用するというもので、高速道路のレーン幅が12フィート（約3・7メートル）に定められているもともとの理由とされている（戦車の幅も12フィートなのだ）。[7] 事業費の残りは、燃料、自動車、トラック、タイヤの使用に対する新しい税金によって賄う計画だった。
1969年に私がペンシルベニア大学で交通工学の勉強を始めたとき、米国が高速道路建設において世界をリードしていることは明らかだった。欧州は第二次世界大戦後の時期を都市の再建に費やしていたため、高速道路システムの再生にようやく着手したところだった。しかしドイツを除き、戦前の道路は各地域の中で移動するという観点から設計されていて、長距離移動は念頭に置かれていなかった。自動車専用の高速道路（交差点のないフリーウェイ）という概念は、米国が生み出したものなのである。
戦前の欧州には、「良い道路」運動に相当するものは存在しなかったのだが、それでも自動車の交通量増加に対応して、欧州全土に新しい道路が建設されていた。英国では、道路建設は19世紀を通じて地域ごとに管理し、予算が割かれていた。そこに中央政府が、標準化された道路を求める、サイクリストとドライバー双方からの圧力の高まりに応じる形で関与していったのである。英国では1909年に国家道路評議会が設立され、新しい道路の建設と既存の道路の改修に対する権限が与えられた。[8]
たとえば12世紀に生まれたロンドン郊外の都市ダートフォードでは、自動車の増加に伴い、1905年という早い段階から繁華街の中心部に横断歩道の設置を始めた。また1922年には、より多くの自動車が通行できるよう、橋の幅が広げられた。1934年、各地方自治体から英運輸省に対し、適切な横断歩道の設置を支援してくれるよう要請が行なわれているのだが、同様のプロジェクトが英国の各地ですでに実施中だった。[9]

その一方、ドイツでは1913年に、「アウトバーン」として知られる、ブンデスアウトバーン・システムの建設を開始した。ドイツ初の自動車専用道路は、1929年にデュッセルドルフ―オプラーデン間で開通し、1932年には、ケルン―ボン間も開通した。1930年代初頭、さらに多くのルートの建設が予定されていた。アドルフ・ヒトラーは、近代的な高速道路システムを整備することにプロパガンダと軍事面のメリットを見出し、この建設計画を加速させた。1935年5月、ライヒスアウトバーンがフランクフルト―ダルムシュタット間で開通する。第二次世界大戦の終わりまでに、ブンデスアウトバーン網は全長2128キロメートルに達し、ドイツ連邦共和国はさらに1953年と1959年に高速道路システムを拡張した。[10] ドイツのアウトバーンと、アイゼンハワー政権下に建設された、米国の州間高速道路システムとの間にはつながりがある。第二次世界大戦中、彼はドイツに駐留し、その高速道路ネットワークに感銘を受けたのである。

世界の他の場所でも、高速道路が建設されていた。1924年、イタリアはベネチア―トリノ間の有料道路の建設を開始する。またオーストラリアでは、1920年代半ばまでに、地方自治体が道路建設委員会を設置し、自動車移動に伴う困難さに対処した結果、すぐに自動車は鉄道を上回るようになった。当時オーストラリアでは、長年にわたって鉄道が主要な交通手段となっていたため、道路は放置され、狭くて舗装もされていないことが多かった。ニューサウスウェールズ州の主要道路委員会が最初に行なった仕事のひとつは、ニューカッスル―シドニー間の湾岸道路の建設だった。これにより、オーストラリアの他の主要都市に接続する道路システムの構築が容易になった。[11]

私は1973年に初めてアジアを訪れたとき、「自己発見」のためにインド各地を旅した。その目的を達成できたかどうかはわからないが、ボンベイ（現・ムンバイ）からニューデリーまで、私が訪れた十数の都市には、大きな立体交差路を持つ、州間道型の高速道路が当時は存在していないという事実だけは発見できた。１９８０年代、私は日本を旅した。第二次世界大戦で主要な道路が破壊されたにもかかわらず、当時、すでに日本は高速道路建設において米国に追いつき、追い越していた。中国では、１９９０年代初頭でもほとんど「フリーウェイ」は存在していなかったが、現在では高速道路が中国全土に張りめぐらされている。ロシアには、グラスノスチの数年後に訪れた。そのとき、ロシアには管理の行き届いた高速道路は存在しなかった。それから1世代ほどの時が過ぎた後で、私は交通の問題を解決するためにロシアに招かれた。新しい高速道路を建設することには短期的な利益しかないと私は主張したのだが、にもかかわらずモスクワの高官は、ビジネスの中心街へと続く線路をまたぐ、９つの高架道路を建設することを推奨するよう強く働きかけてきた。言うまでもなく、私には彼らを説得することができなかった。

私が最初に韓国を訪れたのは、２００５年のことだ。当時ソウルは、１９７６年に清渓川をまたいで建設された高架式高速道路を撤去し、その跡地を利用して街の中心部に活気あふれる緑道を出現させたところだった。さらに近年、ソウルはまた別の高架道路を「ソウル路７０１７」に置き換え、都市の中心部に歩行者のオアシスをつくりだしている。

20世紀は「高速道路建設時代」だった。それが終わり、21世紀の最初の10年間に各地で「高速道路撤去運動」の機運が高まった。まったくの偶然だが、１９７０年代にマンハッタンの高架道路「ウェストサイド・ハイウェイ」の一部が崩落した際、私はこの運動の先頭に立っていた。そして

１９８０年代には、私はニューヨーク市のチーフエンジニアとして、この高架道路全線を撤去し、地上に大通りをつくることを推奨した。１９８９年にロマ・プリータ地震で被害を受けた、サンフランシスコのエンバカーデロ・スカイウェイが撤去されると、この運動は勢いを増し、現在は世界中に広がっている。

それでも道路の建設・補修・改善は、依然として政治的な論争をもたらす問題だ。都市と郊外や田園地帯を結ぶ道路と鉄道は、現在でも、経済発展に不可欠であると考えられている。そしてかなりの程度までそれは事実だ。現在、米国の道路インフラの大部分が、耐用年数の限界に近づいていると言われている。米国土木学会（ＡＳＣＥ）は、橋と道路が崩壊しつつあると訴えている。彼らの最新の「インフラ通信簿」では、交通に対する評価は「Ｄ＋」となっている[12]。

インフラに関する議論は、地方や地域の選挙、あるいは国政の選挙運動で主な争点になることが多い。しかしそれは、いつまでたっても検討の段階を抜け出せない、よくある空約束のままだ。２０１６年の大統領選挙では、主要な候補者たちはみな、インフラへの投資に言及していた。それは交通ネットワークを改善する必要があるからだけでなく、そうした投資が雇用を生み出す可能性があるからだった。しかしどの候補者も、自動運転技術がインフラに与える影響を考慮していなかった。これはまったく嘆かわしい。そうした影響は、決して小さなものではないからである。自動運転車は、インフラの更新、補修、建設に対する取り組みを一変させるだろう。

国や州、都市、町が、新しい道路に何億ドルや何兆ドルという予算を費やす前に、自動運転車の導入がもたらす効果を検討すべきだ。マイカーやトラック、交通機関の車両を含めた従来の車両を自動運転車に置き換えた場合、車線を狭くしてもより多くの車両を通行させて小さなインフラで事足りるようになり、したがって予算が少なくて済む可能性が高い。つまりインフラのコストや、そのための予算は今後、増加するのではなく減少するはずなのである。

道路が増えても、必ずしも人々の生活や経済が改善されるわけではない、ということを認識している州もある。2012年、当時マサチューセッツ州運輸長官だったリッチ・デイヴィは、記者会見で次のように述べている。「お知らせすることがあります。マサチューセッツ州では、これ以上スーパーハイウェイを建設しません。その余地がないのです[13]」。彼の話はポイントを突くものだった。マサチューセッツ州は東西たった190マイル（約300キロ）なのに、州内には7万6200車線マイル〔道路の長さ（マイル）に車線数を掛けた数値。道路の占める広さを表す〕もの道路が存在するのである。それは、面積が数倍もあるワイオミング州の道路（6万454車線マイル）よりも長い[14]。マサチューセッツ州はこうした宣言を行なった最初の州だった。また、デイヴィは運輸長官として、1人での自動車移動から、電車やバス、自転車、徒歩といった他の移動手段へのシフトを人々に奨励することにも取り組んだ。

デイヴィは自動車以外の手段による移動の割合を3倍にするという目標を掲げ、公共交通機関を改善し、また道路照明の改善、歩道や縁石の切れ目の増設、レール・トレイルの整備など、移動を快適にする設備を推進することに取り組んだ[15]。レール・トレイルとは、使用されなくなった鉄道を多目的道路に改築することで、用途は歩行やサイクリングが一般的だが、時には乗馬に使われることもある。そうした改築は人々を自動車から外に出すだけでなく、長期的には社会的交流や運動を促すというメリットがある。しかし私は、このレール・トレイルという取り組みには複雑な思いを抱いている。そのように転用された道路の一部は、再び元の目的に使われるようになったほうがいいと思うのだ。

カリフォルニア州は大量輸送サービスを改善する取り組みを行なってきたが、それは効果が挙がれば、道路を拡大してほしいという要求を抑えられる。２０１２年、環境・住宅政策担当事務次官のケイト・ホワイトは立法委員会において、カリフォルニア州内での自動車による移動の30パーセントが、移動距離１マイル（約１・６キロ）未満であると語った。当局は４つの戦略に焦点を当ててきたが、そのどれにも道路の増設は含まれていない。その戦略とは、①短距離移動の第一手段としての自転車もしくは徒歩、②高速鉄道、③５～１００マイル（約８～１６０キロ）の移動手段としての公共交通機関、④ＡＴＰ（アクティブ・トランスポーテーション・プロジェクト）の４つである。ＡＴＰとは、特に１マイル以下の場合に、自動車での移動を徒歩や自転車に置き替えるという取り組みである。[16]

もちろん、カリフォルニア州（および他の州）のほとんどの地域は地方部であり、各種のサービス（機関）から遠く離れている。そして不動産が高騰する都市（サンフランシスコやロサンゼルス、サンディエゴなど）で生活することができないという理由や、単に田舎のほうが好きだから、あるいはそこで仕事しているからといった理由で、そのような地域に住む人も多い。こうしたのどかな場所には、歩道や歩行者向けの設備がないことがよくある。しかし、もっと賢くインフラや自動運転技術へ投資することで、地方や僻地における交通や移動の問題を解決できる可能性がある。しかも、そうした解決策は短期的なものではないし、多大なコストがかかるわけでもない。

移動がすべて自動化された時代を思い描くとき、未来学者のなかには、即席の移動式サービス施設の可能性を指摘する者もいる。たとえば、移動する図書館やコンビニなどが登場し、地方部に住む人々が徒歩や自転車で動ける距離に毎週集える場所として機能するようになるのだ。また高速走行可能な大型の車両が彼らをビジネス街まで運んだり、小売店から離れて住む人々にドローンが必要なものを届けるようになったりするかもしれない。こうした未来的な仕組みを実現するのに、従来型のアスファルトの道の幅を広げたり、延長したりする必要はない。せいぜい自動運転車が走れるように既存の道路を改修するだけでいいのである。

自動運転車のためのインフラ――安いほうがいい

自動運転技術により、車両の多様性は確実に増していくだろう。しかしそれによって、既存の交通ルートにますます負荷がかかり、インフラの劣化が急速に進むおそれがある。第3章で論じるように、将来、車両の走行距離が増えて、ほとんどの道で交通状況が悪化するおそれがあるのだ。それに加え、米国ではインフラの維持管理を行なう公共事業予算が絞られる傾向が続いており、ますます多くの道路や橋が閉鎖されることが予想される。トランプ政権の2018年インフラ計画（本書執筆時点ではまだ構想中）は、問題に対応する上でほとんど役に立たないだろう――ただ私たちが賢ければ、この状況は長くは続かないはずだ。

半自動運転（一部の自動車ではすでに利用可能）は、完全に自動化された運転が普及する前に実現すると考えられる。そして運転にまつわる体験において、便利さや値ごろ感を求める比重が高まっていくと、より多くのドライバーがこの技術を受け入れるようになるだろう。私の試算では、この移行には20年間かかる。その期間中に、自動運転技術によってドライバーの快適性が増す結果、郊外が発展する可能性が十分にある一方で、特にピークタイムにおける、駐車場需要や大都市周辺の交通量が増加し、既存のインフラにさらに負荷がかかるだろう。

今後、車線の増設を要求する声はさらに大きくなる。すると、それが魅力的に感じられるようになるだけでなく、車線を増やしたり幅を広げたりする必要はないと人々を説得することも、難しい作業であり続けるだろう。しかし、交通をめぐる今の難しい状況が、未来やインフラ整備に対する取り組み方を左右するようなことがあってはならない。自動運転車開発の第二段階となる２０３０年代半ばから２０４０年代にかけては、この傾向が逆転する可能性があるのだ。完全な自動運転システムが普及するにつれ、自動車を所有したいと考える人はかなり減るだろうと、多くの専門家が予想している。このシナリオでは、ライドシェアや自動公共交通機関、ロボシャトルによってインフラへの需要が下がることになる。しかし自分で運転するのではなくライドシェアを選ぶよう促す政策が実施されなければ、大きな変化は起こらず、ＶＭＴ（走行台マイル数）の大幅な削減（平均走行距離が増加したとしても）や渋滞の解消は実現しないのではないかと私は危惧している。

道路システムに関して、私たちは過去50年間に立ててきたものとは異なる問いを設定しなければならない。自動運転車時代のインフラは、過去のインフラと同じものではないし、同じであってはならないのだ。これからの50年間で、自動運転車の控えめなライドシェアが隅々まで浸透していくと、これまで駐車や走行のために使われてきた空間が解放されるのは間違いない。そうなると、どのくらい道路をつくらなければならないのかと問うのではなく、新しく生まれる空間をどう使うのがベストかを考えるべきなのである。

前述のとおり、インフラと自動運転車に関して起きる顕著な変化のひとつは、高速道路の車線幅の縮小である。アメリカ人は広い国土を愛しているが、それは誤った愛情だ。私は南東部の都市で仕事をしていたとき、車線の幅を12フィート（約3・6メートル）未満に再設計するよう、州の運輸省を説得するのがいかに難しいことかを実感した。車線幅の縮小を否定する切り札として、交通エンジニアたちが常に持ち出すのが「安全性」だ。しかし研究によって、都市と地方部とを問わず、幅10フィート（約3メートル）もしくは11フィート（約3・3メートル）の狭い車線よりも、幅12フィートの車線のほうが安全なわけではないことが判明している。

今日、大部分の車線の幅は12フィートだが、自動車の幅は6フィート（約1・8メートル）しかなく、バスでもほとんどは10フィート（約3メートル）である。トラクタートレーラーでも、ミラーを含めて幅8～9フィート（約2・4～2・7メートル）であることが一般的だ。道に余分な幅があるのは、不慣れな運転手が車両をふらつかせたり、バスやトラックが走ったりするのを許容するためである。自動運転車は軌道上を走る車両に似ている。非常に正確に決められた経路を走り、ふらつくことがほとんどないのだ。人による不安定な運転は、自動運転技術によって大幅に減少するだろう。たとえば居眠り運転して車両が白線を越えてしまうなどということは、もはや問題にならなくなる。周辺視力の弱いドライバー（現在は依然として運転を許可されている）も、左右に過剰な空間を取る必要がなくなる。したがって、車線の幅を7フィート（約2・1メートル）にまで狭められる可能性があるのだ。

今日の自動車用に設計された、幅36フィート（約11メートル）の3車線道路は、新しい車線を引くコストだけで、自動運転車用の4〜5車線道路に生まれ変わらせることができる。この車線の追加分だけで、道路の交通容量は33〜67パーセント増加する。さらに自動運転車は隊列を組み、より接近して走行することができるので、実質的な交通容量は50〜100パーセント、場合によってはそれ以上増加するのである。現在の標準的な手法では、同様の交通容量アップには、土地取得にかかる費用を除いても、1マイルあたり何千万ドルものコストがかかるうえ（人口密度の高い地域ではより高額な費用がかかる）、ひどい破壊行為が何年間も続くことになる。道路の車線の引き直しは、新しい道路を建設する場合と比べ、1マイルあたりのコストをずっと抑え、さらにずっと短期間で（ほぼ一夜のうちに）実施することができる。より大型の車両、たとえば配送用トラックや平台型のトレーラーなどでも、狭い車線で対応できる可能性がある。車体が車線からはみ出ても、周囲の車両がそれを避けて走るようプログラミングできるためだ。

したがって、私たちが賢い選択をすれば、道路や橋といったインフラを維持・改善するコストは劇的に低下する。いま私たちは、計画の俎上にあるすべての幹線道路プロジェクトを精査すべきだ。それが道幅の拡張を求めるものであれば（多くの計画がそうだ）、却下を前提とすべきだろう。次の10年かそこらで、従来の車線より狭い自動運転車専用の車線を既存の道路に設置しようという機運が高まり、それが道路の交通容量を増やすことになるはずだ。交通エンジニアは、交通容量と車線幅の両方に対する自動運転車の影響を考慮に入れた、新しいシミュレーションモデルを開発する必要がある。それにより、今後20年間で、インフラに費やされているコンクリートの3分の1から2分の1が不要になると判明するかもしれない。

私の知る限り、いまのところ、建設中の新しい高速道路で狭い車線を採用しているものはない。少なくとも米国では、そうだ。しかし既存の道路のなかには、車線幅を狭めたものがある。たとえばロサンゼルスとシアトルは、高速道路の車線幅が11フィート（約3・3メートル）になるように線の引き直しを行ない、新しくHOVレーン〔HOVは多人数乗車車両の略で、決められた人数以上が乗車している車両のみ走行可能な車線〕を設けることで、道路を拡張せずに済ませた。2007年以来、ミネアポリスはI－94（州間高速道路94号線）に対して同じ戦略を採用してきた。マイアミもI－95（州間高速道路95号線）で同様の取り組みを行なっており、北部に向かう既存の5車線（HOVレーンを含む）と路肩を改装して6車線にし、そのうち2車線をHOTレーン〔多人数乗車車両を無料にし、決められた人数が乗車していない車両には課金する車線〕にした。フロリダ州コーラルスプリングスのワイルズ・ロード・プロジェクトでは、4車線から6車線に変更した。各車線の幅は11フィートで、幅5フィート（約1・5メートル）の自転車専用車線も用意され、さらに両サイドに歩道が整備された。この道路の交通容量は1日3万3000台だが、地元の計画担当者は、2020年までに4万台に増えると予測している。(17)

一方で、大型商品の輸送が将来どう変わるかは、はっきりしない。実際、今後の製造技術においても、ある場所で大型の構造物（たとえばモジュール式の工場組立の家屋など）をつくり、何マイルも離れた別の場所に移動させることが必要なのかはわからない。だが、おそらくこの状況は変わるだろう。3Dプリンティングがさらに実用的になり、必要な場所で必要な製造が行なわれるようになることで、トラックによる輸送が減少するかもしれない。

2018年になると、もう道路の容量を増やすために、道幅を広げることを検討する理由はなくなった。政治家たちは「道路を増やすことで渋滞が緩和される」という考えを好むが、道路が増えると、交通量も増えてしまう場合のほうが多い。これは「誘発交通」と呼ばれる現象だ。自動運転車の時代には、より多くの自動車を通すために、車線を増やしたり道幅を広げたりする必要はない。100年使われるインフラをいま建設しても意味はない。10年から20年後には用なしになる可能性があるからだ。

自動運転技術によって、モノを配送したり、配達したりするのにインフラを増設する必要がなくなる。現在トラックで貨物を輸送することは、比較的コストがかかる。それは単に、一度に運べる量が少なく、人間のドライバーが運転できる距離が限られているからだ。労働力も高くつくが、現在のトラックは、貨物を最終目的地まで運ぶために人間のドライバーが持つ柔軟性を必要とする。将来的には、自動運転車によってトラック運転のコストは劇的に下がるだろう。仮に人間が必要だとしても、その数は現在よりずっと少なくなるためである。自動化されたトラックは、統率の取れた隊列を組んで密集して走行することができるため、一度に運べる貨物の量がずっと多くなる。自動トラックの車隊を走らせる試みは、すでに成功している。2016年4月、自動トラックが欧州縦断を果たして、十数台のトラックがコンパクトな車隊をつくって移動できることを示した。各車両はワイヤレス技術によってつながり、秩序立ったスピード制御が実現されていた。[18]

これからの車両は、法定速度で走り、人口密集地ではあらゆる法律を守るようプログラミングされる（そう願いたいものだ）ため、将来的には信号機や交通標識、交通指導員、交通警察、さらには歩道まで必要なくなるだろう。科学者たちによって、氷上を安全に走行でき、タイヤが空回りして立ち往生するのを回避する自動運転車の足まわりの技術が開発されることも考えられる。そうなれば、インフラの寿命は延びるはずだ。路面凍結防止用の塩（国土の半分以上の場所で道路や、特に橋を破壊してきた主な原因）の量が、現在必要とされているよりも少なくて済むからである。さらに車体が従来よりも軽量で、道路の特性に従って算出された速度を守って走る車両であれば、重いガードレールやその他の障壁の必要性も低下し、インフラにかかるコストをさらに低減できる。さらに言えば、自動運転技術が最高レベルに達すると、ガードレールの類はいっさい必要なくなる可能性があるのだ。障壁のないシカゴ・L〔米シカゴのダウンタウンを走る高架鉄道と地下鉄〕を想像してほしい。要するに、ネットワークに接続した「スマートな（賢い）」自動運転車は、今日の道路に付随する設備を不要にし、道路の建設と維持のコストを削減することができるのである。

ただ正しい方向で変化に対応し、自動運転車がプラスの影響を与えたとしても、インフラには依然として負荷がかかるだろう。自動運転車は、現在製造されているなかで最も軽量で、最も効率的な自動車よりも、ずっと軽量になる可能性がある。しかし車両それ自体が道路にどのようなダメージを与えるのか、きちんと研究した人はいない。道路のコンディションを調査した研究のほとんどは、重い荷物（特にトラック輸送によるもの）がいかに道路を劣化させるかに注目しているのである。たとえば米会計検査院（ＧＡＯ）の調査によれば、１台の18輪トレーラーが道路に与えるダメージは、９６００台の自動車が与えるそれに匹敵するという[19]。

車体が軽いと、たとえ貨物トラックであっても、インフラへの負荷は小さくなると思うかもしれない。だが、こうも考えられる。たとえば橋（それがブルックリンのウィリアムズバーグ橋か、それともデラウェア川を越えてニュージャージー州とペンシルバニア州を結ぶ、木製のディングマンズ橋かを問わず）に負荷がかかると、そのたびに目に見えない「マイクロクラック（微細な亀裂）」が生まれる。軽量の車両であればダメージはいくぶん軽くなるが、そうした車両が密集して、まるで重いトラックのようになって走行するようになると、車両の台数が増えることで橋にかかる重量も増えることになるのである。

一般に、南北アメリカと欧州では、自動運転車の「知性」に伴う要件を満たすインフラがすでに整備されており、大量の消費者が自動車を所有してきた長い歴史もある。しかしインフラが脆弱な地域や、私たちが50〜80年前に経験したような「自家用車革命」真っただ中の地域（その多くが共産主義国か、かつて共産主義だった国々）の場合はどうだろうか？　実際、ここまで議論してきたあらゆる懸念は、世界中のすべての都市や町が、それぞれの文化や経済、インフラ、法律、環境、都市構造に合わせて取り組まなければならない問題だ。自動運転車を受け入れるためにインフラをどうすべきかという点について、世界のあらゆる地域で通用する万能薬などは存在しない。

１９８０年代、私は東西に分かれたベルリンの双方を訪問したことがある。西ベルリンは他の大都市と同様、交通渋滞の問題を抱えていたが、とても活気のある都市だった。東へ行くため、チェックポイント・チャーリー〔ベルリンが東西に分断されていた時代に、東西ベルリンの境界線上に設置されていた国境検問所〕で壁を通過した瞬間、あまりの光景にすっかり目を奪われてしまった。東ベルリンには自動車がほとんど走っていなかったのである。アフリカの多くの地域のように、自動車がめったにない場所に住んでいる人々は、自分で運転するという経験を経ずにすぐに自動運転車に飛びつくだろうか？　フィンランドやスウェーデンのような先進的な国々は、自動車の個人所有を禁止したり、それを強く思いとどまらせるようなインセンティブを設けたり、あるいは都市の中心部に自動運転車専用の車線やエリアを設置したりするだろうか？　他の国々はそれに追従するだろうか、それとも個人所有を認めるという路線を維持し、渋滞を悪化させるのだろうか？

自動運転車から生まれるとされるさまざまなビジネスに参入したいと考えている組織や人々は、米国だけでなく、世界中いたるところにいる。欧州コンクリート舗装協会は2017年6月、自動運転車が会員たちのビジネスにもたらす可能性を見据えて、コネクテッドカーや自動運転車、電気自動車のための道路インフラに関するサミットを開催した。この会には、EU各地から40人の代表が参加した。当然ながら同協会の会議の結論は、こうした車両が走行する道路において、コンクリートが最も耐久性のある素材のままであり続けるだろうというものだった[20]。

確かに自動運転車が効率的に機能するには、きわめて予測性の高い道路や正確な標識が必要かもしれない。しかし欧州のインフラは、コンクリート製造業者らが考えているほど、大幅な変更を必要としない場合がある。35の加盟国を擁する政府間組織であるOECD（経済協力開発機構）の研究者たちは、欧州には要件を十分満たす道路と鉄道があることを見出した[21]。多くの国々（特に西欧諸国）では、自動運転車に対応するために新しい道路を建設したり、既存のテクノロジーを大幅に置き換えたりする必要がない可能性が高いのである[22]。

しかし古い都市の場合は、乗り越えなければならない障害がいくつかある。2017年の夏、私はギリシャのアテネで休暇を過ごしたが、歩行者に優しくない通りが繁華街にいくつもあることに驚かされた。なんといってもアテネはアリストテレスの逍遙《しょうよう》学派によって、散歩と学習で有名になったほどの場所だ。都市の中心部の多くは、人々が歩いてさまざまな用を足せるつくりになっている。たとえばアクロポリスの背後に位置するプラカ地区は、ほとんどの通りで自動車が乗り入れできない。しかし中心部にある他の地域では、歩道と車道は金属製の柵で仕切られており、歩行者は通りを横切るために交差点まで数ブロックも歩くことを強いられている。こうした地域では、自動車は時速50〜80キロメートルの速さで行き交い、一方で歩道はひび割れて荒れ放題。歩行者の姿はほとんど認められない。アテネには、スピード違反を取り締まるカメラはほとんど設置されていなくて、ドライバーたちが乱暴な運転をすることで知られている[23]。

アテネは古い都市であり、他の多くの欧州の都市と同様、ヒッポダモス方式〔ギリシャの都市計画家ヒッポダモスが行なったとされる都市設計〕に見られる格子状の区割りは採用されていない。マンハッタンとは違うのだ。その代わりアテネは何世紀にもわたり、ランダムに張りめぐらされた狭い動脈の網を、外へ外へと拡大していった。そして似たような都市と同様に、アテネは通勤者や都市の外部に住む人々のために、都市の中心部と外部をつなぐ近代的な道路を建設した。アテネ市の人口

柵に囲まれたアテネの歩道。歩行者は交差点まで長い距離を歩くことを強いられる。

は約66万5000人だが、大アテネ〔アテネ市と、その都市圏〕の人口は300万人を超えている。大アテネには約200万台の自動車（もしくは人口1000人あたり667台の自動車）があり、これは人口1人あたり自動車所有台数において、欧州で最も高い数字となっている。

アテネでは駐車スペースには限界があるため、自動車の所有者は置けるところに自動車を置いてしまうことがよくあるが、その割を食うのは歩行者である。[24] その結果、「カー・ヴォールティング」という、自動車の上に登って乗り越えていく行為が、アテネの歩行者の抗議活動として（そして街を歩く手段としても）ポピュラーなものになっている。さらに道路標識も、常に正しく設置・維持されているというわけではなく、設置に規則性がなかったり、行方不明になっていたり、見えにくかったり、落書きされていたり、曲がったり、向きが変わっていたり、見ることができないほど高い建物の側面に貼り付けられていたりする。(25) 私は世界各地にいる交通工学の仲間たちに、難問を投げかけた――なぜアテネでは、交通信号の上に、一時停止の標識が設置されていることが多いのだろうか。この問いには専門家たちもお手上げだった。しかし、この場合、青信号でも一時停止すべきなのだろうか？　そして自動運転車はどう反応するだろうか？

数万台の自動運転車が街に放たれたとき、それらはアテネの迷宮や大通りを、どれほど巧みに走り抜けられるのだろうか――私はそう考えずにいられなかった。世界経済フォーラムやランド研究所が予測しているように、数兆ドル規模にも達する社会的利益を、自動運転車はもたらしてくれるのだろうか？　それとも自動運転車は、すでに多くのアテネの道路に発生している、渋滞やカオスを悪化させるだけになるのだろうか？　そしてアテネの、いや全世界の攻撃的なドライバーたちがゆっくり走る自動運転車にイライラして、もっと破壊的な行為に訴える新たな「ロードレイジ（運転中に他の車両や歩行者に腹を立て、危険運転や暴力に及ぶ行為）」を生んでしまうのだろうか？

インフラと開発途上国

人間は移動手段を持つことで、経済状態を改善できる。それは、より良い社会的ネットワークや、より良い仕事へのチケットになるのだ。移動手段が改善されると、そのたびに生活の質全体が高まる。したがって私たちは、移動手段を改善する良い機会がないか探る必要がある。スイスやシンガポール、香港といった地域には、近代的なインフラがあり（そのなかには米国を上回る、世界一の品質を誇るものもある）、住民たちは高等教育を受けて、テクノロジーにも明るい。彼らはすぐ自動運転車に対応できるかもしれず、既存の道路に混乱はほとんど生じないかもしれない。[26] 実際のところ、彼らは経済の発展と社会の結束を促す自動運転車関連の政策を歓迎するだろう。しかし移動手段を持つことが困難な地域に、自動運転車はどのような影響を与えるだろうか？　それぞれの国々、そしてそれぞれの大陸は、インフラについて固有の問題を抱えているが、自動運転車に関して言えば、特に発展途上国が困難に直面する可能性がある。

　たとえば驚くべき話だが、膨大な量の最新テクノロジーを産み出しているインドのような国でも、自動運転車の導入においては最後になる可能性がある。インド政府によると、インドでは年間13万人以上の交通事故死者が発生しており、道路交通事故発生率で中国を追い越して、世界最悪となっている。また２０１６年には、少なくとも１日に４１０人が、道路上での事故で命を落としたとも報告されている。インドで起きる事故の大部分が、ドライバーのミス（飲酒運転や信号無視、急な車線変更など）によるものだ。[27] 自動運転車はそうした事故や、それによる死傷者の多くを防ぐ可能性があるが、インドは「自動運転技術を導入すべきか——そもそも、この国に蔓延するインフラ問題を考慮に入れても、自動運転技術の導入は可能か」という問いに頭を悩ませている。

　インドの道路は混沌としており、大都市でさえも、そのコンディションは場所によって大きく異なる。インド国内の道路のうち、舗装されているのは半分以下の約47パーセントだ。ちなみに米連邦高速道路局（ＦＨＷＡ）によると、２０１２年の時点で、米国内の道路で未舗装（砕石と炭化水素系バインダーもしくは瀝青《れきせい》材料〔いわゆるアスファルト〕で構成される表面がなく、コンクリートや石畳に覆われた道路）なのは全体の3分の1である。[28] 当然ながら、こうした道路は交通需要の規模を表すVMT（走行台マイル数）のごくわずかな割合を担うに過ぎない。世界経済フォーラムではこうした理由から、インフラ整備の世界ランキングにおいて、インドを87位に位置づけている。

ケレリス・テクノロジーズの会長で、『より速く、より賢く、より環境に優しく——自動車と都市におけるモビリティの未来』(*Faster, Smarter, Greener: The Future of the Car and Urban Mobility*)の共著者でもあるベンカット・スマントランは、「自動運転車は高度に定義された環境、つまり定義のはっきりした車線区分線に依存するため、複雑な形状の歩道や、高速道路の合流地点、道路の境線などは、明確に定義されている必要がある」と語る。「これらが曖昧であればあるほど、予測不可能な道路上の単純な区分線に対応するためだけに、自動運転車により複雑で高価なコンピューターとセンサーを搭載させなければならなくなる。道路はピンキリであり、そのランクをひとつ下がるごとに、自動運転車の利用は難しくなっていくのだ[29]」

インドにおけるインフラの特徴は、何が起きるか予測するのが不可能で、コンディションが千差万別だという点だ。田舎道から大通りに至るまで、牛やラクダ、象が闊歩《かっぽ》しており、そうかと思えば人力車や手押し車、トラック、自転車も行き交う。インドの道路交通は、世界で最も多様なのだ。[30] インドでは道路が浸食されていることがよくあり、それが地図に反映されていない場合も多い。それに加えて、道路の維持管理は劣悪であり、信じられないほどの陥没や、その他の損傷が生じている。そのままで自動運転車を走らせられるなどとはとうてい思えない。[31] しかし完全な自動運転車は、走るために道路標識や区分線を必要とせず、インドの僻地に必要なサービスや仕事、物品を届けるのに役立つ。これは、他の同じような発展途上国にも言える。

インドには、最高クラスの自動運転車の技術者たちがいる。マヒンドラ&マヒンドラのゼネラルマネージャーで、インフォトロニクス技術〔コンピューターと電子工学を融合させた技術〕の責任者を務めるシリシュ・バチュによると、インフラとネットワークの問題を克服することができれば、インドは自動運転車の導入によってドライバーのストレスを軽くし、安全性を高め、汚染を減らし、道路の交通容量を増やすことができる。そうすれば、自動運転車を使ってより多くの人々が容易に移動できるようになり、仕事やサービス、快適な生活を得られるようになる。言い換えれば、自動運転車は他の国々では当たり前になっているあらゆる利益を、インドにももたらす可能性があるのだ。

世界経済フォーラムのモビリティ業界責任者で、執行委員会のメンバーでもあるジョン・モアヴェンザデーは、インドのサプライヤーたちに対して、インフラが貧弱で交通パターンは複雑そのもの、さらにはドライバーを低賃金で雇えるといった理由から、インドは自動運転車にとって最良の市場ではないだろうと語った。その一方で、インドは人的資本を通じて、自動運転技術から恩恵を受けられるだろうと彼は指摘している。つづけて彼は、「私個人として、インドに対し感銘を受けているのは、ソフトウェアなどのテクノロジーに関するスキルや才能で、それは非常に大きなチャンスにつながると考えています」と述べた。[32] たとえばフォードは、インド・カルナータカ州の州都ベンガルールにおいてスマートモビリティの実験を行なっている。

ダイムラーのヤン・ブレヒトＣＩＯ（最高情報責任者）も、モアヴェンザデーの意見に同意する。インドが自動運転車から手にする最大の利益は、少なくとも短期的には、自国のＩＴや分析スキルを持つ人材からもたらされるだろうと彼は付け加えている。そうした専門家たちは、「自動運転サービスの開発の大部分を担うでしょう。（中略）ここインドでは、欧州や米国に比べ、自動運転車を導入することは難しいと思います。だからこそ、インドは自動運転技術を実証するための、究極のテスト環境になる可能性があるのです」[33]。

インド亜大陸における自動運転車の成功には、越えなければいけないインフラ問題もあり、多くの人々は懐疑的だ。しかし同国最大の自動車メーカーであるタタは、ベンガルールで自動運転車の検証を進めている。同社はこれまでに、ライダーとステレオカメラ、超音波センサーを搭載したセダンを2台設計している。こうしたセンサーからの入力を受け取った車載コンピューターが、自動運転に必要となる補正を行なうのである[34]。

日本の自動車メーカーである日産も、自動運転技術に関する特許をいくつかインドで申請している[35]。そのほとんどが、交通状況を感知して、車両の位置確認や経路の決定、走行を支援するシステムに関係したものだ。インドでは10年以内に、国内の道路で（人間が運転する）ＥＶ（電気自動車）が７００万台を超えると見込まれ、インド政府はこれに対応するために、２０３０年までに道路を電化することを計画している。それを考えれば日産の特許出願も納得だろう。

アフリカもインフラに問題を抱えていることはよく知られている。アフリカの地方部では、車道が整備された地域は34パーセントでしかない（ここを除く世界全体では90パーセント）[36]。さらにアフリカ大陸のインフラは、非常に脆弱であることが一般的だ。国連によれば、アフリカの地方部に住む女性たちは、川や泉で水をくむために（水道や井戸がないからだ）、平均で毎日6キロメートル歩いている。それに加えて地方部のアフリカ人たちは、道路の状態が悪い、あるいは道路自体が存在しないために、収穫した作物を市場に運んだり、病気の子供を病院に連れて行ったりできないことが多い(37)。

アフリカの農業生産性は低迷している。そしてアフリカ大陸が自給自足できず、地方部で起業が進まない主な理由は、道路や交通関係の設備を含むインフラが貧弱だからだ。「アフリカでは、大部分のインフラは自動運転車を受け入れる準備ができていません。それどころか、普通の自動車ですら受け入れられる状況ではないのです」。そう語るのは、シエラレオネ共和国の首都フリータウンの生まれで、コーク・インダストリーズにおける移民とモビリティの専門家であり、かつて同国の国連難民高等弁務官も務めたニャンベ・セイニャ・ハールストン＝ブレイクだ(38)。

「政府の準備も十分には整っていません」と彼女は言う。「技術面で50年は遅れています。たとえばフリータウンでは、隣国のリベリアなど他のアフリカ諸国の都市と同様に、電力が不足することは当たり前です。個人用の発電機を利用できる人も多いのですが、その場合でも維持費がかかります。安定した電力源が存在せず、商品やサービスの提供方法に影響する［ある種の］トリクルダウン効果が起きています」。アフリカの地方部の住民たちには、近くに一年を通じて使える道路や、公共交通機関がない。アフリカの中所得国では、地方部の人々のうちオールシーズン使える道路の2キロメートル以内に住んでいるのは、約60パーセントである。交通手段を持たない人は、起業活動に有意義な形で参加することはできない。地方部の道路網を拡充することは、そうした地域の発展に対する戦略的投資となる。しかしそれにはお金が必要だ。[39]

アフリカのあらゆる状態の道路に対応できるように自動運転車を開発するのか、それとも自動運転車に対応できるようにアフリカの道路を改善するのかについては、結論が出ていない（いまのところ、道路に合うように自動車を開発すべきということになりそうではあるが）。2017年9月、ミュンヘン工科大学から、アフリカ地方部の道路事情に合わせて設計された「アカー（aCar）」と名づけられた電気自動車のプロトタイプが初公開された。[40] これは頑丈な四輪駆動車で、大きなタイヤを備え、角ばった箱型のボディをしており、未舗装の道路やオフロード運転の厳しさに耐えることができる。また一度の充電で約80キロメートル走ることができ、障害物を乗り越えるのに十分なトルクもある。この車両はモジュール式になっており、乗員を乗せることも貨物を運ぶこともできる。小売価格は約1万ドルになる予定だ。[41] 多くのアフリカの人々にとって決して安い価格ではないが、現在安価だと考えられているEVの値段をはるかに下回る。たとえば日産のリーフは、この3倍の価格である。[42]

タフな小型電気自動車アカーのような自動運転車がもっと開発され、荒々しい地形を走破できるようになったら、また他のテクノロジーと同様に、自動運転車がムーアの法則（チップ上に収めることのできるトランジスターの数が18カ月ごとに倍になるというもの）に従ってどんどん安くなっていったら、どうなるか。アフリカ大陸で携帯電話が収めたのと同じ成功を、自動運転車も達成するだろうか？[43] ピュー・リサーチ・センターが2015年4月に発表した調査結果によると、基本的にアフリカ大陸の国々は固定電話が普及する段階をスキップし、人々はいきなり携帯電話を使うようになっており、いまや南アフリカ共和国やナイジェリアでは米国と同じくらい携帯電話が普及している。(44)

それでも前出のベンカット・スマントランは、自動運転車を携帯電話と同じものとして論じられるとは考えておらず、アフリカにおいては自動運転技術が、携帯電話と同じような形で普及することはないだろうと主張する。たしかに、アフリカ大陸には先進国よりも安い運賃で走るタクシードライバーが大量にいるし、一貫性のない貧弱な道路によって自動運転技術の導入は遅れるだろう。だが、それだけではない。「携帯電話に必要なインフラは、まばらに散らばって設置されるものです」と彼は指摘する。「15マイル（約24キロ）四方の区画に基地局をひとつ設置すればいいのです。そこから先は、個々の無線ルーターに頼ることができます。携帯電話の場合、範囲を絞って投資し、わずかなインフラを構築することで大勢の人々にサービスを提供することができます。しかし、自動運転車には予測可能なインフラと、非常に正確な周辺環境のマッピングが必要なのです」

それらがすぐアフリカ大陸で実現されるとは、スマントランは考えていない。さらにいうと、アフリカでは携帯電話利用は増えているものの、人口に占めるデジタル技術利用者の割合で見た場合、依然として欧州や米国に後れを取っている。3億1900万人の米国人のうち、90パーセント近い人々が毎日インターネットを使っているが、南アフリカ共和国では約55パーセントに過ぎない。(45) ハールストン＝ブレイク（前出）も同意する。「既存の携帯電話ネットワークは、ネットワーク化された自動運転車に対応できるほどではありません。しかしそうした車両に求められる技術インフラは、大部分のアフリカ諸国には手が出ないほど高額なものになるでしょう」

アフリカの地方部にとっては、自律型ドローンを使って必要な物資を運ぶほうが、自動運転車より使い勝手がいいかもしれないとスマントランは言う。その一方でまた、アフリカ諸国が自動運転車の導入において直面する困難にもかかわらず、アフリカ大陸、特に南アフリカ共和国の都市のように、比較的良好なインフラが整備された場所における自動運転車の可能性を触れまわる人々もいる。モバイル・インターネット用インフラ市場に高度なワイヤレスシステムを提供している世界的なサプライヤー、ラッカス・ワイヤレスは、自動運転車の実現を見据えて南アフリカで事業を拡大している。ラッカスでサハラ砂漠以南のアフリカ（いわゆる「サブ・サハラ」）におけるセールスディレクターを務めるリアン・グラハムは、アフリカではしばらくの間、人間がタクシードライバーとして働く状況が続くだろうと認めるほか、自動運転車が一般大衆にまで浸透するためには、路上での自動運転車の実証実験と利用を可能にする法律の整備が必要だとも考えている。(46)

駐車の抑制

路肩や車寄せ、ガレージ、オフィス、ショッピングセンターなど、自動車は大部分の時間、どこかに停められている。ある推定によれば、標準的な自動車では、95パーセントの時間が駐車に費やされている。(47)それなのに、都市計画の担当者や消費者たちがしょっちゅう文句を言っているように、混雑する時間帯は駐車場がまったく足りていない。繁華街の中心部を走行している自動車のうち、平均30パーセントが駐車スペースを探して周回しているという研究結果も出ている。[48] 英国では、駐車スペースを見つけるのに平均で6分45秒かかる。ロンドンともなると、駐車制限エリアや駐車禁止ライン、パーキングメーターのせいで、この時間は20分になる。[49] ２０１７年7月、交通データの提供を行なっているＩＮＲＩＸリサーチは、「駐車に伴う苦痛」の経済的コストに関する詳細な報告書を発表した。米国では、このコストは年間９５７億ドルと推定されている。その内訳は、罰金、駐車スペースを探す時間の無駄、駐車料金、燃料費、そのほか無駄に発生する時間（駐車時間を延ばすために、パーキングメーターに再びお金を入れに行く時間や、仕事に遅刻してしまう時間など）である。このコストは、英国では年間３１２億英ポンド（３９０億ドル）、ドイツでは年間４５２億ユーロ（５６０億ドル）である。[50]

ＩＢＭの調査では、世界中の都市部の住民は1回の移動につき平均20分かけて駐車場を見つけていることが明らかになった。[51] また学術誌のトランスポーテーション・サイエンスによると、最初に見つけた駐車スペースに車を停め、目的地に歩いていくドライバーは、「より良い」駐車スペースを探して走り回るドライバーに比べ、平均してかなりの時間を節約できる（さらに燃料やストレスまで軽減されるだろう）。目的地に近い駐車スペースを探していると「駐車スペースが足りてない」と思えてくるが、実際には「ドライバーがちょうど駐車したいというときに、駐車スペースが常に空いているわけではない」というのが現実だ。

ここを勘違いしてはいけない。駐車スペースはあるのだ。ＭＩＴで都市計画の教授を務めるエラン・ベン＝ジョセフは、著書『駐車場を考え直す』（*Rethinking a Lot*）の中で、「米国の一部の都市では、駐車場は土地の3分の1以上を占めており、人間がつくった環境において、景観上の最も突出した布置になろうとしている」と主張している。[52]カリフォルニア大学ロサンゼルス校の都市計画の教授であるドナルド・シャウプは、無料の駐車スペースが自動車への依存、都市のスプロール現象〔都心部から郊外へ無秩序、無計画に開発が拡大していく現象〕の急拡大、自動運転車エネルギーの無駄遣い、そのほか多くの問題の一因になっていると訴えている。シャウプの著書『無料駐車の高いコスト』(*The High Cost of Free Parking*)によれば、都市計画者が渋滞緩和の施策として無料駐車スペースを義務づけると、それは期せずして交通手段の選択を歪め、都市デザインを悪化させ、経済活動を阻害し、環境を破壊することになるという。[53]

駐車場と駐車可能なスペースに関する確かな数字はないのだが、ベン＝ジョセフの推測によれば、米国には常に約5億台の駐車スペースがあり、その総面積は約9300平方キロメートルに達する。これは、デラウェア州とロードアイランド州を合わせた面積より広い。一方で、米国内の登録車両数は2億6800万台であり、これは1台の自動車に約2台分の駐車スペースがあることを意味する。[54]

ここで重要なのは、必要に応じた自動運転車の利用があたりまえになると、自動車をシェアすることに重点が置かれるようになり、駐車インフラを今後増やす必要がなくなるという点だ。それどころか、駐車スペースはずっと少なくて済み、それにかわって、より良い都市計画が求められるようになるだろう。駐車場に使われていた広大な土地を解放して、レクリエーションエリアや公園、ランニングやサイクリングのコース、住宅、複合商業施設などなど、自動車を停めておくよりももっと魅力的で有益な用途に利用できるようになるのだ。

駐車場が繁華街を破壊する場合もある。ニューヨークタイムズ紙の建築評論家マイケル・キンメルマンは、繁華街により多くの人々を呼び込むために、古いビルを壊して駐車場をつくるような都市のことを、フロリダ州の観光都市にちなんで「ペンサコーラ・パーキング症候群」という造語で表した。しかしあまりに多くのビルが取り壊されてしまうと、訪れる価値のある場所が駐車場に置き換えられてしまい、誰も繁華街を訪れなくなってしまう。

１９７３年、ボストンは米環境保護庁（ＥＰＡ）と協力して、駐車場の数を制限する法令を制定し成功を収めた。それ以来、マサチューセッツ州ケンブリッジでは駐車スペースの制限を独自に課すようになり、他の都市もそれに続いた。自動運転車が普及して個人所有の自動車の台数が減少し、ライドシェアが広がり、都市部が自動車優先ではなく歩行者優先になるにつれ、駐車スペースに対する需要は通勤通学のピークタイムですら確実に減少するだろう。

既存の駐車場を屋外市場やレクリエーションエリアとして再利用し、駐車場を都市や商業地区の外に移すというのは理にかなっている。ロンドンで自動運転車を専門とする開発交通プランナーを務めているステリオス・ロドゥリスは、自動運転車のある未来についての取組みや研究や計画を行なっている多くの専門家と同様、自動運転車が必要なときに必要とする場所に現れて、乗客を拾うようになるだろうと語る。その多くはたえまなく運行し、まったく駐車しないか、活動を停止する場合にはより土地が安く人口密集度も低い場所にあるステーションに戻るだろう。さらに、自動運転車は人が運転する自動車よりもはるかに密集して駐車できるため、駐車スペースは現在よりずっと狭くて済む[55]。なぜなら、そうした自動運転車用の駐車場には、乗客が出入りすることはないからだ。また、ビジネス地区への移動のピークタイム需要を満たす上では、地下鉄やＬＲＴ（軽量軌道交通、欧米で開発・導入が進んでいる新型の路面電車）、路面電車、バスも貢献している。そうした需要については、既存のインフラ、もしくは周囲へのダメージの少ないインフラで対応しうる。

ベン＝ジョセフは『駐車場を考え直す』において、現在もっとも進んだ駐車場デザインでは、さまざまな目的に使用されることを想定し、さらに人に優しい設計になっていると語っている。これは駐車場の拡大を検討している自治体にとって、考慮に値する指摘だ。彼は例としてイタリアのトリノにあるレンゾ・プラザを紹介している。この地区の計画者は、フィアットのリンゴット工場周辺の地域を再開発し、駐車場から外に向かって格子状に木を植えることで、人々が歩いたり休んだりできる木陰と場所をつくり出した。ニューヨーク市から1時間ほど離れたハドソン川沿いにある、ミニマリストの現代美術館「ディア・ビーコン」には、アーティストのロバート・アーウィンがオープンオフィス社とコラボレーションしてデザインした駐車場があり、そこには木々が博物館の正面玄関に向かって植えられ、駐車場を建物の入り口の一部にしている。

世界的な大手建築事務所のひとつで、サンフランシスコに拠点を置くゲンスラーは、個人単位の自動車の使用は２０１０年代の終わりにピークに達し（現在の人口予測が正しければの話だが、それが当たらない可能性があることはすでに解説した）、２０２５年までにライドシェアのほうが一般的になるだろうと予測している。同社の駐車場コンセプトのひとつに、モジュール式のガレージフロアがある。これはモジュールごとに簡単に移動させることができ、それによって、採光や空気の循環を促す。また電気やガスなどと接続する部分が内蔵されているため、他の用途への転用も簡単にできる。ゲンスラーは、オハイオ州にある3階層の駐車スペースを持つビルをデザインしたのだが、その駐車スペースは他のフロアと似た構造になっていて、また外観の改修も容易なため、竣工後でもオフィス空間へと転換することが可能になっていた。コミュニティにおける多目的空間は、仕事に就いたりサービスを受けたりできなかった人々が仕事やサービスを新たに得られる公平な機会を増やす上で重要な存在だ。

ゲンスラー共同会長で、フレキシブルなガレージデザインの提唱者でもあるアンディー・コーエンは、すべての都市で、土地の25～35パーセントを道路と駐車スペースが占めていると語る。「自治体はこれから駐車場を整備する際、それを柔軟性のあるデザインにすることができます」と彼は訴える。「それを実現するのが、フラットな構造と移動可能な屋外スロープで、それらによって、建物の外装は通常のオフィスや住宅のように見せることができるのです」。ビルにおいて各階の高さがどのくらい必要かというと、駐車場以外の用途（オフィスや店舗、住居など）に対応するためには、少なくとも11～12フィート（3・5メートル前後）なければならない。しかしコーエンによると、いま地上階にある駐車場のほとんどが、高さ8～9フィート（2・5メートル前後）しかない。「柔軟性のあるデザインに修正すると、建物のコストは10～15パーセント増加します」と彼は解説しているが、時流に合わなくなったビルを取り壊して新しく建て直すコストと比べれば、その追加コストは微々たるものだろう(56)。

今後はライドシェアやその他の交通サービスが自動車の個人所有に取って代わり、空港や小売店の駐車場ですら、15～30年後には時代遅れになっていると、コーエンは予測している。「私は空港に対して、統合的な駐車施設とレンタカー施設について話をしています。そして、人々が車を拾い、それぞれの目的地で下車するためのより良い方法をつくることについても」と彼は言う。

未来のビルのあり方のなかで、コーエンが触れなかった地下駐車場についても、サーバールームやフィットネスセンターなど、窓を必要としない用途に転用することができる。問題は、駐車場がなくなった場合のオフィスビルの収入減だ。「ビルの収入の10～15パーセントを駐車料金が占めている場合があり、それをどう補填するかが問題になります」。コーエンはデベロッパーと話をするとき、よくこうした質問を受けると語っている。「そうした損失の大半を、VIP用の車寄せに入る権利に課金することによって穴埋めできるでしょう」。ビルの目の前の特定の場所で自動車を降りたい、あるいは特定の時間に合わせて降りたい場合に、プレミアム料金を払ってもらうというわけである。

スイスのチューリッヒは駐車場の問題に対して、先見の明のある形で取り組みを進めている。これは自動車の絶対数を左右するもので、個人所有の自動運転車についても同じであると考えられる。1996年、チューリッヒは都市の中心部における駐車場の面積の上限を、1990年時点のレベルにすると定めた。新しい駐車場をつくる場合には、かわりに、当時街の広場を埋め尽くす勢いだった駐車場を撤去することが求められたのである。現在、そうした広場の多くは駐車場の役を解かれ、公園に改装されている。チューリッヒのアプローチで参考になるのは、彼らが従来の「駐車スペースが最低限満たすべき要件」を覆したという点だ。つまり「駐車スペースの上限」を設けて、過度に駐車場がつくられること（それによって、都市の特徴が失われ、繁華街の歩行者の流れが阻害されること）を防いだのである。1996年に施行された法律は、駐車場数の制限をさらに厳しくすることで、繁華街の中心部で歩行者とサイクリストの数を増やし、自動車の数を減らした。(57)「つくらなければ、来ない」というわけだ。

将来、自動車に従来型の駐車場が不要になってくると、駐車場に上限を設けるというチューリッヒの発想はますますその意義を増していく。さらに言えば、新しい建物を設置する場合、後で人々が使うリクリエーションエリアとして改修することが容易なように設計されるべきだ。「今日つくったガレージは、20年後には時代遅れになっているかもしれない」というメッセージを、ディア・ビーコンや同様のプロジェクトは発している。今日つくられた駐車場は、他の用途にも改修可能なように設計されなければならない。私は駐車場の設置にこだわるクライアントに対して、1フロアの高さを8フィート（約2・4メートル）ではなく10フィート（約3メートル）以上にし、少なくとも20年くらいたって駐車場が必要なくなったときに、それを住居や商業スペースに改築できるようにしておくことを勧め続けている。

自動車の個人所有がインフラに与える影響

前述のように、「サービスとしての交通」がより普及し、より安価で、より便利になるにつれて、自動運転車の個人所有は望ましいものではなくなる。そして自動車の台数が減れば、道路や橋、トンネル、高架橋、道路標識、交通信号、交通巡視員の必要性も減る。自動運転車が普及するにつれ、政府が従来の「人間が運転する自動車」を暗に明に禁止する国が出てくることは十分にありえる。

私は運転の禁止も、自動運転車の禁止も主張していないが、現在の高速道路を馬や馬車で走ることができないように、将来、2018年型のフォード・フィエスタを（大半のではなくても）多くの道路で走らせることはできなくなるだろうと考えている。「人間が運転する自動車」からのシフトは、必要な道路の数とサイズを大きく変えるだろう。都市が自動運転車の使用を禁止する可能性は低いし、私もそれを支持しないが、禁止を望む人もいるはずだ。たとえばパリは、交通渋滞を防ぐという観点から、将来、個人所有の自動運転車の利用を禁止する可能性を示唆している。フランスの首都パリで建築、都市計画、経済開発を統括するジャン＝ルイ・ミシカは、次のように語っている。「たとえば2025年ごろには、パリだけでなくさまざまな市の市長が、自分たちの都市に個人所有の自動車はいらないと言うようになっているでしょう。それらは禁止されますよ。でも、すべての車両を排除するというわけではありません。私たちが『ゾンビカー』と呼ぶもの（誰も乗っていない自動運転車）がパリを走らないようにしたいのです」。その代わりにパリは、自動運転車メーカーや貨物車両の運行管理者と協力して、公共サービスを提供する車両だけが市の中心部で走行を許可されるようにする計画だという(58)。

さらに言えば、すでに人々は自動車をあまり運転しなくなっており、業界専門家やアナリストの大半は、1人あたりの運転量はこれからも減少し続けるだろうと予測している。1983年以降、16～44歳の世代において、運転免許を持つ人の割合は減少の一途をたどっている。ニューヨーク市立大学ハンター校のジュリア・フィオーレ（テオドール・キール・フェロー）が行なった調査によれば、米国人1人あたりのVMT（走行台マイル数）は2005年に減少に転じている。2017年には、2005年に比べて5・4パーセント減少しているが、その主な原因はミレニアル世代の旅行・生活習慣の変化である。彼らは快適な空間や仕事を手に入れ、エンターテインメントを楽しむために自動車に頼る必要のない、都市部に住むことを選択している。そうしたことに加え、公共交通機関とライドシェア・サービスへの依存も高まっている。[59]

ここ数年、ミレニアル世代やジェネレーションZの間で、「運転しない」という選択肢が人気になっている。1983年には、19歳の90パーセント近くが運転免許を持っていたが、2014年にはその割合は約69パーセントとなった。[60] それに続くのが中年層とベビーブーマー世代で、彼らのなかで免許を更新する人々は減少傾向にある。若い人々と同様に、高齢のドライバーたち（特に若者たちのように、都市部や徒歩で生活できるこぢんまりとした街や郊外に戻って来た人々）は、保険にかかるコストと、ライドシェアや各種交通サービスが利用しやすくなったことにより、自動車の所有があまり魅力的ではなくなったと言う。ある調査によれば、自動車を下取りに出す米国人の10パーセントが、新しい自動車を購入せず、代わりにライドシェアを利用するようになっている。[61]

世代別の人口統計、そして社会経済学的な人口統計のいずれにおいても、人々は街角での生活を提供してくれるようなコミュニティを求めている。たとえばオランダには「ボンエルフ」という概念がある。これは歩行者に優しい区域を指す言葉で、この中の街路では歩行者が主導権を握り、自動車は「侵入者」と位置づけられて、交通静穏化〔道幅を狭くするなどして、自動車が走りにくいようにし、交通量や自動車の速度を抑制しようとする取り組み」や速度制限を通じて制御される。つまり自動車やその通行のほうが歩行者に合わせるのであって、逆ではないのだ。こうした区域では、多目的な建物と、歩きまわれる快適な空間によって、通りでの営みに活気があふれ、居住エリアのすぐ近くで商品やサービスが提供されることになる。バルセロナのゴシック地区にある多くの通りでは、歩行者が通りの「王や女王」になるよう、自動車はゆっくり走らなければならない。

自動運転車が進化しているいま、通行速度を政府が管理することを、私は推奨する。自動車が提示された制限速度を超えて走行することができなくするのである（緊急車両などを例外として）。たとえば、ボンエルフやバルセロナのゴシック地区のような場所で見られるように、自動車の速度を時速5マイル（約8キロ）以下に制限する。自動車の果たす役割は大幅に減り、車を使うのと同じくらい手軽に、行きたい場所に歩いていくことができるのだ。すると、歩くことが好ましく思えてくるかもしれない。牛乳ひと箱を買うために歩いてスーパーに向かうという、シンプルで楽しい散歩に比べたら、自動運転車に飛び乗って数ブロック進む間、歩行者に出会うたびに止まってのろのろ進むというのはよほどストレスがたまるのではないだろうか？　さらに、自動車が道路や橋に与える負荷を考えると、歩行者のために求められるインフラは自動車のそれよりもずっと少ないのである。

交通機関の調和《ハーモナイゼーション》と管理主体（人ではなくアプリ）同士の協調によって、シームレスな移動が実現されるだろう。それはスマートフォン上での経験に近いものだ。この「ハーモナイゼーション」の背後にある考え方とは、行きたいと思っている場所を入力すると、そこまでの行き方がすぐにわかるというものである。フィンランドはすでに、ハーモナイゼーションのひとつを実現しており、人々はさまざまな移動方法（たとえばバスや電車、徒歩など）を組み合わせた目的地までのベストなルートを知ることができるようになっている。ハーモナイゼーションは、たとえばグーグルマップなどよりはるかに強力であり、自動運転車が受け入れられるのであれ、歩行者のみ通行が許されるのであれ、都市において欠かすことのできないサービスになるだろう。都市では、歩行者専用エリアへのあらゆる種類の自動運転車（または人が運転する車両）の進入が禁止される可能性があり、そうなれば自動運転バスやその他のシェアライド車両は徒歩エリア内では停止するようになるだろう。あるいは、個人がそうしたエリアに車両を乗り入れようとすると、プログラムや無線通信によって車両が移動の途中で停止させられ、イライラすることになるはずだ。またそれ以外の他の市街地でも、大勢の歩行者やサイクリストが行き交う場所では、自動車は徐行、たとえば時速10マイル（約16キロメートル）以下で走ることを求められるようになるだろう。

自動化がこのレベルに達すると、自動車を所有することが面倒で不便だと感じるようになる人が出てくると考えられる。必要に応じて自動車を呼び出し、乗せてもらうというほうが簡単になるのだ（その際、他人との乗り合いになる場合も多いだろう）。またこうした移動における習慣の変化は、都市の道路増設に対し多大な投資を行なう必要を減らす一方で、都市部と地方部を結ぶさまざまな道路（鉄道の道路への転換や一部の狭い未舗装道路の拡張など）に対するニーズを高めることになるだろう。20世紀初頭、都市での移動の中心は徒歩と公共交通機関だったが、私たちはある意味で、そうした時代へと戻ろうとしているのだ。

自動車デザイナーのダン・スタージェスは、未来の自動車と道路は現在とはまったく異なる姿になり、その変化はインフラに対するニーズや道路の再設計に影響を与えるだろうと語っている。彼は「ダブル・ストリート（二重道路）」と名づけられた、未来的なシステムを提唱している。この道路では自動車と歩行者が階層で分けられ、自動車が高速で走る上層部の下に、歩行者専用の街路が設けられる。ダブル・ストリートはル・コルビュジエが１９２５年に発表した「コンテンポラリー・シティー」において提案したものを彷彿させる。このコンセプトの実例が、シカゴのダウンタウンにある。そこでは二階層の道路や、数は少ないが、三階層の道路を見ることができる。もしこうしたシステムを採用した場合、インフラの姿は現在とははるかに異なるものになるだろう(62)。

断言しよう。都市交通は複雑なものである必要はない。短い距離（1マイル＝約1・6キロ未満など）では、徒歩が最も効率的で、最も健康的な移動手段だ。自転車やバス、ライドシェアは、1マイル以上、最大5〜10マイル（8〜16キロ）以上移動するのに適している。鉄道はそれより長い距離の移動において最も効率的だ。自動車（自動運転車を含む）は、高齢者や子供、重い荷物を抱えている人々など、身体的に移動に制限のある人々の都市部での移動の20〜25パーセントを担っている。

当然ながら、自動運転車は私たちの未来の道路において中心的な存在になるだろう。もっと機敏で小回りの利くさまざまなサイズの車両が隊列をなし、交通のピークタイムに配慮し、交通機関と通信し合って協働することになる。さらには、歩行者に優しくなったコミュニティや街路とともに、従来型のインフラの必要性を減らすだけでなく、交通パターンや渋滞にも変化をもたらすと考えられる。そこに至るまでに、広範囲に及ぶ自動運転車の採用と「サービスとしての交通」の人気の高まりによって、交通と渋滞がどのように変化していくのかを考えてみよう。

第3章　交通と土地利用の未来

米国人は何でも我慢するだろう。それが交通を妨げるものでなければ。
――ダン・ラザー、米国人ジャーナリスト(1)

私は渋滞にはまるのが嫌いだ。あまりに嫌いなので、1986年に、あるコンピュータープログラムを開発した。当時ニューヨーク市の運輸局長だった私がフルタイムで1日働いたとしても、シェイ・スタジアムで行なわれるワールドシリーズの試合に間に合うようにラッシュアワーを克服する最善の方法を決定するプログラムである。オフィスを後にする時間になると、ノーマークの私のプリムス・フューリーはスムーズに走り出し、次々に青に変わっていくノーザン・ブールバード通りの信号機をかわし、飛ぶように目的地へと移動した（少し話を盛り過ぎた）。ただ信号機に対する私の企みは、他の多くのファンにとっても有益なものになった）。渋滞とボトルネック〔頻繁に交通渋滞が発生する場所〕に対する嫌悪は、1993年に発表した拙著『シャドー・トラフィックのニューヨークの抜け道と運転のアドバイス』（*Shadow Traffic's New York Shortcuts and Traffic Tips*）を執筆するきっかけにもなった。この本では特に、ニューヨーク市の悪名高い交通渋滞を回避し、先手を打つ方法について解説した。まだウェイズ〔渋滞情報をユーザー間で共有できるサービスで、リアルタイムの道路状況を確認できるとして好評を博している〕が登場する前の時代のことである。1986年は言うまでもなく、1993年でさえ一昔前の観があるが、交通状況はそれから少しも改善されていない。

実際のところ、状況は悪化している。フォード・モーター・カンパニーのビル・フォード会長は、「もし私たちが現在の道を進み続けるなら」、2050年までに「世界中に交通渋滞」が発生するようになると警告する。さらに彼は、「私たちのインフラは、そんなに大量の自動車を受け入れることはできません。無理をすれば大規模な混雑が生じ、環境や健康、経済成長、生活の質に深刻な影響を与えるおそれがあります」と付け加えている[2]。

テキサス州交通研究所（TTI）が発表した報告書によれば、世界85の大都市圏（マンハッタンも含まれる）の渋滞レベルは、少なくとも1986年以降ほぼ毎年上昇している[3]。またINRIXリサーチは、米国内で最も交通状況の悪い都市としてロサンゼルスを挙げ、そのすぐ後にヒューストンとダラスを位置づけている[4]。最も驚きだったのは、中国の首都である北京が渋滞率46パーセントで、世界第10位にランクされたことだった。1980年、ニューヨーク市長のエド・コッチは、北京を訪問した際の帰途、ニューヨーク市に自転車専用レーンを設置することを熱心に私に勧めてきた。市長は中国で、人々が自動車に乗らず大都市の中をやすやすと行き来しているのを目にしたのである。一方、台湾の台南市は、台湾で特別人口の多い都市ではないにもかかわらず渋滞率46パーセントと、最悪レベルの渋滞が発生している。[5]その主な理由は、モペッド〔原動機付き自転車〕の事故が多発しているためである。リオデジャネイロ、イスタンブール、ブカレスト、ジャカルタも事故による渋滞に悩まされており、世界渋滞都市ランキングの上位を占めている。

アムステルダムに拠点を置き、GPS製品と関連サービスを提供している企業トムトムは、2008年以降、全世界で交通量が13パーセント増加したと推定している。[6]規模にかかわらず、自動車を制御できていない都市は、混雑課金〔有料道路で混雑する時間帯に料金を上げ、交通量を制御する仕組み。渋滞税とも〕や奇数偶数日運転〔自動車のナンバーが奇数か偶数かによって走行が許可される日を変え、それによって交通量を制御する仕組み〕といった対応を行なっていないことが多い。その結果、人口の増加と燃料価格の下落から、こうした都市では交通渋滞が悪化し続けている。しかし、この状況を助長する要因は他にも存在している。

そうした要因のひとつは、ニューヨーク市で展開するウーバーやリフトのようなアプリベースのサービスだ。2014年から17年までの間に、マンハッタンのミッドタウンでは、人口密集地域の交通量が7パーセント増加した。一方で交通速度は28パーセント低下し、平均時速4・7マイル（約7・6キロ）という壊滅的な数字となった。タクシーやハイヤーの運用と規制に詳しい、交通問題の専門家ブルース・シャーラーによれば、イエローキャブやブラックカーといった、ニューヨーク市内を走る自動車による運輸サービス全体での総走行距離が、市内の全自動車の総走行距離に占める割合は、2013年から16年にかけて、14パーセントから19パーセントへと増加している。[7]

米国高速道路利用者連盟は、米国内のボトルネックの上位30カ所が、それぞれ年間100万時間を超える時間損失の原因となっていることを明らかにした。(8) そうしたボトルネックのある道路を運転するドライバーは、累計で毎年約9100万時間の遅延を経験しており、これは人ひとりが1年間に行なう労働時間〔約2000時間〕に換算すると4万5500人分に相当する。こうした、ほんの一握りの場所で発生する渋滞が経済に与える損失額だけでも、年間24億ドル以上にも達する。米国の都市交通に関するレポート「2015年アーバン・モビリティ・スコアカード」の予測によると、仮に経済が成長を続けた場合、渋滞による通勤時間の年間延長時間は2020年までに、1人あたり42時間から47時間に増加する（これは1週間分以上の労働が失われることを意味する）。また全米での通勤の総延長時間は、69億時間から83億時間へ、渋滞の総コストは1600億ドルから1920億ドルへ跳ね上がるという。(9) 比較のために紹介しておくと、「復調傾向」にあった2014年の米国住宅市場で、差し押さえによって計上された損失額が1926億ドルだった。(10)

無駄と損失がこれほど大きくなっていることを考えれば、自動運転技術によって世界中の交通渋滞が解決するという期待がふくらんでいることも理解できるだろう。イリノイ大学アーバナ・シャンペーン校で2017年に行なわれた研究を紹介した記事には、「たった1台の自動運転車が交通の改善に莫大な影響を与える」という挑戦的な見出しが付けられた。(11) エンジニアのダニエル・ワーク助教授によるこの研究は、20台の自動車に現実の円形道路を周回させ、そのなかに1台の自動運転車を混ぜると、「ファントム（幽霊）」と呼ばれる自然渋滞が発生する可能性を大幅に削減できることを示した。(12)「インテリジェントに」制御された速度で走る自動運転車によって、全車両の速度の標準偏差〔データの散らばり度合いを示す〕は約50パーセント減少し、周回中にドライバーがブレーキをかけた回数は、車両1台につき走行1キロメートルあたり9回から約2・5回に減り、時にはゼロになることもあった。

「速度を制御した自動車が、他の自動車の速度の標準偏差に影響を与える可能性がある」というワークの発見は、ある程度まで真実だろう。しかしこの手の研究は、自動運転技術の「奇跡」を宣伝するために安易に利用されてしまう。1台の自動運転車を通勤ラッシュに投げ込むだけ。こんなシンプルな解決策で済むのだったらどんなに素晴らしいだろう。しかし事態はそれほど単純ではないのだ。

ワークの研究は特に目新しいわけではない。道路上で最も遅い車両が、最も大きな影響を他のドライバーに与えると言っているだけなのだ。2016年、私はテレビのニュース番組「インサイド・エディション」向けに、たとえ一定の速度で走行する車両があったとしても、(ワークの研究結果に反して)自然渋滞が発生してしまう様子をデモンストレーションした。[13] 一定の速度で走る車両の後を一定の速度で走り続けられるドライバーはいない。そのため車間距離はさまざまに変化し、前の車両に接近し過ぎる場合もあれば、遠く離れる場合も出てくる。そして、接近し過ぎた車両がついにブレーキを踏むと、それは「衝撃波」となって後続の車両に伝わっていく。

とはいうものの、高速道路上で十分な数の自動運転車が走れば、自然渋滞の多くが解消されることは間違いないと、私は考えている。また、自動運転車の割合が高まることで、高速道路の交通容量も増加するはずだ。しかし、そうした効果が都市部の道路でも得られるかについては、それほど楽観できない。自動運転車の魅力が増すことによって非常に多くの車が都市部を走るようになると、実際には交通の流れは悪くなるかもしれないのである。

「完璧でないドライバー」がボトルネックの唯一の原因ではない。なかには、もっと明らかなものもある。たとえば、3車線が合流して2車線になる箇所がそうだし、高速道路の出入口で、車の流れが合流したり蛇行したりする場所がボトルネックになる場合もそうだ。一方で、プロの交通エンジニアにしかわからない、微妙なボトルネックもある。たとえば、わずかに傾斜している道路では、重力で車両（特にトラック）の速度が時速数キロメートル程度遅くなる。すると車間距離が狭まり、後続のドライバーがブレーキを踏み始め、渋滞が始まる。同様にわかりにくいボトルネックとして、車線幅のわずかな変化、路肩の途切れ、道路のカーブ、情報が詰め込まれた道路標識、逆光などが挙げられる。米運輸省の報告書「2012年都市渋滞傾向」によると、渋滞の40パーセントが何らかのボトルネックによって引き起こされている。[14]

こうしたボトルネックの多くは、路上の自動運転車同士のコミュニケーションや、自動運転車と道路そのものとのやり取りを増やすことで軽減される可能性がある（場合によっては完全に解消される）。車両同士が情報を交換し、交通管理システムと連携して交通の流れの変化を予測し、それに対応できるように自動運転車をプログラミングすれば、渋滞から逃れられる車両が増え、渋滞につかまらずに走れる距離も伸びるだろう。こうしたことは、ウェイズのようなアプリなど、比較的簡単なテクノロジーを使ってすでに実現している。アプリを使うことで、ドライバーは警察の活動や、道路の陥没、ルート上の事故などを把握でき、提案される別のルートを通って低速運転になる可能性を避けられるのである。

自動車メーカーも、独自のウェイズ風システムを開発している。欧州ではホンダが、コネクテッドカー向けのサービス・プラットフォームを構築し、自社の新車に提供している。[15] ドライバーはこうしたアプリに満足しているが、自動車が走ることになる地域のコミュニティは、自分たちが使う道路の交通量が増えることに憤慨している。そこで2018年1月、ニュージャージー州のレオニア市は60本の通りについて、ピーク時には住民以外の通行を禁止することに決めた。違反者には200ドルの罰金が科せられる。だがこれは完璧な解決策とは言えない。たとえば地元の店舗や企業は、この時間に顧客を失ってしまうことになるからだ。したがって、渋滞時のルート再検索といった解決策は、進化を続ける必要がある。[16]

いくつかの都市では、アプリに頼ることからさらに進んで、車両同士が「話す」だけでなく、交通信号や道路上の設備などのインフラともコミュニケーションすることを可能にするシステムをつくろうとしている。ニューヨーク市では、すでにコネクテッドカー技術が確立されており、アプリケーションを通してドライバーに警告を発し、衝突を回避したり、事故時の身体への被害、車両やインフラへのダメージを軽減するような行動を促している。[17]

繰り返しになるが、自動運転車には渋滞を緩和する可能性がある。自動運転車が路上を走ることで、衝突事故が減ると考えられるからだ。確かに、自動運転車が持つ明らかな利点のひとつは、人間が運転する自動車よりも衝突することが少ないという点である。しかし衝突を減らすという成果の大部分を手にするためには、自動運転技術の「ドライバーがいらない」という要素は必要ないかもしれない。米国道路安全保険協会（ＩＩＨＳ）によれば、基本的な前方衝突警報システムを装備したただけでも、車両の衝突は7パーセント減少し、自動ブレーキシステムであれば14〜15パーセントの減少となる。[18] プリンストン大学のアラン・コーンハウザーは、この点について次のように繰り返し述べている。「この安全目標は、安全運転［衝突回避や車線維持の自動化］で十分に達成できます。自律運転［自動運転だが、非常時にはドライバーによる従来の運転に切り替える］や、無人運転［車両を制御する人間がいない、もしくは車両を制御するもの、ハンドルやペダルなどが付いていない］である必要はありません」[19]

渋滞の35パーセントは、単に路上の車両数が多過ぎることが原因で発生する。都市内の空間には限界があることに加え、道路は直線だったり環状だったりと方向がさまざまであるため、どんなに自動車が効率的で「スマート」になり、そしてどんなに道路の車線が増えようとも、道路に収容できる自動車の台数には上限があるのだ。これを理解するのに、難しい物理法則は必要ない。複数の車両が同じ空間に存在することはできず（そういう事態がまさに衝突である）、また移動し続けることもできない。「無限の容量」などというものはなく、私たちはそれに対処しなければならないのである。

残念ながら現実世界の交通は、管理された実験環境（周回する一群の自動車など）と同じようには動かないし、交通渋滞の情報に対して、ドライバーが常に常識で対応するとも限らない。さらに、現在から自動運転車が路上で多数派となる時期までの移行期では、自動運転車と人間が運転する自動車が混在することが一般的になると思われるが、その際に生じる渋滞は予想もしないタイプのものになるかもしれない。

私たちは自動運転車の未来を正しく設計し、公共と民間の双方の利害関係者を巻き込んで、交通の問題解決に取り組まなければならない。それに失敗すれば、20年後の道路では大渋滞が発生するようになり、それに比べれば現在のクロス・ブロンクス・エクスプレスウェイの渋滞や、ロサンゼルスの州間高速道路405号線で金曜の夜6時に発生する帰宅ラッシュなど、日曜日の田舎道をドライブするのと同じくらいスムーズだったと感じるようになってしまうだろう。[20]

人口がもたらす宿命――交通の未来は自動車の個人所有率がにぎる

2015年、OECD（経済協力開発機構）の国際交通フォーラムにおいて、研究者たちは自動運転車が渋滞のパターンをどのように変えるのかを把握すべきだと訴えた。[21] そして彼らは、ポルトガルのリスボンから得られた実際の交通データを活用して、人間が運転する自動車、タクシー、バスを自動運転車に置き換えたモデルをつくった。現実世界とモデルの間にはもうひとつの違いがあり、仮想世界のリスボンでシミュレーションされるすべての交通が、車両をシェアして1台を2人以上で利用するものと想定され、その車両は「オートボット（AutoVots)」もしくは「タクシーボット（TaxiBots)」とした。どちらも自動運転車だが、タクシーボットは数名の乗客を相乗りさせるのに対し、オートボットは1人の乗客をピックアップし、目的地で降ろす作業を順番に行なう。研究結果を左右するものとして特に重要だったのは、人間が運転するバスや自家用車が排除されたという点だ。地下鉄の乗車率に関しては、現実のリスボンと同じものとされた。

オートボットとタクシーボットは、(ジップカーのような)カーシェアリングシステムの下で運用され、一度につき1人の乗客をピックアップしたり、降ろしたりするように設定されていた。そして車両を一括管理する「配車係」が、それぞれの移動ごとにオートボットとタクシーボットのどちらが効率的かを判断した。その結果、現実世界のリスボンで人間が運転している車両が担う移動需要を、自動運転車なら90パーセント少ない車両で満たせるという結論に至った。またこの研究によると、リスボン市内の路外駐車場の80パーセントを削減し、街路の面積も20パーセント狭くできる可能性がある。そうなれば、これまで舗装されていたスペースの大部分を解放できるし、歩行者向けのレクリエーションエリアや住宅、仕事場など、他の目的にも利用できるかもしれない。

重要なのは、この実験結果が個人の所有する車両ではなく、シェアによる車移動が最も効率化されるよう配車される自動運転車を想定して得られたものであるという点だ。私たちが自動車の所有をどう捉えるか(誇らしいものか、それとも煩わしいものか)はおそらく、渋滞が改善されるのか、それとも悪化するのかを左右する最大の要因である。もし人々がライドシェアを受け入れ、それを公共交通機関と連動させることができれば、渋滞は劇的に減少すると考えられる。私は長い間、もしすべての個人所有の自動車に1人ではなく2人乗せることができれば、ニューヨーク市の渋滞を一夜にして解消できるだろうと主張してきた。

前述のように、ベビーブーマー、ミレニアル世代、ジェネレーションZの影響で、短期的(今後30年ほどの間)には一般に自動車の所有は減少する傾向にあるとみられる。しかしいま何が起きているのか、そしてもちろん、今後どうなるのかに関して、専門家や都市計画者の意見は一致していない。私たちは、近年市場で起きていることと、前述の年齢層に属する人々が自動車に対して行なっている言動の両方に目を向けなければならない。そうすれば、これから自動車の所有がどうなるのか、いくつかのシナリオを描き、その結末を正確に把握することができる――それが良いものであろうと、悪いものであろうと、そして最悪なものであろうと。

ベビーブーマー

マサチューセッツ工科大学ケンブリッジ校、高齢化研究所のジョセフ・カフリン所長は、ブルームバーグ・ビジネス誌で、「史上初めて年輩者が、新しいテクノロジーがもたらすライフスタイルのリーダーになろうとしています」と語った。「スマートフォンを先に手にしたのは若い人々だったかもしれませんが、スマートカーを最初に利用するのは50歳以上の消費者たちです」。この記事では、97歳の女性フローレンス・スワンソン（もちろんベビーブーマーより上の世代）が取り上げられている。彼女はグーグルが２０１６年に行なった自動運転車の発表会を見にいき、それが気に入ってしまった。スワンソンは、グーグルが開発した自律型のレクサスＳＵＶに30分乗車した後で、「こうした車に乗ったことがないのなら、人生を満喫しているとは言えませんね」と述べている。

「私は完璧に安全だと感じました」[22]

現在のベビーブーマーは、「人間が運転する自動車」の市場において最も購買力のある層だろう。自分自身の乗り物を持ちたいという彼らの願いは、自動運転車へ移行しても変わらないかもしれない。ミシガン大学交通研究所の調査によると、新しい自動車を買う可能性が最も高いのは55～64歳の人々である。[23] しかし運転免許証を持つベビーブーマーの数は減り、運転免許証を更新するベビーブーマーの割合も、かつてほど高くない。交通研究所によれば、運転免許証を持つ45〜69歳の人々の割合は、1983年から2008年の間に増加しているが、2008年から2014年にかけては減少を続けている。1983年、2008年、2011年、2014年において、60〜64歳で運転免許証を持つ人の割合は、それぞれ83・8パーセント、95・9パーセント、92・7パーセント、92・1パーセントだった。[24] このように、運転免許証を更新するベビーブーマーの数は減少しているようだが、免許を更新したベビーブーマーは新しい自動車を購入している。

マンハッタン政策研究所のアーロン・レン上級研究員によれば、ベビーブーマーたちは繁華街など都会に住むようになるとかつて予測されていたが、それは間違いであることを示唆する証拠が得られている。したがって彼らは依然として交通手段を必要としている。「ベビーブーマーたちは、どこであろうと住み慣れた場所に住み続けるでしょう」とレンは言う。[25] ハーバード大学住宅研究共同センターの行なった調査も、彼の意見を裏づけている。この調査では、回答者の3分の2が、都心に移り住む計画はないと答え、その理由として、「いま住んでいる場所のほうが好みのため」もしくは「現在住んでいる郊外から物価の高い都会へ引っ越す余裕がないため」のいずれかを挙げている。[26] 彼らは、価格は手頃だが、面積の狭い都心の住宅に合うように、自分たちのライフスタイルを変えるつもりはないようだ。

「こうした人々は、自分の自動車を手放したくないと思うかもしれません」とレンは言う。「もし彼らが各種サービスを利用できておらず、高齢または障害など身体能力の面で運転できないという理由で自動車を持てなかったのなら、自動運転車を所有するというのはとても魅力的に思えるでしょう」。米国勢調査局によれば、約2800万人の米国人が今日、体に深刻な障害があるという理由で自動車を運転できないと述べている。[27] 実際に、中年の米国人（40～64歳の人々、ベビーブーマーの一部を含む）の間で、障害を抱える人の割合は上昇している。[28]
「自動車を運転できなかった人々や他の人々でも、自動運転車なら自動車を所有できるようになるかもしれません」とレンは言う。「そしてそれは、道路を走る自動車が何千台、何万台と増えることを意味します。ひいては、いまよりもひどい渋滞が発生するということも」。たとえばカリフォルニアには、視力に障害があるために、メガネやコンタクトレンズを使っても見ることが困難な18歳以上の人が70万人以上暮らしているが、彼らは自動運転車を不自由から解放してくれる素晴らしい存在だと捉えるようになるだろう。実際に自動運転車はそういう存在になる。しかし、その結果、100万台を超える自動車（視力以外の障害を抱える、自力運転の困難な人々による寄与も加算している）が、「ゴールデン・ステイト」と称されるカリフォルニア州の道路を新たに走り始め、交通政策が現在のままであれば、すでに米国で最悪レベルの渋滞がさらに壊滅的な状態になるだろう。

ミレニアル世代

北米のミレニアル世代（1980年代初頭から2000年代初頭までに生まれた人々で、人口の約30パーセントを占める）は、彼らより上の世代ほど自動車を購入していない。米国公共利益調査グループ（PIRG）が発表した報告書は、「ミレニアル世代のライフスタイルや交通における嗜好は、以前の世代とは大きく異なる」と解説している。[29] またこの報告書は、「運転ブームは終わった」と結論づけている。ミシガン大学交通研究所は、これを裏づける数字を発表している。彼らが調査を行なった期間を通して、16〜44歳のうち運転免許証を持つ人の割合は一貫して減少していたのである。1983年、2008年、2011年、2014年において、20〜24歳で運転免許証を持つ人の割合は、それぞれ91・8パーセント、82・0パーセント、79・7パーセント、76・7パーセントだった。[30]

欧州における自動車とその所有に対する文化的な捉え方は、米国とは異なる。欧州では、自動車は移動の手段として使われ、米国人ほどには娯楽やスポーツの手段として考えられていない。英国、フランス、イタリア、ドイツのミレニアル世代2500人を対象に行なわれた調査によれば、彼らの77パーセントが運転免許証を持ち、自動車を所有している。[31] また自転車では、少なくとも1台を所有している世帯の割合は、米国では53パーセントだが、ドイツでは80パーセント、イタリアでは63パーセント、フランスでは59パーセントとなっている。[32] さらに欧州のミレニアル世代を対象とした調査では、自動車とスマートフォン、どちらかを諦めなければならないとすれば、スマートフォンよりも自動車を手放すことを選ぶ人のほうが多数派であることが明らかになっており、個人としての移動手段を持つことよりも情報やネットへの接続に関心があることを示唆している。[33]

もちろん、こうした傾向が世界中で見られるわけではない。アジアの都市国家であるマカオ、シンガポール、香港では、全体的に自動車の所有率が低いが、それは交通量を抑えるために自動車の購入が厳しく規制されているからだ。[34] 中国における1人あたり自動車保有台数は、所得水準が同じ他の新興国に比べて低いままである。[35] その原因は、自動車登録に対する厳しい規制と、中国のGDP（国内総生産）における世帯消費の占める割合の低さ（36パーセントと世界で最も低いレベル）にあると思われる。[36]

しかし、中国の若い世代は自動車を所有している。自動車を所有する中国人全体のうち、ミレニアル世代の年齢にあたる人々（25〜29歳）は約23パーセントを占め、他の年齢層と比較しても最も高い割合となっている。[37] そして自動車を買う余裕のある中国のミレニアル世代は、富と成功を見せつけるものとして、大型のSUVを選ぶ傾向がある。これは米国のミレニアル世代とは対照的だ。米国のミレニアル世代は2008年の景気後退を経験しており、自動車を選ぶ際はより保守的で小型で効率の良い車種を選ぶことが多い。[38] 環境問題への懸念も、北米のミレニアル世代の選択に影響を与えている可能性があるが、中国のミレニアル世代にとって環境問題はまだそれほど重要ではないかもしれない。

インドでも自動車の所有は全体的に低迷している。ここから思い出されるのは、「インドの経済は成長しているものの、大きな消費者文化を確立するに至っていない」ということだ。若者をはじめインドの人々の大部分は、依然として移動を公共交通機関、自転車、二輪車に頼っている。こうした状況の一部は、乗用車に対する高い輸入関税と、国産二輪車の人気と手頃な価格のふたつで説明できる。[39] 都市部では自動車の所有率は依然として10パーセント未満であり、地方部では自動車の所有自体まだ始まったばかりだ。[40]

しかし交通の未来が、個人所有の自動車よりも、徒歩や自転車、ライドシェアへと向かうのであれば、北米のミレニアル世代の自動車（の運転）に対する傾向に、土地活用のあり方を考える際のヒントが見つかるだろう。とはいうものの、ミレニアル世代も年を取るにつれ、前の世代と同じように振る舞うようになるだろうと考える人もいる。そうした人々は、今日の若者が郊外や地方部よりも都市を好んでいたとしても、それは前の世代と同じ程度なのだと主張する。都市計画者たちがさかんに注意を促しているのは、ミレニアル世代が都心にいることを、彼らが都心を好んでいると勘違いしないようにすべきだということだ。他の年代と同様、ミレニアル世代も年を取り、ライフスタイルを変化させている以上、この点をきちんと理解することは交通と自動運転車を考える上できわめて重要である。

南カリフォルニア大学で都市計画の教授を務めるダウエル・マイヤーズは、シティラボが行なった調査を引用し、１９９０年に生まれたミレニアル世代が25歳になる２０１５年は、「ミレニアル世代ピーク」とでも呼べるような節目になる年だと述べた[41]。マイヤーズの主張によれば、ミレニアル世代はもうまもなく、低年齢層も高年齢層も、都市から郊外へと移り住むようになるだろう。これは、前の世代の人たちが示した従来のパターンそのものだ。またマイヤーズは、ミレニアル世代が年を取り、家族を持って仕事でもキャリアを積み重ねるにつれ、彼らの都市における存在感は薄くなっていくだろうと指摘している。

人口統計学者のウィリアム・フレイは、単にミレニアル世代は賃金の低下や雇用機会の偏り、住宅ローンをなかなか組めないといった経済的理由により都市で身動きが取れなくなっているだけだと、長いこと訴えてきた。こうした要因によって、ミレニアル世代が郊外や地方部で住宅を買うことは困難になっているが、彼らは、人口が密集した都心の小さなアパートより、郊外や地方部の住宅を好むとも考えられる。(42)

「ミレニアル世代は他の年齢層と同じだ」。都市計画者は嬉々として、そう宣言し、大合唱をいつまでも続けている。彼らの多くは、その根拠を交通量が増加したここ2~3年の状況に求めている。どうやら彼らは、この増加がガソリン価格の劇的な下落や、自動車ローンの審査基準の記録的な緩和、今世紀最低の失業率と同時に起きているという点を見落としているようだ。さらに言えば、2~3年の状況を見るだけでは傾向は読み取れない。私は、彼らとは立場が異なっているので(もちろん、私自身にも先入観はある)、マーク・トウェインの言葉を借りて、こう主張したい。「ミレニアル世代の革命は終わった、という報道はきわめて誇張されたものでした」〔マーク・トウェインが1897年のロンドン滞在中、彼が病気で亡くなったという記事が新聞に掲載されるという出来事があり、それに対してトウェインが言った言葉「私が亡くなったという報道はきわめて誇張されたものでした」をもじっている〕

たとえばミレニアル世代は、ニューヨークやシカゴ、ボストンなどの大都市だけでなく、デモインやオースティン、クリーブランドなど、若くて教育水準の高い専門家や起業家を惹き寄せる、比較的小さな都市にも住んでいる。欧州では、教育を受けた若者のうち、都市を離れる人よりも郊外を離れる人のほうが多数派になっている(繰り返しになるが、たとえ若者にパリやロンドン、ローマに住む余裕がなくても、欧州には彼らを惹きつける小規模都市がある)。それでも地方部と比較した場合、欧州の小都市や郊外では、若者（特に大学の学位や専門職学位を持つ人々）の正味の数は増加している。２０１６年、欧州の都市を離れた若者の割合は、たった9・7パーセントだった[43]。

ここ10年近く、米国や西欧、その他の先進国（旧ソ連圏や中国を除く）において、自動車の運転は減少傾向にある。これは過去１１５年間で初めてのことだ。この傾向はミレニアル世代でもっとも顕著で、２００８年の大不況前に発生し、不況の間に加速して、その後何年も続いている。この減少傾向の根底にある多くの理由については、前著『ストリート・スマート——都市の台頭と自動車の衰退』（*Street Smart: The Rise of Cities and the Fall of Cars*）の中で解説した。

さらに、いま多くの地方の都市や町では、ミレニアル世代が前の世代とは異なるライフスタイルを模索していることが認識され始めており、より多くの用途に対応できる区画や、カフェや屋外レストランが並ぶ大通りを持つ、歩きやすさを重視した街がつくり出されている。これは賢いやり方だ。都市や町そのものや、そこに住む人々の両方に対して有効なやり方と言えるだろう。しかし自動車メーカーにとっては嬉しい話ではない。メーカーは自動車ローンやリースに記録的な額の資金をつぎ込み、10年にも及ぶ自動車の運転の減少傾向に対するパニックを抑えてきたのだ。

とはいうものの、自動車の運転のピークは過ぎたと宣言するのは時期尚早かもしれない。私は毎月の交通量統計に目を通しており、いくつかの地点で、ここ数年交通量が増えているのを発見して頭を悩ませている。これが新しい傾向なのか、それとも私が「振り子効果」と呼ぶものなのかはわからない。振り子効果とは、２０００年から２０１５年ごろにかけて、都市への過剰な人口流入によって住宅の需要が供給をはるかに上回り、住宅価格が上昇した結果、人々が都市の中心部からより物価の手頃な地域へと流出したことである。ガソリン価格の低下も、この図式に影響を与えている。これらは郊外のコミュニティや自動車の運転に魅力を感じさせる要因のほんの一部に過ぎない。

それでも、自動車の運転に関する習慣は、多くの人々が主張するほどには変化していない。私の学生のひとりであるハンター大学のジュリア・フィオーレは、数十年間にわたる移動のパターンを調べ、ハーバード大学出身の交通経済学者チャールズ・コマノフとともに、VMT（走行台マイル数）と各種のパラメーター（GDPやガソリン価格、人口統計パターンなど）を相関させる回帰モデルを作成した。その結果、彼らは「ミレニアル世代において、何かこれまでとは異なることが起きている」と結論づけている。モデルで予想されたよりも、ミレニアル世代は運転しないようになっていたのだ。フィオーレはさらに次のように指摘する。「自動車の販売が近年伸びているのは、ローンの審査基準緩和によるバブルである可能性が高いと思われます。低金利と与信条件の緩和によって、米国の自動車ローンは史上最高の1兆2000億ドルにまで達しています。2016年だけで自動車ローンの総額は13パーセント増加しました」[44]。そして「ミレニアル世代が年を取れば、上の世代と同様に郊外に移り住むようになるだろう」という意見に対しては、彼女は「ミレニアル世代が郊外へ移動するペースは、これまでの世代のペースよりも遅い」と強調している。またシティ・オブザーバトリーのジョー・コートライトは、25年前、25〜29歳の人々のうち都市から郊外へ流出する人口は、郊外から都市へ流入する人口の2倍あったと指摘している。現在、同じ年齢層で都市から郊外へ流出する人口は、郊外から都市へ流入する人口より25パーセント多いだけである[45]。

フォーブス誌のピーター・サンダースは、教育水準の高い（学士号を持つ）ミレニアル世代がどこに移動しているのかを調べた。その結果わかったのは、都市が郊外よりも速いペースで成長していることだった。特に教育水準の高いミレニアル世代では、都市に移る人が郊外に移る人よりも格段に多いのである。郊外に移住するミレニアル世代1人あたり、1・52人の教育水準の高いミレニアル世代が都市の中心部に移住している計算だ。シカゴの場合、シカゴ圏のミレニアル世代の約50パーセントが、郊外ではなく都市であるシカゴに住むことを選んでいる(46)。

こうした流れはどちらも重要だ。なぜなら、力強い都市と力強い郊外というバランスの取れた共存状態は、社会にとって望ましいことだからだ。単純化し過ぎているように思えるかもしれないが、第二次世界大戦後の米国では、政府が公共交通を無視して高速道路の建設を進めただけでなく、中古住宅の補修に加えて新しい住宅の建設に予算をつぎ込み、都市の空洞化と郊外の拡大を促した。当然の結果として、1950年代から90年代末にかけて、米国の多くの古い都市が、死へと至る負のスパイラルに巻き込まれてしまったかのような状態になった。人口は激減し、犯罪が急増した。自治体の予算は削減され、図書館、学校、消防署が閉鎖された。公共交通機関は路線の廃止を進め、サービスを縮小し、運賃を上げた。米国で公共交通の首都とも言えるニューヨーク市ですら、高架の地下鉄路線が解体され、路面電車が消え去り、駅が閉鎖される事態となった。

2020年を目前に控えたいま、私たちは大きな選択を迫られている——かつて内燃機関を社会に普及させたときと同じ過ちを繰り返すのか？　それとも自動運転車を賢く利用して、すべてにおいて最善となる結果を実現しようとするのか？

私にはひとつ懸念がある。自動運転車がスプロール現象を後押ししてしまうのではないか、という恐れだ。多くの人々にとって、自動車通勤から運転する必要をなくすことは革命的だと感じられるかもしれない。自動車はリビングやオフィスの延長として見られるようになり、いまかろうじて我慢している時間が、楽しくて生産的な時間になるのである。いまからおよそ40年前のこと、私の元上司で聡明な都市計画者でもあるデビッド・グリンは、ニューヨーカーは他の多くの人々よりも賢いと思う、なぜなら地下鉄での移動中に本を読んでいるから、と語っていた。自家用車で通勤していては、それは願うべくもないことだ。しかし自動運転車になれば、たとえ渋滞に巻き込まれていたとしても読書が可能になる。自動運転車によって「辛くない」通勤距離が遠く離れた郊外や地方部にまで伸びる結果、スプロール現象が助長されることになるのではないかという懸念があるのだ。事実、ごくわずかな距離ではあるが、それはすでに起きている。

ジェネレーションZ

１９９７年以降、ジェネレーションZ〔１９９０年代半ばから２０００年代半ば生まれの世代〕においても、運転免許証を持つ人々の割合が急速に低下している。１９６３年以降、特定の世代において運転免許証を持つ人々の割合が70パーセントを切ったのは、この年齢層が初めてだ。これは「ミレニアル世代における交通革命」がより若い世代にも広がっていることを物語っている。またジェネレーションZは、初の「デジタルネイティブ」世代、つまりコンピューターやビデオ、ビデオゲーム、ソーシャルメディア、その他のウェブサイトとともに育った人々だ（残りの人々は「デジタルイミグラント」、すなわち「デジタル移民」である）。これは私見だが、彼らは「ブラックボックス」がなんでも解決してくれるという信仰を、上の世代の人々よりも強く抱くようになるだろう。したがって彼らは、グレイハウンドの広告ではないが、「運転はロボットカーにお任せ」〔グレイハウンドは米国の大手バス会社で、「運転は私たちにお任せ」というキャッチフレーズを使っている〕という状態をより強く望むはずだ。しかしテクノロジーに対しオープンだからといって、自分の自動車を所有したいという欲求を必ずしも彼らが持たないというわけでもない。オートトレーダーとケリー・ブルー・ブックが行なった調査によると、対象となったジェネレーションZの約92パーセントが、自動車を持つことは胸が躍ると回答し、その主な理由として「車がもたらしてくれる自由」を挙げた。(47)

ジェネレーションZはテクノロジーに詳しいだけでなく、好奇心が強く積極的で、起業家精神がある。コンサルタントのアレクサンドラ・レビットによれば、彼らはオンライン上での交流よりも、対面でのつながりのほうを好んでいる。(48) さらに、ソーシャルメディアのおかげで、彼らは世界中の友人たちと関わることに違和感を抱かず、そのためグローバルなビジネス環境にも十分備えができている。しかし彼らは、ニューヨークやシカゴのような大都市の中心部に住みたいと思うだろうか？　あるいはそうする必要が生まれるだろうか、はたまたそうできる経済的余裕を手にするだろうか？　この大きなグループに関する研究はまだ限られているが、既存の調査によれば、ジェネレーションZはミレニアル世代よりも都市での生活に対する興味がわずかに薄い可能性がある。ニールセンによれば、ジェネレーションZの中で、都心に住みたいと答えた人の割合は52パーセントだった。(49) 一方ミレニアル世代で、同じ回答をした人の割合は54パーセントだった。こうした若い世代が仕事に就くようになるにつれ、彼らがどのように働き、どのような種類の仕事をしたいと考えるのかが、ライフスタイルの選択と、自動運転車を所有するかどうかの決定に影響を与えることになる。そしてそれは、将来の交通量がどのくらい増えるのか、あるいは減るのかを左右する。

安くなれば買うだろう

当然のことだが、自動運転車の経済的側面もその所有に影響を与える。テクノロジーが進化し、製造工程も進歩すると、ふつう価格は安くなり、高くはならない[50]。ファウンデーション・フォー・エコノミック・フリーダム（FEF）が最近、ある試算を行なっている。それによれば、1台のiPhone 7（128ギガバイトのフラッシュメモリーと、CPUとGPUを内蔵したA10プロセッサーを備え、2・34ギガヘルツで動作して毎秒約1200億件の命令を処理できる、33億のトランジスターを持つと想定した場合）を1991年の消費者が手に入れようとしたら、その価格は約360万ドルになるそうだ[51]。

自動運転車の価格は例外かというと、そんなことはない。自動車製造の自動化がさらに進み、製造コストが低下していくにつれ（その一因は、製造にまつわる人件費の減少）、自動運転車の価格も手頃になると考えられる。これは特に、小型で軽量の個人用車両に当てはまる。最初は贅沢品だったものでも、安くて実用的な型が出て、すぐに手に入れやすくなるのである。

そうした価格低下の一例を、ウェイモのジョン・クラシクCEOが示している。ウェイモはグーグルX〔グーグルの研究開発を担う部門で、現在はXデベロップメントという会社になっている〕から2016年にスピンアウトした企業で、現在は自動運転技術を開発している。ウェイモの目標のひとつは、自動運転車に関する技術を非常に安価にすることであるとクラシクは言う。彼は記者に対し、「弊社独自のライダー（LiDAR）システムを設計したことで、市販されているものより信頼性の高い製品を実現できただけでなく、コストを大幅に抑えることができました」と語っている。「数年前まで、最高水準のライダー部品1個で約7万5000ドルもしました。現在そのコストを、90パーセント以上削減しています。そう、90パーセント以上ですよ。生産規模を拡大すれば、さらにコストは下がります。目標は、このテクノロジーを数百万の人々が利用できるようにすることです」[52]

交通の未来を予想しているバーン・グラッシュは、価格が下がることで、個人所有の自動運転車の普及は、発展途上国や新興国における携帯電話の普及パターンそっくりになると警告している。こうした国々では、固定電話よりも速いペースで携帯電話が普及しており、ピュー・リサーチ・センターの調査によれば、ナイジェリアと南アフリカの世帯で固定電話を持っているのは2パーセントに過ぎないが、携帯電話を持っているのは成人の9割に達するという[53]。自動運転技術があたりまえになり、そのうえ安くなれば、人間が運転する自動車を持てるとは夢にも思わなかった人々も自動運転車をほしがるようになるのは間違いない。しかし個人が所有する自動車が、新たに数百万台も路上に増えれば、交通問題だけでなく、環境問題など、関連する課題を悪化させるだけだ。

先進国の人々は、ちょうど最新のスマートフォンにできるだけ早く買い替えたがるのと同じように、自動運転車を数年でアップグレードしたいと思うようになるだろう。その結果、世界の自動車台数は現在の10億台強から20億台へと指数関数的に膨れ上がり、20年後には40億台へと急増する可能性がある。これは、米国で従来型の自動車が増えた際のパターン――1900年にわずか8000台だったものが、1914年には170万台に跳ね上がった――と似ている。ただし自動運転車の場合は、これより急速な増加が見込まれる。人々はかつて、同じ自動車に10年は乗っていた。しかし今後は、新しい自動車をほんの数年で下取りに出すようになるかもしれない。私自身、そうなりつつある。私は2017年型のボルボを所有しているのだが、次のモデルがほしくてたまらない。次のモデルでは、さらに安全性能が高まり、マッピングシステムも改善され、音声認識システムが向上して私のブルックリン訛りも理解するようになり、エンジンの効率もアップするだろうからだ。

そして多くの人々が自然と抱いている、自動車に対する愛情もばかにできない。それによってドライバーは自動車所有の考え方をなかなか改められないのだ。コンサルティング会社のマッキンゼーに所属する自動運転車の専門家、ミケーレ・ベルトンチェッロは、個人所有が支配的であり続けると予想している。一方で、シンクタンクのビクトリア交通政策研究所のトッド・リットマンは、「1世帯で、年間の走行距離が1万キロに満たない場合、自動車を手放したほうが費用対効果は高く」なるだろうと語っている。いずれにせよ多くの世帯では、依然として少なくとも1台自動車を所有する理由が残り続けるだろう。バージニア交通イノベーション・リサーチセンターで自動運転車のリサーチ・サイエンティストを務めるノア・グドールは、自動車の所有が特定の地域住民の間では主流な考え方であり続け、特に地方部に住む人々にとっては、1人が1台自動車を持つというのは理にかなった考え方のままだと予想している。[54] この現実に目を向けよう。ベビーブーマーとミレニアル世代は、かつてほどは運転をしなくなるかもしれないが、世界には依然として大量の自動車があるのだ。米国の乗用車登録台数は1960年以降、着実に増加しており、2015年には2億6350万台に達したと推定されている。[55]

しかし米国は世界最大の自動車消費国ではない。カーネギー国際平和基金の調査によれば、人口1人あたりの乗用車数において米国は世界第25位で、アイルランドの上位でバーレーンの下位という位置だ。[56] 他の調査によると、自動車所有数ランキングでは、米国は世界第4位になっている。いずれにせよ、自動車は世界中の人々にとって、有用で切望される存在なのだ。

自動車を所有する人々は、さまざまな理由から愛着を抱いているようだ。自動車はモノを保管する場所や、家族から逃れる場所、音楽を好きなだけ大きな音で聞きながらプライベートな時間を過ごせる場所、あるいはラジオのトーク番組のホストに怒りをぶつける場所として機能しうる。私の青春時代には（私より上の世代でも、下の世代でも）、自動車は若者が大人の目を逃れ、性行為に挑戦することのできる場所だった。

ステータスや個性を伝える自動車もある。自動車はまた、行きたい場所や、他には行く方法がない場所に私たちを連れて行ってくれる。テスラのオートパイロット機能を使っているドライバーを対象に行なわれた事例調査によると、対象者はその機能を使っていないドライバーに比べ、より長い距離をよりゆったりと運転するそうだ。無料のスーパーチャージャー（テスラが設置した充電ステーション）を利用すれば、テスラのドライバーは長距離の旅を楽しむことができる。

完全な自動運転車があれば、所有者がもっと頻繁に、くつろいで長距離移動できるようになる自動運転のような新しい技術は、運転に対する人々の考え方を根本的に変えることになるのだろうか？　たとえ自動車の所有傾向が現状と変わらなくても、そして従来型の自動車を運転できなかった人々も自動運転車を利用するようになれば、自動車の総走行距離は確実に増加するだろう。そうなれば、渋滞悪化は避けられない。

まだまだ先は長い

渋滞は自動車の総走行距離と直接関係している（自動運転車は従来の自動車よりも効率的に走行するだろうが、それでも数式上での関係は直接的なままだ）[57]。したがって、仮にトッド・リットマンが予想したように、2台の自動車を所有している世帯がそのうちの1台を手放したとしても、渋滞が緩和されるとは限らない。自動運転車によって運転から解放されれば、人々は仕事や娯楽施設から離れた場所に住むことをいとわなくなるかもしれない。また全体としての移動回数も増える可能性がある。たとえば両親と、学校に通う子供2人、そして叔母1人が1軒の家に住んでいるとしよう。いま両親の一方は中心街でフルタイムで働き、もう一方は地元の商店でパートタイムで働いている。子供は中学と高校に通っていて、叔母は家で家事をしているが、ドローンやデリバリーでは対応できないような、さまざまな買い物や用事も担当している。彼女の交友関係は広く、友人や知人と頻繁に顔を会わせている。この家族は現在、3台の自動車でやりくりしている。

ではこの3台の自動車を1台の自動運転車に置き換えたときに何が起きるか、考えてみよう。早朝、自動運転車は両親のうちの1人と子供2人を乗せて出発し、彼らをオフィスと学校へ送り届ける。自動運転車は家に帰ってくると、もう1人の親を近所のパート先に送っていき、すぐに戻ってきて叔母を目的地へと連れていく（水中エアロビクスのクラスや友人とのランチなど）。1日の終わり、自動運転車は学校やオフィスを回って、両親や子供を家に連れて帰ってくる。これはすべて1台の自家用の自動運転車で行なうことができるが、走行距離は2倍、場合によっては3倍になる。通勤や通学、さまざまな用事、そして帰宅のために、自宅と目的地を何度も往復することになるからだ。ここでさらに注意してほしいのは、個人所有の自動運転車は走行距離の半分をカラで走っている点である。その間、誰ひとり、どこにも移動していないのだ。

リーズ大学が行なった研究では、自動運転車の普及により、ＶＭＴが最大60パーセント増加するだろうと予測している。その理由は、自動運転車が生産性の向上に寄与し、渋滞の間ただ座っていることによる経済的損失を削減することで、現在ほとんど自動車を使わない人々も、今後は頻繁に利用するようになる可能性があるためだ[58]。アトランタ地域委員会が行なった研究によれば、通勤がより良い時間に変わることで、２０４０年までに1日あたりの走行回数と平均走行距離がともに増加すると予測される。同委員会はさらに極端な予想も行なっている。自動運転車がすみずみまで普及することによって駐車料金の低下や移動時間の短縮（これが実現されるかは疑問だが）といった無数の利点も周知されて、公共交通機関での移動がベースラインよりも42パーセントまで減少するというのだ（これは戦後の地下鉄利用客数の減少を彷彿とさせる）[59]。

私が目を通したほぼすべての研究（自動運転車支持者が発表した誇大広告は除く）において、都心の中心業務地区におけるVMTは減少するのではなく、増加すると予測されていた。これに対する実現性の高い唯一の解決策は、混雑課金制度を通じて、公共交通を除くすべての車両に、都市の最も貴重な資源である「空間」を通行する権利と引き換えにプレミアム料金を要求することである。ピーク時に都市の中心部や商業地区に入るための特別料金を自動車の所有者に要求しなければ、交通渋滞は現在よりもさらに深刻なものになるだろう。

自動運転車の支持者には、自動運転車が乗客を都市の中心部で降ろしてから、別の場所に移動して駐車することで渋滞は緩和されると主張する者もいる。ただ、自動車の所有者を降ろした後で車両が市街地の外の駐車場まで行って戻ってくるよりも、近くに駐車したほうがすぐに所有者は車に乗れるし、走行距離も短くて済む。さらに、私が「ゾンビカー」と呼ぶカラの車両が毎朝同じ時間にビジネス街を離れて、毎晩同じ時間に戻ってくるとなれば、渋滞が発生することは避けられない。

この問題を解決する方法のひとつは、自動運転車が公共交通機関と効率的に連携できるようにすることだ。たとえば、ビジネス街の外にパークアンドライドを設けるという方法がある。パークアンドライドとは公共交通機関のターミナルを控えた駐車場で、そことビジネス街とを自動運転のシャトルバスで結ぶのである（もちろんこの施設までの道が混雑してしまう、という可能性は残る）。さらに良いやり方としては、自動運転ミニバスに利用者の自宅を巡回させ、彼らを拾って交通ターミナルまで連れて行くという方法が考えられる。これは交通の専門家が何十年ものあいだ頭を悩ませてきた、「ラストマイル」問題を解決する。自動車通勤する人は、最寄りのバス停や駅まで1マイル（約1・6キロ）以上離れたところに住んでいるので、公共交通機関は自動車の代替にはならないと口をそろえる。しかしそこまで自動運転バスを走らせれば、一件落着というわけだ。

インペリアル・カレッジ・ロンドンの土木・環境工学科で教授を務めるスコット・レヴィーンは、通勤において電車が非常に有効である理由のひとつは、停止や発進を繰り返す自動車に比べ、電車は通勤者をスムーズに職場へ運んでくれる点にあると指摘する。(60) また電車の場合、シートベルトのような拘束も必要ないため、自動車の中で座っているよりも快適に過ごせる。一方で、高速道路上を一定の速度で走行できれば、自動運転車は電車のような滑らかな走行を実現できると予測される。安定性が向上することでシートベルトに関する規則が改められれば、快適性も向上するし、そうなれば、いま電車の中でしているように、自動運転車に乗車中にも仕事をすることが可能になるだろう。そのとき人々は、同じような通勤者で混雑する電車よりも、自分だけの車両でプライバシーも手にするという選択肢を取るのではないだろうか？

レヴィーンの「スムーズさ」に関する研究では、自動運転車は電車並みの乗り心地を実現できるが、高速道路を離れると深刻な欠点が伴うことが明らかになった。彼の研究チームは都市部の十字路に生じる車両の流れをシミュレーションした。その際、交通の25パーセントを自動運転車が、残りの75パーセントを人間の運転する車両が占めるように設定した（これは自動運転に完全移行する前のある時期で一般的に見られる状況と考えられる）。あるシナリオでは、自動運転車は人間が運転する自動車よりも加速や減速を効果的かつ快適な形で行なったが、急発進や急停車も伴ったのだ。一方で、自動運転車が高速鉄道と同じくらいエレガントな発進と停止を実現することができたシナリオもあった。
また研究者たちは、黄信号の時間を長くしたり、車間距離を長く取るといった、スピードを抑えてスムーズさを向上させる他の案も検証した。16のシナリオを用意し、すべての自動車を人間が運転する場合をベースラインとして比較検討した。その結果、どのシナリオでも、鉄道と同じくらい快適な移動ができるように設計された自動運転車は、すべての車両を人間が運転すると想定した場合よりも渋滞を悪化させたのである。
ベースライン（自動運転車なし）では、交差点においてそれぞれの車両につき20秒の遅れが生じた。自動運転車が鉄道（ＬＲＴ）のように加速・減速を行なった場合には、渋滞は人間が運転する車両のみの場合と比べて4〜50パーセント悪化した（遅れが21〜30秒になった）。交差点を通過する車両の数は、ベースラインの１７９３台から4〜21パーセント減少し、１４１５〜１７２４台になった。レヴィーンの研究は、「少なくとも特定の状況下では、これら２つの期待される利益（移動時間のより生産的な活用と交通容量）は、短期的には相反する」と結論づけている。[61]
レヴィーンが確かに述べているのは、管理された車隊が個人所有の自動車に取って代わり、しかもその車隊内の全車両が自動運転車になった場合には、渋滞が緩和されるという可能性である。[62]しかしながら、レヴィーンのモデルはいずれも、歩行者をシナリオに組み込んでいない。私が交通のエンジニアや研究者に対して腹立たしく感じることのひとつ（それはもう何十年間も続いている）は、彼らのほぼ全員がまず自動車の問題を解決し、それから「厄介な」歩行者に対処しようとしている点だ。しかし自動車の近くで歩行者の通行が認められれば、それが原因となって、車両の停止発進の回数やぎくしゃくとした走行、遅延や渋滞の発生数は確実に増加するのだ。

私は以前、バルセロナにいたころ、このことに改めて気づかされた。私が自動車の中から外を見ていると、歩行者が次々に建物から出てきて、自動車の走っている非常に狭い脇道沿いの、これまた非常に狭い歩道をするすると器用に歩いていた。そして歩行者たちは他の人を追い越そうとするたびに、車道にはみ出さざるをえなかった。だが自動車のハンドルを握っていた同僚のシャビエルは、それに躊躇《ちゅうちょ》しなかった。彼は地元の人間だったので、歩行者は車道にはみ出してきても、進行方向を変えて歩道に戻っていくことを知っていたのである。ではこの場合、自動運転車ならどう反応するだろうか？　私の意見では、自動運転車は歩行者の動きを予想できず、加速と減速を繰り返して、ぎくしゃくと非常に不快な運転をすることになるだろう。その結果は――渋滞だ。全車両の走行時間が長くなり、平均速度が下がれば、少なくとも歩行が許されている多くのエリアでは、渋滞が発生するのは避けられない。

「自動運転車は自分たちを轢《ひ》かない」という考えが行き渡ったら、歩行者たちは自動運転車を出し抜くようになってしまうのではないか？　そしてそれは、「歩行者を囲い込め」という自動運転車交通法運動につながってしまうのではないか？　1900年代から30年代にかけて、歩行者が突如として自由に歩けないようになり（人間は数百万年間そうしてきたのに）、建物のそばだけを歩くことが法律で定められ、交差点で直角に曲がって道路を渡らなければならなくなったときと同じように？　1915年ごろまでは、歩行者と自動車がごちゃ混ぜになった道路を行き交うことが許されていた。しかしそれ以降は、速いスピードで走る自動車がそうした状況を脅かした上、実際に多くの歩行者が命を落とす原因にもなった。官僚たちは当初、歩行者の側に立っていたが、自動車業界が「道路は自動車のもので、歩道が歩行者のための場所」という考え方を広めるのに成功したことで、最終的には業界の軍門に降った。このルールに従わない歩行者は「犯罪者」とされたのである。

ピーター・ノートンは著書『交通との戦い』において、米国の都市は自動車を受け入れるために、物理的な変化だけでなく社会的な変化も求められたと主張している。自動車を運転する人々が利益を享受できるよう都市を再構築する前に、道路は運転者のためのもので、歩行者のためのものではないというように、道路を社会的に再構築しなければならなかった、というわけだ。これと同じことが、公共空間をめぐって町や都市や歩行者が再び議論を重ねていくなかで、今世紀中に起きるのではないかと、私は心配している。

自動運転車の場合、「反歩行者法」はさらに厳格なものになり、人々を煩わせる要因が新たに増えることになりかねない。決められた場所以外での道路の横断を禁ずる「ジェイウォーク法」は、マイノリティやホームレスといった集団に対して不公平に適用される可能性があり、貧困層で特に顕著になると思われる。またジェイウォーク法が厳格である場合、人々は歩行に対する意識を変え、本来なら通りを歩いていた人たちが自動車を運転するようになってしまう可能性がある。その過程で、道路はさらに混雑するだろう。

２０１７年にホノルル市議会において、通りを徒歩で横断する際に、モバイル機器を見ることを違法とする法案が提出された[63]。その一方で、ドライバーが交差点を通るときに、ダッシュボードに置いた携帯電話を見ることは依然として合法なままだ。歩行者の不注意に関する研究では、「注意散漫な歩行は危険である」という従来の考え方が肯定されるだろうと想定されていたが、実際には前述のような法律は不要かつ不公平なものであるという結論に至った。ブログ「システマティック・フェイリャー」は、こうした懸念の行き過ぎを指摘している。(64)

注意散漫な歩行に対する社会的なヒステリーの発端となったのは、オハイオ州立大学のジャック・ネーサーと、彼の学生であったデレク・トロイヤーが2013年に発表した論文である。(65) 彼らは携帯電話の使用が増えたことで、歩行者の怪我が急増したと主張し、それがニューヨークタイムズ紙のような大手の新聞で取り上げられたのである。(66) さらに記事は、携帯電話によって年間1000人以上の重傷者が出ていると報じ、これは「氷山の一角」に過ぎないと訴えた。怪我の多くは、入院が必要になるほどではないからだという。この数字だけを見ていると、壊滅的な状況のように感じられるかもしれないが、相対的にみれば、さほどの数字ではないことがわかる。2010年に携帯電話を使用しながら歩いていて怪我をした人は1506人いたが、それには自動車が関与するものだけではなく、歩道や道路などあらゆる公共スペースで携帯電話を使用していたときに生じた怪我人をも含めた数字なのである。(67)

ブログ「システマティック・フェイリャー」は、ハワイで施行されたような法律は、すべての人をより大きな脅威にさらす運転に対して寛大な空気を生み出すことで、交通リスクを増大させるおそれがあると指摘している。しかしその一方で、ニュージャージー州の都市などでも、歩行者の行為を違法とする新たな法律を成立させようという動きがある。(68)

都市計画者が自動車メーカーに惑わされることをみすみす許してしまえば、交通を「改善」するために、歩行者を通りから排除する（つまり、繁華街で自動車に歩行者を上回る特権を認める）などということが、現実のものになってしまうかもしれない。建設・エンジニアリング企業のＥＤＧは、まさにそれを実行する新しい交通網をマンハッタンに提案した。その「ループＮＹＣ（LoopNYC）」は、自動運転車が普及したときに歩行者にとって安全な環境を構築するという触れ込みだ。しかし実際には、それはフェンスで囲われた家畜用の通路のような歩道をつくり、そこに歩行者を押し込もうとするものだ。ＥＤＧの計画では、ＦＤＲドライブやウェストサイド・ハイウェイなどの主要高速道路に自動運転車の専用車線を設け、それを14thストリートや、23rd、42nd、57th、86th、110thストリートの都市横断専用レーンに接続することで、マンハッタンに出入りする交通の流れを最大化するとしている。マンハッタンの中に入った無人運転車は、この道を専用のループ状高速道路として使うことになる。

歩行者は、こうした道路の頭上や地下に設置される歩道によって、無人運転車から隔離されるため、表面上は安全性が高まる。ＥＤＧの提案が通れば、現在グランドセントラル駅からローワーマンハッタンまで自動車で40分かかる移動が11分に短縮され、平均的な人の通勤時間は１日あたり30分短縮できるという[69]。しかしこの計画は、同じルートを歩く場合にどのくらい歩行時間が増えるのか、どれほどの人々が歩くことを諦めてしまうのかについて、何も言及していない。それは20世紀に提案された類似の計画の場合と同じで、その本当のところは、自動車を優遇するために人々を通りから排除することだ。ＥＤＧの提案は、50年前に州間高速道路の建設業者によって行なわれたものとほぼ同じである。彼らはマンハッタンの中心業務地区を横切る2本の高架式高速道路を計画していた。その1本はミッドタウンのマディソンスクエアガーデンのすぐ南（現在、私のニューヨークオフィスがある場所だ）を通るもので、もう1本はソーホーを縦断するものだった（ただしロバート・モージズが最初にローワーマンハッタン高速道路を提案した1950年代には、ソーホーは存在していなかった）。これまで幾度となくこうした提案がなされたが、すべて混雑を解消するどころか、交通量をさらに増やして渋滞の悪化を招いてきた。

賢い対応が求められる

自動運転車が交通問題のすべてを解決するものではないことは明らかだ。そして本章で詳しく解説したように、自動運転車の個人所有が標準になった場合には、事態は悪化するおそれがある。自動車メーカーが1台でも多くの自動運転車を販売したいと考えているのは間違いなく、もし自動車の個人的な交通手段としての側面ばかりが重視され続け、1台の自動車にたった1人で乗って頻回に移動することが横行すれば、災害に等しい大渋滞が起きてしまうだろう。本書で所有の概念を頻繁に取り上げているのは、それが自動運転車が社会にプラスの影響をもたらすのか、それともマイナスの影響をもたらすのかを左右する重要な問題だからだ。もし私たちが目先のことにとらわれ、自動車業界が20世紀の大半を通じて行なってきたように、自動運転車業界が移動のあり方を決めていくことを許してしまえば、渋滞のさらなる悪化という結末が待っているだろう。

しかし私たちが賢くなり、自動運転車に関する交通法や政策の立案について発言権のあるあらゆる関係者に向けて意見を述べていくならば、交通を強化しながら無駄になる時間やお金を削減し、さらに混雑を緩和することができる。渋滞を減らす目的で自動運転車を導入する正しい方法は、自動運転車を公共交通機関に連携させることだ。公共交通機関の役割は、自動運転車やライドシェアが一般的になるにつれて進化していくだろう。公共交通機関は、人口密度の高い都市間の街道においては、高頻度かつ大容量のサービスを提供することに集中し、一方で「ファーストマイル」と「ラストマイル」については、少人数用のオンデマンド型無人シャトルと大型の交通ターミナルを通じて、その両方に交通手段を提供しなければならない。

市が運営するロボットバス（それがチャリオット〔通勤バスサービスで、2016年にフォードが買収したが、2019年1月に廃業することが発表された〕だろうと、ヴィアだろうと、その他の次世代型マイクロ交通機関だろうと構わない）は、同じコストでより多くの便を運行できる。小型のバスは少ない労力で運行することができ、1マイルあたりのコストが低くなるため、より低運賃でより頻繁にサービスを提供できるだろう。空港（特にロンドンのヒースロー空港）では、ピープルムーバー〔軌道上を走る自動化された交通システムで、特に空港やテーマパークなど、特定の場所において小規模な輸送を行なうものを指す〕ですでに実現されており、他にも同様の仕組みがウェストバージニア州のモーガンタウン（40年前から構想されていた）からアブダビに至るまで、各地で見られる。また多くの郊外では、自動運転車は既存の交通機関や、電車とバスを接続する新たな交通機関に接続することができるだろう。

自治体は公共交通機関や民間企業と協力して、利用者がバスや電車、自転車、ライドシェアを含む移動ルートを検索し、比較し、予約し、支払いできるようなスマートカードやオープンデータ、ユニバーサルアプリを設計し、採用することもできる。そうしたサービスは、利用者に最も効率的な（そして健康的な）移動の選択肢を提示するようになる。

もし自動運転車のマイナス面を抑制しプラス面を促進するような政策を設けることができれば、自動運転車は混雑の緩和にも役立つ。道路の通行料を動的に変えること（リアルタイムに変更したり、時間や日付、季節、出発地と目的地、乗客数、世帯年収で変化する設定に基づいて変更したりする）は、混雑課金やゾーン料金、変動料金、ＶＭＴ料金（走行距離に応じた課金）やＶＨＴ（走った時間に基づく料金）といった制度を組み合わせて実現できる。たとえば、もしあなたが家族とドライブしていて、マンハッタンのロックフェラーセンターにあるクリスマスツリーを見せようと思い、その前をゆっくり走ったら、高額のプレミアム料金（1ブロック25ドルぐらいではどうだろうか）を請求されたりする。しかしマンハッタンの外の通りを走る場合にははるかに少額で済み、地方部であればさらに料金が下がるか、あるいはまったく徴収されないかもしれない。

もし混雑課金を通じて、都市の中心部に入ってくる個人所有の自動車の台数をコントロールできれば、そこで自動車を使う人々に快適な移動を提供できるだろう。自動車やトラック、タクシー、ウーバー、バスなどすべてがより速く移動可能になる。これこそ、２０１７年の終わりにウーバーがマンハッタンで混雑課金を導入することを支持するテレビ広告を展開し始めた理由だ。またこの制度が実施されれば、大気汚染や騒音、二酸化炭素排出量も抑えることができる。都市にしてみれば、混雑課金によって、自転車専用レーンの設置や、歩道や歩行者専用スペースの拡大や新設、屋外カフェの許可、街路樹の設置、公園の開設につながる素晴らしいチャンスが開かれ、そしてこうした変化はすべて住民と訪問者の双方に利益をもたらす。私にとってこれは、全面的なウィン－ウィン－ウィンを実現するものだ。

オンデマンド型でリアルタイムに大量輸送を行なう公共交通も、賢い交通計画がもたらす利点のひとつだ。高校のアメフト部の試合がいつ終わるのか、コンサートがいつ終わるのか、あるいは特定の停車地に何人の乗客が待っていそうかがわかる交通システムを想像してほしい。また賢い公共交通機関によって、大量の大型バスが巡回する必要性が減るだろう。その代わりに、旅行者の個々のニーズに合わせて、収容量のさまざまな車両を組み合わせるようになるはずだ。ほんの一握りの乗客を乗せるために、40人乗りのバスを回す必要はないのである。

都市部であろうと、あるいは小さな町や郊外であろうと、さまざまな生活サービス施設が集まっている区域の近くで仕事をしたり暮らしたりしたいというニーズを満たす上で、自動運転車は役に立つ。そのためには、コミュニティはさまざまな用途の施設の開発を奨励し、駐車スペースに関する要件を見直して（50パーセント以上、あるいはもっと大幅な削減が必要だろう）、新しい公共交通のプロジェクトを再評価しなければならない。ショッピングエリアや職場へのアクセスが簡単で、しかも近くにあれば、個人用の自動車の必要性は大幅に減る。

もしライドシェアが主流になったら、そして個人で車を所有するよりも、便利で、効率的で、快適で、安価になったら、あらゆる場所で混雑が劇的に減少するだろう。ライドシェアで目的地を自由に設定できるようになれば、通勤で自分の自動車を使うのをやめるようとする人が増えるかもしれない。私はライドシェアが持つ渋滞解消効果を、1980年にニューヨーク市で起きた公共交通機関のストライキの際に証明している。そのとき、「乗車人数規制」を課すことにしたのだ。これはストライキの間だけの一時的な規制だが、当時、自動車の交通容量をオーバーしていたロングアイランド・エクスプレスウェイ（LIE）を通行できる車両を、3人以上乗車している車だけに限定した。ストライキ中の交通状況に関する情報を収集するために、私は交通エンジニアをヘリコプターに乗せ（当時はウェイズもINRIXリサーチも、そしてドローンもなかったのである）、トランシーバーを使って自動車の流れを指令センターに報告させた。メディアの予想は悲惨のひと言で、市の代表としての私の予想も、悲惨のひと言だった――LIEは大渋滞して、駐車場と化すだろう！　そうなれば、交通サービスは落第点をもらってしまうはずだ。

実際にはどうだったのか？　ストライキ1日目の朝のラッシュアワー時、LIEがもらったのは最優秀点だった。まるで午前3時であるかのようなスムーズさとスピードで、自動車の列は流れていたのである。それは、自動車1台あたりの乗車数を3倍にしたからだった。いまでも、平均乗車数を1強から、2に近づけることで、ニューヨーク市から渋滞を一掃できる可能性が十分にある。混雑に対する解決策はあるのだ。私はそれを、1980年4月にこの目で目撃した。

私たちが賢ければ――平均乗車数を、1台あたり少なくとも2人に増やし、他の交通手段を維持し、自動車よりも歩行者を優遇し、そして徒歩、自転車、電車の利用を促進するなら――渋滞問題は解決できる。「天気と交通には打つ手がない」などという思い込みに終止符を打つのだ。しかし政治はそれほど単純ではない。ストライキの後、私はピーク時にイーストリバー橋を渡る自動車に対し、2人以上を乗車させることをルールにしようとした。すると市は即座に自動車関係者から訴えられ、敗訴してしまった。

この分野におけるプレーヤーのなかには、便利で安価で快適なライドシェアを実現することに取り組む者もいる（彼らは今後、仲間を増やすだろう）。イスラエル企業のヴィアは、同社の米国版のサービスをニューヨークで立ち上げ、その後シカゴとワシントンにも展開した。モバイルアプリを通じて、ヴィアは利用者がいる場所から最も近い「バーチャルバス停」に彼らを案内する。そこで利用者は、同じ方向に向かう他の利用者と一緒に、ヴィアが所有するSUVに乗り込む。そして彼らはそれぞれの目的地まで来ると、降車してタクシーよりもはるかに手頃な料金を支払う。こうした車両が自動運転車化されれば、ドライバーにかかる人件費が不要になるため、ライドシェアの料金は現在の6ドル（ニューヨークにおける料金）からさらに安くなるだろう。

ウーバーは米国の50以上の都市で公共交通機関のアプリと連動し、ウーバーと公共交通を組み合わせて効率よく目的地に到達する方法を利用者に示すことができるようにした[70]。これは公共交通機関の代替手段としてではなく補完する手段として、自らのサービスを位置づけるというウーバーの取り組みの一例だ[71]。フォード・モーター・カンパニーは、完全な自動運転技術を搭載したフォード車を実現するために、人工知能技術を開発する企業アルゴAIとの合弁事業に10億ドルを投資した。フォードは2016年に、サンフランシスコを拠点とするシャトルバスサービスのチャリオットに6500万ドルを支払い、傘下に収めた[72]。現在、チャリオットのルート設定は、乗客のリクエストに応じて人間が対応してカスタマイズしているが、今後は、刻々と変わる乗客の移動ニーズを確実に満たすために、最も効率的なルートをアルゴリズムで求めるようになるだろうとフォードは発表している。

２０１６年10月、フィンランド企業ＭａａＳグローバルは、さまざまな交通手段へのポータルとして機能する「ウィム」というアプリをリリースした(73)。このサービスを利用すれば、定額料金で何度でも制限なしに公共交通機関を利用できるだけでなく、タクシーやレンタカーを利用する際に使用できるポイントも手に入る。このアプリは、「モビリティ・アズ・ア・サービス（ＭａａＳ）」モデルに先鞭をつける、フィンランド運輸通信省の取り組みの一環である。目標は、より安く、より早く、人々を目的地へ連れて行くことだけではない。その中心的なミッションは、自動車の所有を最小限に抑えることである。

ライドシェアが機能するためには、それが便利で料金が手頃であるだけでなく、瞬時に利用可能な車両が見つかるようでもなければならない。仮に乗車までの平均待ち時間が10分以上になると、人々が自動車の所有をやめる可能性ははるかに低くなる。都市部であれば、待ち時間が長くてもそれほど問題にはならないだろう。人口が密集し、各種生活サービス施設へのアクセスも良いので、歩いて駐車場に向かい、停めてある自動車に乗って目的地まで運転するよりも、シャトルバスに飛び乗るほうが好都合だ。このシナリオでは、すでに路上にあるシャトルバスのほうが、個人所有の自動車よりも機動性が高い。しかし自律型のシャトルバスが郊外や地方部に住む人々のところにまで広がるには、さらに時間を要するだろう。

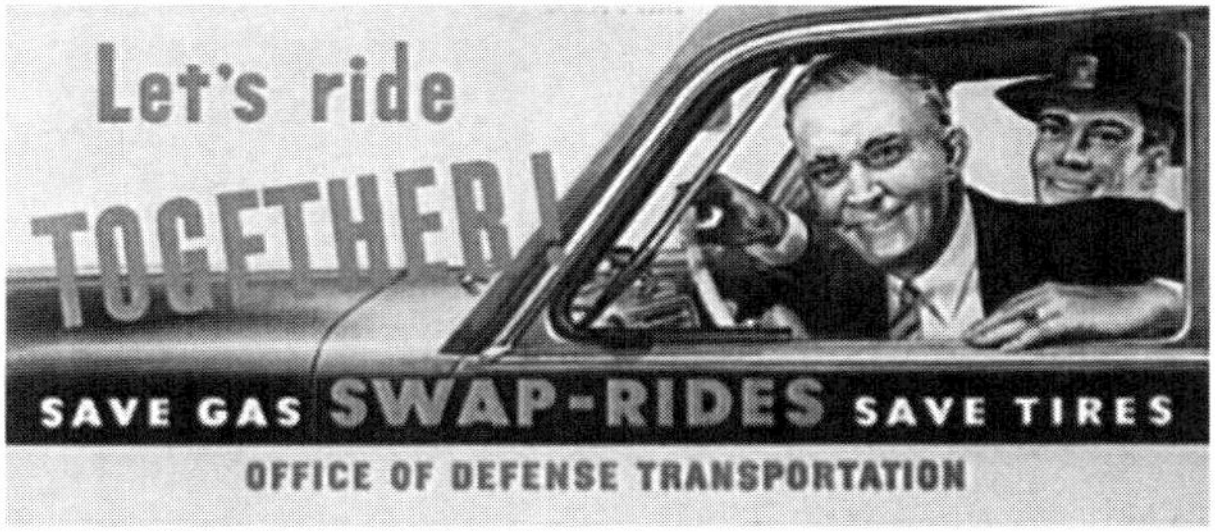

ライドシェアは第二次世界大戦中も人気で、政府によって熱心に推奨された。〔図中の文字は上から、「乗ろう、一緒に！」「ガソリンを節約しよう」「交代で車を出そう」「タイヤを長持ちさせよう」「防衛運輸室」〕
出典：軍需生産推進労使委員会

大多数の人々が自動車を手放すのを渋り始める前に、最大でどれくらいなら、ライドシェアでの乗車を待てるのかを割り出さなければならない。それは賢明な問いだが、まだ誰も答えを知らない。もしかしたら、非常に短い時間かもしれない。私の友人は、街の通りの角に立って手配したウーバーが到着するのを待っていたのだが、8分でキャンセルして流しのタクシーをつかまえることにした。8分というのは短い――自動運転シャトルはこの要求を満たすことができるのだろうか？

8分ですら待てないとしたら、待ち時間5分以内であれば大丈夫だろうか？　それで人々は自分の自動車を捨てようという気になるか？　仮に5分以内の待ち時間を実現しようとしたら、車両を町や都市の中、あるいは周辺に戦略的に配置する必要がある。マサチューセッツ工科大学の研究者は、ニューヨーク市内を走る1万3000台のタクシーすべてを相乗り専用に使用すれば、その車両数を3000台にまで減らせると結論づけた。ライドシェアによって相乗りが進み、それがタクシーに取って代われば、交通渋滞や大気汚染、燃料の無駄遣いを抑えられるかもしれないのである。この研究では、ライドシェアサービスの平均待ち時間は、わずか2・7分になると予測している。この構想には、「リアルタイムの需要に基づいた動的な車両の位置変更」が含まれ、「それにより、システムを20パーセント高速化する」[74]。減らすことで、できることが増えるのは明らかである。

管理された自動運転車で車隊をつくることで、待ち時間を減らし、少ない車両でより多くの人々を運びながら、誰も乗せていない車両が通りをうろうろ走ることを回避できる。そうした車隊は、誰に対して、どのようにサービスを提供しているかに応じてインセンティブが与えられるようになる可能性がある。たとえばある車隊が一定の目標を達成している（稼働率が80パーセントに達しているなど）、あるいはそれを超えて90パーセントに達している場合、サービス運営者は運営手数料を削減してもらえるといった案配だ。身体の不自由な人々や、いわゆる「ラストワンマイル地域」に住む人々にサービスを提供する車隊は、補助金を獲得できるかもしれない。一方で稼働率が50パーセントを切ったり、身体の不自由な人々を乗せることができなかったりするような車隊に対してはインセンティブが与えられず、パフォーマンスの低い車隊には何らかのペナルティが与えられるケースも考えられる。

「利用者の偽装」といった「システムを出し抜く」手法によって、このシステムがどういった類いの問題にぶつかる可能性があるのかを予想することは難しいが、上手く設計された規制とインセンティブは概して、車隊とその管理組織に対して、目標を達成し、さらに需要のピーク時にもユーザーにサービスを提供する方法を見出すように動機づける。実際のところ、これらの新しいシステムに対する最大の課題のひとつはピーク需要だ。私が半世紀近く前に交通工学を学んだとき、「30番目時間交通量〔最大交通量を設定する際の目安とされる〕」と呼ばれるものを把握することで、渋滞と需要の問題を解決することができる（あるいは少なくとも解決できると思える）という事実を、私たち学生は受け入れた。いま、あるショッピング地区において、ほとんどの時間は需要（仮に自動車200台）に対応できるが、1年間に30時間はそれを上回る需要（たとえば2500台程度まで）が発生するとしよう。通常インフラ（道路や駐車場など）はこの「30番目時間交通量」で発生するまれな需要ではなく、通常の需要に対応するように設計される。まれにしか起きない需要に対応していては、法外な費用がかかり、土地と資源の無駄遣いになってしまうからだ。残念なことに、この常識的なアプローチは衰退してしまっており、多くのコミュニティにおいていま、全体としてはわずかな時間に過ぎないピーク時の需要に対応する容量が要求されている。

仮に「30番目時間交通量」アプローチを中規模の都市に適用した場合、ライドシェアサービスの利用者が通常で5分以内に車両に乗り込めるようにするためには、1000台の車両が必要になると結論づけたとしよう。しかし100パーセントの時間、つまりいついかなる場合でも5分以上待つことがない状態を実現しようとしたら、さらに300〜400台の車両が必要になる可能性がある。しかしそうした車両は、ほとんどの時間が待ち状態になってしまうだろう。米国人がこの問題について、駐車場の問題と同じくらい過剰な要求を行ない、いかなる場合でも5分以内にサービスが利用できることを求めるようになるのではないかと、私は心配している。自分専用の自動運転車をいつでも利用したいという消費者のせいで、何も減らせないという結果になってしまうかもしれない。

＊　＊　＊

本当に渋滞を減らし、人々に公共交通機関やライドシェア、自転車、徒歩など、より環境にやさしい代替交通手段を使ってもらうようにするには、こうした代替手段がより多くの人々にとって魅力的に思えるようにするしかない。そのため都市や郊外や準郊外の交通機関は、利用しやすく、速く、便利で、快適でなければならないし、自動運転車を使ったライドシェアは、便利で迅速に利用できるのは当然で、地方部や自然へのアクセスが公平に得られるのでなければならない。徒歩での移動は、安全な環境を歩くことで楽しみや利益、生活の快適さが得られてはじめて、多くの人に受け入れられる魅力的な選択肢となりうる。

また、自動車を個人で所有するコストを、公共交通機関を利用したり自動運転車に相乗りしたりする場合よりも高くするために、政治的にも個人的にもその意思を示す必要がある。また経済的な阻害要因を設けて混雑を解消することは、魅力的な代替案を創造し、維持するのに必要な資金を集めることにもつながるだろう。

渋滞の解消には、非常に多くのプラスの副作用がある。大気汚染の改善や温室効果ガスの削減、安全性の向上、住みやすいコミュニティの形成、配送コストの大幅削減による良好なビジネス環境などである。しかし大企業も中小企業も、そして労働組合も、いま私たちが住む世界を混乱に陥れるかもしれない、予期せぬ要求に応えられるように備えなければならない。

第4章　ビジネスと消費者主義

幸せはお金で買えないかもしれないけれど、私はバスよりジャガーの中で泣きたい。
――フランソワーズ・サガン

私が子供のころ、父はブルックリンでご近所相手の小さな食料品店を経営していた。1960年ごろになると、父の店の30メートル先に、当時のベンソンハースト地区では比較的珍しいものがオープンした。スーパーマーケットである。大勢の家族が住む集合住宅が立ち並び、人口が密集していた私たちの地区では、それは小さな町のメインストリートの中心にウォルマートがオープンしたのに等しい出来事だった。破壊的で、不自然で、不気味な存在だったが、それでもどこか魅力的だった。チェーン店が持つ購買力と資金力にものを言わせ、そのスーパーは父の店よりも商品を（すべてではないが）安売りし、安売りで出した損も吸収できた。そうして、呼び込んだ客を高価格の商品へ誘導していた。

ウーバーおよび他の類似サービスは、スーパーマーケットが行なった価格設定と、まったく同じことをしている。彼らは市場シェアと引き換えにお金を失うことをいとわない。競争力を得るためにタクシーよりも安い料金を設定し、利用者を獲得しようとしている（アマゾンは同じことをしてECサイトでトップに立った）。[1] たとえばウーバーは、２０１７年に45億ドル、２０１６年に28億ドルを失っている。ある分析によれば、かかったコストの41パーセントしか運賃でカバーしていない可能性がある。[2] しかしいくつかの資産を売却したことで、２０１８年の最初の３カ月で24億５０００万ドルの利益を挙げたと発表している。[3]

ウーバーはロビー活動にも力を入れている。彼らはロビー会社49社から、２５０人のロビイストを雇っている。これはウォルマートのロビー部隊よりも大きい。[4] この活動に必要な資金は決して安くない。たとえばテキサス州では、ウーバーは２０１５年に94万５０００ドル以上をロビー活動に費やした。２０１４年には、カリフォルニア州で68万４０００ドル、シアトルで60万ドル、ワシントンＤＣで31万４０００ドルを投じたが、これには広告やＰＲキャンペーンの費用は含まれていない。[5] ２０１７年上半期、ウーバーはニューヨーク州議会のロビー活動に１２０万ドルを費やし、議会が配車サービス会社にニューヨーク州北部およびロングアイランドでの営業を認める法案を審議していたまさにそのとき、きわめて好戦的ロビイスト集団へと生まれ変わった。そして法案は可決されたのだった。[6] しかしこの一件に投じられた費用は、ウーバーがニューヨーク市において費やした予算に比べれば端金だった。ニューヨーク市長ビル・デブラシオとニューヨーク市議会が、ウーバーに対して営業車両数の上限を設けようという構えを見せたため、彼らはその撤回を求める嘆願を宣伝し推し進める「焦土」作戦を展開したのである。[7]

自動運転車産業はウーバーの振る舞いに倣い、価格戦争と積極的なロビー活動を展開するようになるはずだ。そう私が考えるのは、そこに巨大な利益が眠っているからだ。ゼネラルモーターズのダニエル・アマン社長は、自動運転車は「インターネットの登場以降で最大のビジネスチャンス」であると述べている。[8] 自動車メーカーやハイテク企業は、そのチャンスが指の間からすり抜けていくのをみすみす許しはしないだろう。歴史に照らしてみればわかるが、自動運転車産業は交通分野の主導権を握るまで、他の交通手段よりも安い料金でサービスを提供しようとするはずだ。そして、目的が達成されたら、値上げするのだ。ドライバーや車掌、機械作業員、さらには保険会社や法執行機関に至るまで、交通ビジネスの中や周辺で働く多くの人々が、私の父と同じ感情を抱くようになる。それは馬を育てていた人々が、モデルTが工場から出荷されたとき、あるいは郵便局員が、人々が電子メールを送り、オンライン決済を始めたときに抱いたのと同じ感情でもある。自動運転技術の進化が加速して、さまざまな人々から仕事を奪い、価格競争が起こらなくなると、経済的な争いが始まるだろう。しかしそれは、公平な戦いにはならない。１９６０年代のスーパーマーケットチェーンはいくらか影響力を持っていたかもしれないが、21世紀の自動運転車産業が手にしている資金力とロビー力とは比べるべくもない。

私の父の食料品店は、より大きな店によって潰されてしまった。その後、町の商店街は郊外のショッピングモールによって潰され、そしてショッピングモールはECサイトと宅配サービスによって荒廃し、危険なゴーストタウンになってしまった。[9] もし自動運転車産業が規制や市場、コミュニティの計画を牛耳ることを許してしまえば、あらゆる種類の交通手段が影響を被るだろう。

自動運転車が経済に与える影響について、包括的で客観的な研究を行なっている人は、私の知る限り誰もいない。またそうした研究を行なうのに使える資金もほとんどない。それは、何も問題がないように見せようと、自動運転車産業が懸命に努力しているからだ。しかし誤解してはならない。自動運転車は経済に甚大な影響を及ぼすだろう。いくつかの仕事はなくなり、一方で想像もつかない新しい仕事が生まれる。自動運転車の支持者たちによれば、自動運転車は7兆ドル（そう、単位は「兆」だ）も経済を成長させるという[10]。急速に変化が起きるはずだ。それとは対照的に、電子通行料金徴収システム「イージーパス」が1990年代に導入されてから、ニューヨーク市内のすべての通行料金徴収員がいなくなるまでには、ほぼ四半世紀かかった。イージーパスの導入により料金徴収員の雇用は減少したが、その影響は長い時間をかけて広がったのである。そのため多くの料金徴収員は、働き盛りの時期に失業するのをまぬがれ、定年で組織を離れるか同じ組織内で別のスキルを磨くだけの猶予があった。

とはいえ、この移行によって職を失った人々は、たいへんな犠牲を強いられた。ビル・マリンズは、30年以上勤めてきたニュージャージー・ターンパイクの料金徴収員の仕事を追われ6万6000ドルの年収を手放さざるをえなかった。マリンズはガバニング誌に対して、次のように語っている。「私は55歳でした。給料が大幅に減ってしまったとき、どうやって穴埋めすればいいのでしょうか？　悲しいです。長い間、仕事は私の人生の一部でしたから」[11]

ビジネスインテリジェンス〔企業などの組織において、組織内に蓄積されたデータや外部のデータを分析し、組織運営や戦略に関する意思決定に役立てる手法や技術〕の専門家であるバリー・デブリン博士は、この問題を次のように解説している。「自動車の普及によって馬糞は一掃されたが、馬の世話をしていた少年たちや蹄鉄工、御者といった人々の生活はどうなるのか、という新たな懸念が生まれた。ただそうした懸念は、根拠のないものであることもわかった。駐車係や整備士、ドライバーといった仕事が、簡単にその穴を埋めたのである」[12]

グレイソン・ブラルトは、ウェブサイト「futurism.com」に寄稿した記事の中で、デブリン博士に同意している。「自動運転車がやってくる、しかしあなたの仕事にではない」（*Autonomous Cars Are Coming, but Not for Your Job*）と題する記事で、ブラルトは「自動運転車は新しい仕事、職業、そして経済モデルを生み出すだろう」と述べている。さらに、こう指摘している。「２００６年、アマゾンが導入した商用ウェブサービス『エラスティック・コンピューティング・クラウド（ＥＣ２）』によって、クラウドコンピューティングにおけるブレイクスルーがもたらされた。そのときＩＴ専門家と業界アナリストは、企業がコンピューティングに関する業務をアウトソースすることで、大量の職が失われるだろうと予想した。しかし実際に起きたのは、その反対だった。クラウドコンピューティングは、直接的および間接的に、世界中で数百万人の雇用と数千億ドルの富を生み出したのである」[13]

勝者と敗者

世界の一部の地域は、「コネクテッド・スマートモビリティ」という概念と、無人運転技術を積極的に受け入れようとするだろう。スイス、シンガポール、香港には近代的なインフラが整備されており（米国をはるかに凌駕する世界最高水準のインフラを誇る）、さらに高い教育を受け技術に精通した人々がいる。こうした国や地域の住民は、経済成長や社会的な結束を促す自動運転車政策なら歓迎するかもしれない。[14] ほかに自動運転車によって勝者になる可能性が高い国や都市は、経済的な利益という点から技術イノベーションの促進に力を入れるベンガルールやソウル、ストックホルムなどである。[15] この3都市は自動運転車とその関連ハイテクイノベーションの中心地になるだろうと専門家たちは予想している。

世界の他の地域では、自動運転車の導入に抵抗する動きが見られるかもしれない。イタリアのベネチアや、ギリシャのイドラ島といった自動車のない場所で、自動運転車が走るようになるだろうか？　住民たちはそれを必要とするだろうか？　一方で新興経済大国である中国は、おそらく自動運転車の生産で米国や欧州を凌駕するだろう。中華人民共和国工業情報化部が、この種のイノベーションを後押ししているからである。[16]

米国経済の大半は、自動車に依存している。ピーター・ドラッカーは自動車産業を「産業の中の産業」と呼んだが、その理由のひとつは、それが化石燃料（石油）経済とテクノロジー業界の両方に利害関係を持つからだ。[17] 技術の進歩は一部の仕事を淘汰することになるかもしれないが、歴史を振り返ると、技術は新しい仕事を生み出してきた。人々と企業が変化に適応するときには、まったく新しい種類の仕事を生み出すか、人間だけが持つ能力を生かして利用するものだ。非常に高いスキルを持つ労働者（特にコンピューターなどの技術系スキルを持つ人々や、テクノロジーでは真似することがこの先何年も難しいままだと思われる芸術系のスキルを持つ人々）は、この新しい環境で素晴らしい成功を収めるだろう。

ドライバーや組立ラインの作業員といった労働者とその労働組合、エアバッグメーカーやホスピタリティ企業（ホテル代わりに自動車で眠る人々が出てくるため）といった業界は、注意深くかつ小回りよく、そして賢く対応しなければ、敗者に転落してしまう可能性がある。他の労働者たちも、低賃金のサービス業に追いやられてしまうか、最悪の場合には完全に失業してしまったりするかもしれない。しかし酒類業（飲酒運転などというものは存在しなくなる）やフードデリバリー、エンターテインメントなどのように、大成功を収めるかもしれない業界もある。

公共輸送と私的輸送

本書の執筆時点で、ニューヨークのタクシー・リムジン委員会（ＴＬＣ）は、ニューヨーク市内で15万6０００人のタクシーおよびハイヤーのドライバーが現役で働いていると発表している。自動運転技術は彼らに定年まで勤め上げるチャンスを与えるのだろうか？　それとも、彼らは一夜にして道路から追いやられてしまうのか？　もしそうだとしたら、彼らは何をすればいいのか？　この技術の移行が本当に意味するものとは何か？　自動運転技術が運転を不要にしたとき、かつてバスを運転していた人々は、案内係や車隊の管理者といった仕事に就けるのだろうか？　交通サービスとその労働組合に先見の明があれば、車隊の管理やメンテナンスができるように従業員の再訓練を始めるだろう。というのも、すべての交通が自動化されたとしても、管理やメンテナンスには依然として人間が必要とされるためだ。

仮にウーバー型のサービスを通じて自動運転車が効率的に共有されるようになり、自動車の個人所有が減少したなら、自動運転車の車隊が出現し、その規模は巨大なものになるだろう。すると、自動運転車を維持管理する人々が必要になるはずだ。人口1000万人の都市で公共交通の車隊とその管理がどうなるかを検討したバーン・グラッシュの研究によれば、サービス開始から総走行距離300億キロメートルに達するまで（2030年までに達すると予測されている）、仮にタクシーやバスといった労働集約型のサービスのほとんどが自動運転車に置き換えられたとしても、全体の雇用が減少することはない。サービス開始当初は、自動運転車に対する被雇用者の比率が高くなるからだ。

総走行距離がさらに200億キロメートル増える間に、雇用が減少する可能性があるが、自動車の所有者やドライバーがサービススタッフや車隊管理者になっていくにつれて、雇用全体、要するに雇用の絶対数は増加する可能性がある。グラッシュは次のように解説する。「テクノロジーがどれほど進歩したかなり先の未来でも、自動運転車の車隊は人間のスタッフを必要とすると考えられます。公共交通における車両の75パーセントが自動運転車に置き換えられる頃になっても、タクシーを含む公共交通全体での就業率は、仮に車両に対するスタッフの比率が減少したとしても、現在の平均就業率と同じかそれ以上になるでしょう」(18)

将来、正味の雇用数を安定してプラスにするために私たちができることは正しく行動することのみである。任意の地点間で人を運ぶ、費用対効果の高い自動運転車は（所有か共有かを問わず）、結果として通勤者の足を公共交通から遠のかせる可能性があり、そうした変化は政府の収入に影響を与えうる。さらに公共交通機関の収入が減り、予算がカットされて交通網の維持管理が悪化すると、自動車を所有したり交通サービスを利用できたりするほど幸運に恵まれなかった人々の移動に悪影響が及ぶ。それは社会的・経済的に立場の弱い人たちと、彼らが住んでいる都市の両方に破壊的な影響があるだろう。

自動化した公共交通を正しく整備し、コミュニティが人々に車両を（所有か共有かにかかわらず）ひとりで乗るよう仕向けたりしなければ、予算が潤沢で料金の手頃な自動運転のバスや電車のネットワークが整備されて、通勤者とコミュニティが勝利を収めることになる。高度道路交通システム（ＩＴＳ）は、こうした課題に対処することが可能だ。ＩＴＳは、コネクテッドカーや自動運転車、代替燃料、自動運転車の車隊管理、交通パターン分析から、公共交通重視の都市開発を促す区画整理や都市計画の政策までをもその対象としているからだ。コミュニティが、ライドシェアを基本とする交通手段を組み合わせて安定した交通網を構築できれば、個人所有の自動車は減って、公共交通機関の利用が増えるだろう。しかし、たとえそれが自動化されていても、この交通網を機能させるには人の力が必要になる。おそらくそれはドライバーではなく、交通管理者や乗務員、整備作業員、バックオフィスの事務員といった人々である。

トラックと配送

自動運転車が運ぶのは人間だけではない。さまざまな物も運ぶ。貨物輸送では、人件費が三大コスト要因のひとつであるため（残りの2つは燃料費と維持管理費だ）、自動運転車によって商品のコストは下がるかもしれない一方で、多くのドライバーの雇用に影響が及ぶだろう。また自動配送は雇用だけでなく、ティームスターズ〔1903年に設立された労組で、ティームスターとは御者の意味だが、現在はトラックやタクシー等のドライバーが中心〕のような労働組合にも大きな影響を与える。かなり前のことだが、エレベーター操作員の労働組合は、利用者が自分で操作できる（行きたい階のボタンを押すとそこまで移動してくれる）自動運転式エレベーターの導入に激しく抵抗していた。しかし抵抗もあえなく、組合はこの争いにも、長期的な戦いにも敗北する。そしてエレベーター操作員は、馬車の御者と同じ運命をたどることになった。マンハッタンにある数棟のビルや米国でもごくわずかなビルにおいて、依然としてエレベーター操作員の姿を見ることができるが、それは実用のためというより豪華なビルでのショーとしての性格のほうが強い。

米国ではトラック輸送が経済の原動力となっている。2014年にはあらゆる経済活動において、自営業者を除く730万人の人々がトラック輸送に関連する仕事を得ていた。米国内を移動する貨物の総重量の70パーセント以上がトラックで輸送されている。年間105億トンの貨物を輸送するには、340万台を超えるクラス8の重荷重用トラック（大型セミトレーラー）と、350万人を超すトラックドライバーが必要だ。米国トラック運送協会によれば、この貨物を輸送するのにさらに1300億リットル以上のディーゼル燃料が必要になる。[19]

ゴールドマン・サックスのレポートによると、自動運転車が普及した場合、米国では月に2万5000人、つまり年間30万人の配送ドライバーとトラックドライバーが職を失う可能性がある。[20]

『大搾取！』（文藝春秋）の著者スティーブン・グリーンハウスは、「無人運転車は貿易協定と非常に似た状況を生み出すかもしれない。企業や消費者は歓迎するが、多くの労働者にとっては悩みの種というわけだ」と主張している。[21] 彼は完全な自動化によって、タクシーやバス、バン、トラック、ライドシェア用の車両を運転する人々を含め、500万人ものドライバーの雇用が失われる可能性があると考えている。さらにグリーンハウスは、「人口統計学上、こうしたドライバーたちの大半は、多くの工場労働者と同じ、大学の学位を持たない男性層に属している。この層は、2000年以降500万人も製造業の雇用が失われたことですでに大きな打撃を受けている人々である」と指摘している。[22]

運輸に関連する周辺産業まで考慮に入れると、この数は2倍の1000万人にまで達する可能性がある。[23] 米労働省労働統計局によると、88万4000人が自動車とその部品の製造に従事しており、[24] 302万人がディーラーおよびメンテナンスの分野で働いている。より多くの自動車が自動化され、その技術が進歩するにつれ、消費者は自分の自動車を修理することを難しいと感じるようになり、代わりに専門の修理サービスを利用するようになると考えられている。ところが、修理業務はディーラーを通り抜けていくだけなので、その結果、小売レベルでの自動車部品の販売数は減少するだろう。さらに自動運転車が普及すると事故数が減るため、修理店に行く回数も減る。[25] また自動運転車は最終的に可動部が少なくなるため、多くの部品の製造そのものが減少する可能性がある。部品はメーカー間で交換可能になる可能性もあり、そのため固有の部品が少なくて済むようになるとも考えられる。

いま、トラックやバス、配送車、タクシー、そしてウーバー型のサービスの運転は、約600万人分の職業ドライバーの雇用を生み出している。現在トラックドライバーの不足が深刻な状態にあるのを考えると皮肉なことだが、こうした1000万人の仕事のほぼすべてが、10~15年のうちに消滅する可能性がある。無人運転のトラックがないという仮定では、2030年までに、米国と欧州で約640万人のトラックドライバーが必要になると予測されている。一方で、国際交通フォーラムが発表したレポート「無人運転車による輸送への移行を管理する」(*Managing the Transition to Driverless Road Freight Transport*)の中で「トラック運転の現状」と表現されている労働環境で喜んで働くと考えられる人々は、560万人以下であると見られている。[26]

自動運転車は周囲と無関係に発展するわけではない。並行して起きる、他の輸送手段の進歩や、製造過程における自動化技術のさらなる応用も、配送に必要なトラックの数を減らすことになる。たとえば「空飛ぶ倉庫」がある。これは小型の飛行船だが、機内に商品とドローンを収容しており、送り先の玄関口まで直接荷物を届ける倉庫だ。荷物の保管と配送が一緒になっているわけだ。[27]これとちょうど同じ装備の特許を、ウォルマートが米国内で申請している。この飛行船は高度150~300メートルの上空を飛行し、装備した複数の離発着サイトから周辺地域にドローンを放つ。それぞれの「空飛ぶ倉庫」は自律的に運航するか、もしくは人間の操縦士が遠隔操作することになる。アマゾンも同様の飛行船の特許を、2016年4月に取得している。

ドローンを格納したこれらの空飛ぶ倉庫によって、小売業者はオンライン注文に対応するためのコストを下げられる。なかでも「ラストマイル」、すなわち顧客の住宅(特に郊外や地方部の)への配送を行なうコストの削減に効果的だ。現在、顧客の玄関先への配送は通常、大小の配送業者（米郵便公社やフェデックス、UPSなど）によって行なわれているが、配送が自動化されたり、本業として倉庫管理者や物流管理者といった新しい仕事がドライバーの仕事よりも重要になったりした場合、配送業者の事業は大きく傾く可能性がある。サンフォード・C・バーンスタインでアナリストを務めるブランドン・フレッチャーは、ブルームバーグ誌に、「主要都市から地方部に至るまで、交通と輸送距離の最も重要な課題に、空飛ぶ倉庫が対応できるでしょう」と語っている。「移動可能な倉庫は、本当に素晴らしいアイデアです。需要が大きく変動する場合には、物流システムに柔軟な部分があることで、効率が向上するからです。Eコマースの世界では、需要の変動が大きいことがネックになっており、よりクリエイティブなソリューションが必要とされています」[28]

ケビン・ジレットはペンシルベニア州北東部で、父や祖父と同じ、大型トラックによる輸送業を営んでいる。農作物の輸送を行なうだけでなく、建設現場で重い資材を運搬する仕事もする。彼は自動運転技術が自分の立てた将来の見通しをどう変えるかについて、あまり深く考えたくないと思っている。業界の草の根を構成する他の多くのドライバーも、彼と同じ態度だ。しかし変化しつつあるトラック輸送の状況について考えるとき、自分は自動化されたトラック輸送業界からあぶれるだろうことはわかるし、10歳になる息子のチェイスにも、将来家業を継ぐように勧めるつもりはないと彼は言う。「正直なところ、自動運転トラックと同じ道路を走りたいと思うかどうか、わかりません。そのなかの1台が自分にぶつかるのを待つつもりはないですし、時給10ドルでトラックを管理している誰かが、ブレーキをかける指示を忘れてトラックを私に突っ込ませるのを待つつもりもありません。かといって、トラック輸送の会社が誰かに十分な賃金を払って、トラックの中に座らせ、万が一に備えるようにするとも思えません」[29]

ジレットはまた、あらゆる種類の運転条件下でトラックを操作する方法を知っているドライバーを乗せず、大型の自動運転トラックをどこまで安全に走行させられるようになるかについても懐疑的だ。「コンテナトラックには、冬場カーブを曲がるときのブレーキに使われる、制動特性および横揺れの制御機構が備わっています。ですが特定の状況では、『さぁ、これこれこういう場合には急ブレーキを踏め』などと設定したコンピューターで人間を置き換えることはできません。別にトラックにどんな装備があろうと構わないのですが、天気や障害物のせいで急ブレーキを踏んだら、衝突してしまうのです。それではろくなことになりませんよね」と彼は言う。「人間の脳で計算し、実行しなければならない操作を、トラックは数多く必要とします。ＡＩ技術がそのすべてをこなせるようになるまでは、私は仕事にありつけるでしょう」

ＡＩがそうした操作をできるようになったとき、現在運転の仕事で雇用されている人々をスムーズに別の仕事に移行させるには、どうすればよいのだろうか？　マサチューセッツ工科大学の経済学者エリック・ブリニョルフソンは、職を失ったドライバーたちのために積極的な再就業訓練プログラムを実施すべきと考えている。そうした取り組みの財源は、無人運転車の走行距離に応じて課せられる税金になる可能性がある。[30] インフラを増設したり変更したりするのには、多くの仕事が新たに必要になるかもしれず、失業者や不完全雇用者がそうした仕事へと斡旋されるかもしれない（米国の貿易調整支援制度を受けた輸出品に仕事を奪われた工場労働者と似た境遇だ）。ハーバードの労働経済学者、ローレンス・カッツは賃金補助制、給付付き勤労所得税額控除（ＥＩＴＣ）の拡張、さらには政府の支援による公共雇用プログラム（これは小さな政府と自由市場の支持者が拒否するアイデアだ）などを提案している。[31]

自動運転車産業はそうしたイニシアチブを実現するための資金源になるかもしれない。ウーバー、フォード、グーグル、そして無人運転車から何十億ドルもの収益を得られると期待している他の企業もまた、懸命に議会に圧力をかけるようになるだろう。そうして議会が、自動運転車に青信号を出し、小規模な新興競合企業を（一時的にでも）抑え込んでおけるような国内規制を行なうように仕向けるのである。[32] そのような法律を制定することと引き換えに、議会は自動運転車の走行距離に応じて税金を課し、得られた税収を労働者の再訓練や調整支援、失業保険、おそらくは雇用の創出の予算に回すことができるだろう（少なくとも当面の間は）。また私は、自動運転車を安全かつ確実に運営するために必要不可欠となるインフラに対して投資するという業界の努力を支持する。

しかしながら、トラックドライバーの再訓練や再雇用は、私たちが考えているほど難題ではないかもしれない。国際交通フォーラムのレポートによると、現在働いているトラックドライバーの大多数は「キャリアの後半にさしかかっており」、女性や若い男性はトラックドライバーを職業に選ばなくなってきている。若者たちは、非常につらくて孤独な、しかも危険が伴う長時間労働の職業には惹かれない。また同レポートによれば、人口の密集した都市部で「ラストマイル配送」を行なうためには、依然として人間のドライバーが大型トラックを運転することが必要になるという。したがって、自動運転トラックが普及していくなか、多くのトラックドライバーが相変わらず定年で退職していく一方で、高度な訓練を受けた熟練ドライバーの需要が依然として残り、彼らは高い賃金を稼ぐようになるかもしれないのである。[33]

米国と同様に、欧州でも無人運転のトラックが雇用に与える影響について検討されている。2016年3月、オランダのインフラ・環境省は、欧州系自動車メーカー6社(DAFトラック、ダイムラー、イベコ、MAN、スカニア、ボルボ)から準自律型トラックを調達し、「欧州トラック・プラトゥーニング〔車両に隊列を組ませて効率的な走行の実現を目指すもので、ネットワーク技術などを活用し、先行する車両に後続の車両を追従させる〕・チャレンジ」と名づけられた実験を行なった。これは欧州だけでなく世界でも初の、国境を越えて実施されたスマートトラック(完全自律型トラックの前身)の実験となった。すべてのトラックはWi-Fiを通じて相互接続しており、それぞれの車両にはドライバーが乗り込んだ。各社のトラックは車隊を組んでオランダのロッテルダムに向かい、現在の技術で許す限りの自動走行を行なった(それは将来、自律型の車隊がどのように運行されるかについての目安となる)。ネットワークを介して同期することにより、各車両は「ネットワーク化されていない」人間のドライバーが運転する場合よりも、はるかに接近して走行することができた。また各車両にはレーダーや光学センサーが搭載されており、テスラの準自律型車両と同じくらい賢い走行を実現できた。

EUはネットワークに接続したトラックのプラトゥーニング(そして自動運転トラック)に利点を見出している。たとえば先頭のトラックが何らかの理由で減速したり、ブレーキを踏んだりした場合に、後続のトラックがそれに即座に反応すれば、車隊内の反応時間は大幅に短縮される。この能力によって、運転時間は削減されるだろう。また車両がより接近して走行することで、トラックは風の影響を受けにくくなり燃費が良くなる。プラトゥーニング・チャレンジの主催者によれば、最大10パーセントの燃費向上が見込めるそうだ。

人間のドライバーは自動運転車に敗北するかもしれないが、自動運転技術はヨーロッパ全土の熟練労働者に経済的なチャンスをもたらす可能性がある。自動車製造では今後、物理的な設計やエンジンよりも、ソフトウェア開発やデータ分析のほうが重要になっていく。そうなれば欧州の自動車メーカー（アウディやBMW、フォルクスワーゲン、ダイムラー、メルセデスベンツ、ボルボなど）には、人工知能に関する高度なスキルを持つ人々や、ビッグデータ、高精細マッピング、および高性能コンピューティングに関する才能のある人々が必要となる。[34] 企業と政府は自国の人材を育成するか、海外から呼び込むか、あるいはその両方を行なわなければならない。ハーバード大学のサイバー法の専門家であるヴィヴェック・クリシュナマーシーは、賢いメーカーや開発会社は、自動運転車を実現する安全なソフトウェアを開発するには「正しいことをしたいという意思があり、科学とコンピューターに関する高度な知識を持った人々に助けを求める」べきだと述べている。彼らはソフトウェアの問題を探して特定し、改良を加え、誰もが利用できるようにする人々だ。そしてその多くはオープンソースのコミュニティで見つけることができる、とクリシュナマーシーは言う[35]「オープンソースとはソフトウェアのプログラムが無償で公開され、インターネットを通じて不特定多数のプログラマーたちがその改善を行う活動で、そうしたプログラマーたちが集うさまざまなコミュニティが存在する」。

テクノロジー系投資銀行のGPブルハウンドによれば、欧州に拠点を置くテクノロジー系民間企業で評価額10億ドルを超えている会社は47社あり、そのうち3分の1以上が英国に存在している。そのすべてが将来、自動運転車業界にサービスを提供するわけではないが、多くの企業が参入するはずだ。[36] こうした企業や、他の新興企業、既存の主要企業にとって、自動運転車は高度なスキルを持つ労働者を競って育成する格好の機会をもたらすだろう。たとえばアイルランドは、自動運転車およびＡＩの開発において、技術系の人材やイノベーション、協働型のテクノロジー・エコシステム〔さまざまなテクノロジー関連企業が集まり、協力して一定の製品やサービスを生み出す生態系（エコシステム）を形成している状態〕を提供するリーダーとして浮上しており、フォーチュン５００でトップ10に入るテクノロジー企業はすべて、アイルランド内で積極的に活動するようになっている。[37]

伝統的な企業は、パートナーシップと戦略的雇用を通じて自動運転車への対応力を高めている。これは高いスキルを持つ労働者にとってはチャンスである。２０１６年7月、アウディは自動運転技術の進化に取り組む子会社を設立したことを発表した。[38] 報道によれば、アウディは半導体メーカーのエヌビディア（テスラのオートパイロットの演算処理技術を手掛けている企業）と提携し、自動運転車の開発を加速させて、２０２０年までの発売を目指す。ボルボはスウェーデンの自動車部品メーカーであるオートリブと合弁会社ゼヌイティを設立し、自動運転モード時に車両を制御するためのソフトウェアを開発している。[39] また両社とも、自動運転車システムを開発するためにエヌビディアと提携している。[40]

ＢＭＷはモービルアイと共同で、２０２１年までに自動運転車を市場に投入することを目指し、オープンスタンダードのプラットフォームを開発している。[41] 世界最大の自動車部品サプライヤーの1社であるボッシュは、ドライバー支援システムの開発に2000人以上のエンジニアを投入していると報じられており、またそれに必要なマッピングデータを手に入れるため、GPSメーカーのトムトムと提携している。[42] ドイツの自動車部品およびタイヤメーカーであるコンチネンタルは、自動運転車を開発しているフランス企業イージーマイルの少数株主となっている。彼らは環境センサー、ブレーキシステム、そして安全運転技術の開発で協力することを計画している。[43]

ドライバーの仕事が大量に失われることは、インドやアフリカなど、運転が低賃金の非熟練労働者によって担われている地域では見られないだろう。2017年7月、インドの道路交通・高速道路相ニティン・ガドカリは、同国では自動運転車は膨大な雇用を奪うため許可されないだろうと発言した。「インドで自動運転車が許可されることは、いっさいない。政府は人々を失業させるような技術や政策を推進するつもりはありません」と、彼は記者団に語っている。この強い口調にもかかわらず、インドの自動車グループであるタタの技術部門、タタ・エレクシーは、インド向け自動運転車の開発に取り組んでいる。さらに多くの専門家が、ガドカリの見通しは2017年の自動車法改正法案（本書の執筆時点で審議中）と矛盾しているため、約束通りにはいかないか、または実現できないと考えている。

ドライバーを手頃な賃金で雇うことができるアフリカや他の発展途上国についても同じことが言える。自動運転車が路上を走らないことは、こうした地域のたくさんの非熟練労働者にとってはむしろメリットになる。インドは、米国のような、トラックやタクシーのドライバーが他にも関連する仕事を簡単に見つけることのできる地域とは異なる。膨大な人口と物流が関係してくるために、スキルの低い、あるいはスキルをまったく持たない人々を訓練するのは、アメリカや他の先進国の場合よりずっと難しいかもしれない。インドでは、熟練した能力を持つ労働者は人口の5パーセント未満であるため、自動運転車産業のハイテク職に就けるのはほんのひと握りの人々でしかない[44]。しかもインドは若い国であり（人口の65パーセントが35歳未満）、雇用拡大の停滞は許されない。

ベンカット・スマントランは「インドとアフリカでは、ドライバーが過剰になっています」と語る。「アイダホ州の田舎に住む人々、たとえば免許を失った85歳の農家や、12歳の子供を乗せて祖母の家に送り届けたい人々にとって、自動運転車は生活を改善するものになるかもしれません。しかし同じ議論をナイジェリアのラゴスのような場所ですることはできません。そこでは1マイル（約1・6キロ）あたり10セントでドライバーを雇って、好きな場所に連れて行ってもらうことができるのですから[45]」

イージー・ライダーになるのも難しい

特に米国のような地域では、無人運転車がオートバイにとって致命的な問題になるかもしれない。業界関係者が発表した報告書によると、オートバイ産業は深刻な問題を抱えており、自動運転技術は事態を悪化させるだけだという[46]。報告書は、「将来の車両向けインフラシステムがどうあるべきかという議論から、オートバイが完全に切り離されるのではないかという、非常に現実的なリスクがある」と結論を下している。さらに報告書は、自動運転技術が普及すると、交通・都市計画者、保険会社、および自動運転車メーカーは、オートバイを以前よりリスクの高いものだと見なすようになるのではないか、と指摘する。２０１７年、サンフランシスコで自動運転車がオートバイに衝突する事故が起きた際に、警察の報告書によれば、事故で負傷したバイクの運転者のほうが責められた。[47]

オートバイの販売台数は、いくつかの理由から減少している。[48]高齢化したベビーブーマーたちはオートバイを手放すようになっているが、ミレニアル世代には彼らの抜けた隙間を埋めるつもりはないようだ。バイクメーカーは女性やマイノリティに対して積極的に販売してこなかったため、これらの層にはほとんど顧客がいない。米国のオートバイライダーの65パーセントが、年収5万ドル以上の中年の白人男性で、娯楽としてバイクに乗っている。[49]これとは対照的に、欧州のオートバイライダーの70パーセントと、アジア太平洋諸国の大多数の人々は、オートバイを基本的な交通手段と見なしている。[50]オートバイのないローマやバルセロナなど、想像できない。オーストラリアでは、道路運輸交通協会と全国交通委員会が自動運転車の検証実験に関する報告書を発表しているが、バイクについては言及されておらず、自動車と自転車だけが論じられている。

オートバイのような小型の車両と自動車、自動運転車が安全に道路を共有できるようにするためには、車のライダー（ＬｉＤＡＲ）システムは小型車両の認識をさらに向上させ、より適切に反応できるようになる必要がある。また自動運転バイクの設計は、費用対効果が低くなるおそれがある。それにこのコンセプトは、バイクを所有している人々がそもそも何を望んでいるかということをまったく無視している。しかし２０１６年、スイス連邦工科大学ローザンヌ校でマイクロエンジニアリングを学ぶ学生だったエリック・ウンネルビクが、自動運転バイクのミニチュア版プロトタイプを設計した。彼はこのプロトタイプをさらに発展させて、人間のオートバイライダーよりも優れた運転のできるフルサイズモデルを造ろうとしている。このバイクは、転倒することなく時速約60キロで走行することができる。[51]

一方、全地形対応車（ATV）メーカーにとっては、自動運転車は生産を拡大するチャンスになるかもしれない。ほとんどのATVはオフロードのレジャーやスポーツに利用されているが（この傾向は自動運転車が道路上に普及した後も続く可能性がある）、産業用としても使用できる。たとえばホンダは、ドライバー以外ならほとんど何でも運ぶことのできるATVを開発している。[52] そうした車両は、農業や建設から捜索救助隊、大きな倉庫やその他の場所における物品の移動まで、さまざまな場面で使用可能だ。

保険

大部分の衝突事故はヒューマンエラーが原因であるため、自動運転車によってその数が減るのは確実だ。衝突事故が90パーセント減少するという予測もある。[53] それが現実になれば、保険のモデルに大きな変化が起きるだろう。衝突の危険性が低下するにつれ、現在販売されているような自動車保険に対する需要は、間違いなく急降下する。この変化を見越して、保険会社のなかには走行距離と運転習慣の安全度に基づいて保険料を決定する「利用ベース保険契約」を展開しているところもある。

調査会社セレントで北米損害保険部門のトップを務めるドナルド・ライトは、無人運転車が発売されると、保険料が最大60パーセントも下がる可能性があると指摘する。彼は保険会社に対し、「自分たちのビジネスが縮小する、しかもかなりの割合でそうなるということに備えなければなりません」と警告している。[54]そして、さまざまな安全機能（特にブレーキセンサーの登場によって保険金請求が減少していることに、すでに保険会社は気づいている。米国道路安全保険協会の調査では、基本的な前方衝突警報システムを搭載した車両では衝突が7パーセント減少し、自動ブレーキを搭載した車両では衝突が14〜15パーセント減少したことが明らかになった。[55]またハイウェイ・ロス・データ・インスティテュートが2014年に行なった保険金請求に関する調査では、この年に対人傷害賠償責任の件数が40パーセント減少し、医療費は27パーセント減少したことがわかった。[56]

一部の保険会社では、自動運転車の所有者のための新しい保険商品を開発している。おそらく、自動運転車が保険業界に与えるとおぼしき脅威に対して、先手を打とうとしているのだろう。[57]英国の保険会社エイドリアン・フラックスは、準自動および完全自動運転車専用の保険を提供している。同社の話では、自動化された車両は事故を起こす回数が減り、保険金請求も減ることが予想されるという。「完全自動運転車の場合、単純に事故や保険金請求が減少すると期待されるため保険料も大幅に安くなると、弊社は考えています」。同社は売上の減少も予想しているというが、ワシントンポスト紙が指摘するように、「事故発生率が低いということは、保険金の支払いを余儀なくされるケースも減ることを意味し、保険会社は全体的に見て支出を抑えられるだろう」。[58]

自動運転車が普及していくと、最終的には、人間が運転する自動車にかかる保険料が個人のドライバーにとってきわめて高額になるところまで、保険市場は変化を遂げるだろう。個々のドライバーに保険を販売するビジネスが縮小すると、自動車メーカーに保険を売るビジネスが盛んになるかもしれない。システム障害に対する賠償責任保険は、保険会社が失った利益を穴埋めするひとつの方法になる可能性がある。

事故や保険金請求が減ると、人身事故を扱う自動車事故専門の弁護士の需要も減る。２００５年に行なわれたすべての民事訴訟のうち35パーセントを占める自動車事故は、自動運転車が普及すれば消えてなくなるだろう。(59) 米国では、人身事故を専門とする弁護士は約７万６０００人で、弁護士全体の約６パーセントを占めている。

ホスピタリティ産業

自動運転車は飲食業界や宿泊産業にも影響を与えるだろう。自動車の設計やイメージが大きく変わっていくにつれて、ホテルやモーテルの需要は大幅に減り、逆に電源に接続することができたり車中泊できたりする場所の需要が高まると考えられる（そして車両自体も、飛行機のファーストクラスのようにベッドに変形できる座席が備わる可能性が高い）。高級ホテルは中級以下のホテルほど深刻な影響を受けないかもしれないが、運営のあり方と宿泊客には確実に変化が起きる。アウディでブランド戦略・デジタルビジネス担当副社長を務めるスヴェン・シュヴィルトは、自動車の車内が、運転モードと睡眠モードで変形するようになると予測している。こうした進化は、短距離の国内線や市街地のホテルのビジネス客需要を減らすため、ホテル業界にとっては大きな問題となるだろう。[60]「われわれは、航空機の国内線ビジネスを完全に崩壊させるかもしれません」。そう、シュヴィルトは言い、さらに、自動車はいよいよ移動式アパートのようになり、幹線道路沿いのガソリンスタンドはそうした自動車を支援するように進化して、ドライバーたちに洗濯、食事、買い物のための施設を提供するだろうと主張している。

一方で、酒類産業は大きな成功を収める可能性がある。飲酒運転はもはや問題にならなくなるからだ。高度に進化した自動運転車があれば、パーティーが終わった後、運転のため酒を飲まなかったハンドルキーパーを探したり、自宅まで車で送ってくれる運転代行サービスの手を借りなくてもよくなる。ただし、準自動運転の車両のなかには、運転席に座っている人物のアルコール摂取量が高いと感じると、起動することさえできないものもある。一方で飲酒運転を恐れなくてよくなることで、深刻な健康上の被害が生じるかもしれない。そうであっても、この業界は自動運転技術を上手く活用するだろう。バーは客に酒を過剰に勧めて訴えられる心配をする必要がなくなる。[61]食料品やフードデリバリーのビジネスも、自動運転車によって、いつでも、たくさんの顧客に、安く大量に食品を届けることができるようになるため、大きな恩恵を受ける。

メディアとエンターテインメント

自動車がくつろいだり仕事をしたりする空間になると、人々は車内でより多くの時間をメディア消費や映画鑑賞、読書、インターネット閲覧などに費やすようになる。マッキンゼーが発表した報告書によると、将来、自動運転車の所有者は、これまで運転に集中するのに費やしてきた時間を、他の活動、たとえばネットを閲覧するといったことに充てることができる。その長さは、1日に最大50分になるという。また同社は、こうして生まれた車内の自由時間をネットサーフィンに使った場合、1分につき年間でおよそ56億ドルの売上をＩＴ産業にもたらすと推定している。仮に新たな自由時間の半分、25分間をネットサーフィンやオンラインショッピングに費やした場合、その額は年間１４００億ドルにまで達する可能性がある。[62] つまり自動車での移動時間にオンラインショッピングがはかどれば、小売業者も勝者になれるというわけだ。

イスラエルのモービルアイ、ドイツのコンチネンタルＡＧとロバート・ボッシュＧｍｂＨ、米国のデルファイとエヌビディア、およびその他のソフトウェア会社も大成功を収める可能性がある。シリコンバレーのエヌビディアは、もともとビデオゲームのグラフィックス処理用プロセッサーの開発から始まった企業で、現在は自動車部門を最も急成長している事業領域と見なしており、売上は毎年ほぼ倍増している。[63] 彼らが手掛ける通信技術のなかでも自動車部門が特に力を入れているのは、cloud-to-car通信〔クラウドと車載機器を連携させる技術〕用の人工知能プラットフォームの構築だ。

自動車の修理と製造

チュンカ・ムイはフォーブス誌において、「米国ではサプライヤー、自動車メーカー、ディーラー、ファイナンス、サービス、修理、保険、エネルギー、レンタル、税など、自動車関連の支出に、毎年2兆ドル以上が費やされている」と書いている。[64]「米国の自動車ディーラーは、新車と中古車の販売で６５００億ドル以上を取引しており」、そして「もしロボタクシーによって、今日の利益の大部分をもたらしている大型の高級モデルの売上が減少したら、彼らの利益は圧迫されるだろう」。

バークレイズのアナリスト、ブライアン・ジョンソンは２０１５年のレポートの中で、米国の自動車販売は今後25年間で40パーセントも急落する可能性があると記している。またゼネラルモーターズとフォード・モーター・カンパニーは、米国とカナダに有する組立工場を現在の30カ所から17カ所へと削減することを迫られ、約２万５０００人の自動車製造労働者が職を失う可能性があると指摘している。そのため多くの自動車メーカーが、輸送サービスの提供によって得られる収入で、売上の損失を穴埋めしようとしている。ＧＭの戦略・グローバルポートフォリオ計画担当副社長、マイク・エーブルソンは、インシュアランス・ジャーナル誌に対して「売上が減少するというシナリオもありますが、私たちは逆に増加するというシナリオも描いています」と語っている[65]。

現在ほとんどの場合、自動車で移動する際の乗車人数は１人か２人だ。もしロボタクシーの利用者が、時と場合に応じて必要な車種の車両を呼べるようになったら、たいてい彼らは小型で運賃の安い車両を選択するようになると考えられる。大型車が必要とされるのは、ラクロスの試合に子供たちを送り迎えするか、３～４人の大人をディナーパーティーの会場に運ぶときだけだ。それと同じ理由で、たまにしか利用しない２台目、３台目の自動車の購入を見送る傾向が生まれるかもしれない。

法律

自動運転車が人身事故および物損事故にどう影響するかは、まだはっきりしていない。ひとつの可能性として、人身事故専門の弁護士が新たに自動運転車で稼ぐ方法を見つけることが考えられる。事実、すでにライドシェアにおける苦情に特化した広告を出している法律事務所が存在する。シカゴで2人の弁護士が運営する事務所、リーガルライドシェアは、ライドシェアに関係した事故（主に人身事故や物損事故の損害賠償請求）だけを扱っている。[66] 無人運転車がより一般的になると、自動運転車法と自動運転車が関わる事故に特化した法律事務所が次々登場するだろう。私たちはすでに、自動運転車が必ずしも安全ではないことを理解している。２０１８年3月アリゾナ州テンピで、49歳の女性エレイン・ヘルツバーグが自転車を降り、歩いて通りを渡ろうとしていたとき、自動運転車が彼女の命を奪った。また同じ月にはカリフォルニア州において、テスラの所有者が自分の車に殺されるという事故が起きている。このテスラはオートパイロット機能を搭載しており、本書執筆時点では、事故が起きたときにはその機能が起動され、運転席に座っていた所有者は、道路の中央分離帯に車両が激突するまでの6秒間、ハンドルに手をかけていなかったことを支持する証拠が確認されている。[67] この場合のオートパイロットとは、完全な自律走行を意味しているのではない。このような事故の裁判を扱える弁護士事務所は、多くの利益を手にできるだろう。

しかし、無人運転車によって人身事故関連の依頼が減ると考える弁護士もいる。専門家たちは、全体として事故の（そして訴訟の）件数は減ると予測しているからだ。ウィスコンシン州の民事訴訟弁護士ジム・ヘリックは、自動運転車が小規模な弁護士事務所にかつてない変化をもたらすだろうと述べる。彼はシートベルト、エアバッグ、セルフブレーキシステム、そして最終的に、交通ルールに従うように設計された自動運転車がもたらす累積的な安全効果により、事故で怪我をする頻度と、その重症度の両方が80パーセント減少し、それに伴って訴訟件数も減少すると主張する。「小規模な法律事務所が生き残れるかどうかは、代わりの収入源を開拓する能力にかかっていると思います。できるだけ早くそれに着手するというのが、特に若い弁護士に対するアドバイスです」と彼は言う。こうした懸念が、全米の弁護士たちの間に広がっている。[68]

テクノロジー

自動運転技術に関心を寄せる、インテルと調査会社ストラテジー・アナリティクスのデータ分析担当者たちは、ロボットカー分野は２０５０年までに、米国経済に対して最大２兆ドルを上乗せするだろうと主張している。その大部分はＧＭやウーバー、グーグルといった自動車メーカーやモビリティ関連企業が手にするだろうが、テクノロジー会社と開発会社も勝者になるだろう。

グレイソン・ブラルトは、「自律型物流の管理者は、複数のシフトを組んで遠隔地の指令センターから、どのように車両群を管理するようになるのか」を予想する。「ドライバーと管理者の役割が融合していけば、ドライバーの生活の質はただちに向上します。この新しい職種は、新しく独自性の高いスキルを持つ人々に多くの雇用を生み出すでしょう。この新しいスキルを持つ人々はすでに引く手あまたです」。ブラルトは自動運転車を、いま興りつつあるデジタルの「プラットフォーム・エコノミー」の一部と見なしており、そこから他にも数多くのビジネスが芽吹く可能性が十分あると考えている。[69] スマートカー、ライドセル、オトノモといった企業はすべて、起業家や既存企業向けに、自動運転車用のアプリケーションやその他のサービスを開発するためのソフトウェア・

プラットフォームを開発している。この分野では、適切な訓練を受け相応のスキルを持つ人々に、大量の雇用が創出されるだろう。

その他にもたらされる経済的なメリットには、「米国の平均世帯あたり年間最低5600ドルの節約効果」がある。これは「米国世帯の年間可処分所得に1兆ドルを追加することに相当し、ひとつの景気刺激策としては米国史上最大のものになるでしょう」と、リシンクXのトニー・セバとジェームズ・アービブは語る。同社はテクノロジーが引き起こす破壊的変化のスピードと規模、ならびにそれが社会にもたらす影響を分析・予測している独立系シンクタンクだ。彼らは次のように付け加えている。「運転で時間を無駄にするのではなく、その時間を仕事や勉強、買い物に費やした場合、生産性はさらに1兆ドル向上すると予測しています」[70]。この種の大胆な予測は聞いていて心地良いが、自動車が自律走行するようになったからといって、人々が自動的に時間を無駄にするのをやめるなどという考え方はどこまで現実的だろうか？　ソーシャルメディアやオンラインゲームに費やされる時間を考えると、自動運転車が普及しただけで、人々が時間をもっと賢く使うようになるなどと考えるのは難しい。

自動運転車はデータ収集という点で、きわめて効率的かつ儲かるソースになる可能性もある。バリー・デブリンによれば、「都市にいるか、都市間にいるかを問わず、車内に拘束され、何もしていない人に娯楽や情報、教育を提供することは、ビッグビジネスになります。そしてそれは、実際ビッグデータビジネスです。そこで扱われる膨大なデータ量に対応するためには、携帯電話やその他の通信ネットワークをアップグレードする必要があります」[71]。ケリー・ブルー・ブックで自動車アナリストを務めるカール・ブラウアーは、これに同意している。「乗客がいつどこへ行くのか、その途中で何をしているのかがわかるようになるのです。これはまさに、ターゲティング広告の大チャンスです」[72]。彼らの言うとおりになり、広告業界は安泰ということになるかもしれない。ただビッグデータの収集・分析は、多くの雇用を生み出すだろうか？

アーリアン・マーシャルは、「こうした車両は、まさにありとあらゆるデータを大量に生み出すでしょう」と指摘する。「あなたは誰か。どこに行くのか。何をしているのか。その頻度はどのくらいか。そこにスマートフォンやクレジットカード、そしてこれが特に不気味かもしれませんが、あなたの生体情報などから得られるデータが組み合わされ、望めば誰でも、あなたの非常に詳しい姿を知ることができるようになるのです。この種のデータは非常に価値があり、コンサルティング会社のマッキンゼーは、自動車データ産業が２０３０年までに7億５０００万ドルもの価値を持つようになると予測しています。そのデータを保存、整理、分析することは重要な仕事になるでしょう」[73]。

この自動運転革命には、大きな利益を生み出す可能性があるが、一方でオーウェル的な監視社会をもたらす側面もあると懸念する人々がいる。バリー・デブリンもそのひとりだ。「自動運転車は、考えうる最大のデータを生み出し、そして消費する存在になるかもしれません。車内で起きることのすべてについて、詳細なデータが集められるようになるでしょう。自動運転車は位置情報を途切れることなく完璧に記録します。乗客全員について詳細なデータを集めるでしょう。そうした情報が蓄積され、すべての乗客のすべての移動について、継続的で永続的な記録が取られることになります。かつて情熱的なファーストデートに使われた、最もプライベートな場所だった自動車が、究極の監視装置になろうとしているのです」[74]。

中国

米国は1930年代から80年代ごろまで、自動車の製造と道路計画における支配的な勢力だった。この期間、アジアと欧州の企業や政府は、業界の最先端に立とうと争っていた。しかし、今世紀の中頃までに、自動運転車に関する技術や製造、道路設計、そして政策の「土台をつくる」可能性が最も高い国は中国だろう。米国や欧州、日本、韓国などの国々が自動運転車の技術や製造や販売から利益を挙げることは確実だが、新技術の高い導入率に関する評判と、政府が国家政策を決定する仕組みを背景に、中国は自動運転車の製造と消費の本格的な市場になる下地がすでにある[75]。世界経済フォーラムの調査では、「中国人の75パーセントが無人運転車に乗る意思があると回答している」[76]。コンサルティング会社ローランド・ベルガーが行なった別の調査でも、同じ傾向が見られる。その調査によれば、さらに大きな割合となる96パーセントの中国人が、自動運転車を日常的に使うことを検討すると答えている。ちなみに米国人とドイツ人で同様の回答をしたのは58パーセントだった[77]。

すでに中国では、自動運転車の路上走行試験が行なわれており、その規模は拡大するはずだ。2017年12月15日、北京にある3つの政府機関（北京市交通委員会、北京市公安交通管理局、北京市経済情報化委員会）は共同で、「北京市における自動運転車の路上試験の促進に関する指導意見書（試験実施のための）」（「指導意見書」）および「北京市における自動運転車の路上試験の管理に

白揚社

2019 Winter

だより

vol.3

お買い上げ、まことにありがとうございます

コンビニ、自動販売機、屋外広告、街灯……過剰な光に蝕まれた都市に暮らし、夜を失った私たちの未来には、何が待ち受けているのか。

今回の注目書

自分を知るための「5つのモノサシ」

パーソナリティを科学する
特性5因子であなたがわかる

心理学者になりたくて大学に進学した数カ月後、私はさっさとその夢を捨てた。心理学に幻滅してしまったのだ。30年以上も前に感じた、「少しも科学的じゃない」というその気持ちは変わらず、心理学の本、特に性格分析的な本を軽視する傾向があった――この本を読むまではの話である。

テレビで活躍中の「メンタリスト」、DaiGoさんの〝おススメ本〟というので読み始めて

のドーパミン報酬システムと関係しており、外向性のスコアが高ければ「社交的で物事に熱中する」し、低ければ「よそよそしく冷静」といった特徴となって現れる。

本書では、5つの次元それぞれについて、実例を交えわかりやすく解説されるだけでなく、それぞれの特性のいい面、悪い面が紹介され、それらを進化的に説明している。実に、わかりやすいし、説得力もある。巻末には、簡単に自己評定できる尺度表があり、すぐに自分のパーソナリティのスコアを確認できるので、ぜひ測定した後で本書を読み進めてほしい。自分の性格や行動の癖を理解する助けになるはずだ。

「己を知る」ことで人生を変える

最終章では、「自分のパーソナリティは変えられるか」という究極の問いへの答えが述べられる。残念ながら、人のパーソナリティを決め

白揚社の本棚

マニアックになりがちな白揚社の本たち その読みどころを紹介

米国政府は二日酔いによる経済損失額を計算している。その額、年間1600億ドル（約17兆6000億円！）これには飲酒による事故は含まれておらず、純粋に二日酔いのせいで「仕事ができなかった」ことによる損失なのだという。そう、アメリカ人も盛大に「やらかしている」。

そんなアメリカ人の著者が愛する酒の謎にあらゆる角度から科学的に切りこんだ本が『**酒の科学**』だ。貴重なエール酵母を保管するイングランド湖水地方の研究所や、9000年前の酒の再現を試みるブルワリー、グレンリベットを造る最先端の蒸留所などを訪ね、酒にまつわる意外な事実をじかに経験しながら拾い集める。科学書でありながらその筆致はさながら紀行文だ。最後の章では、二日酔いの謎に迫る。なぜ二日酔いになるのか？　どうすれば防げるのか？　著者の飲んだ二日酔い予防の漢方の効果やいかに？　その答えは、本書を読んでお確かめください。

アダム・ロジャース 著
夏野徹也 訳
四六判・2600円＋税

〈表紙の一冊〉『本当の夜をさがして』
ポール・ボガード 著　上原直子 訳　四六判・2600円＋税

“「夜」というテーマで、これほど裾野の広いノンフィクションが書けることに驚く。……著者の言う「本当の夜」を忘れることは、本来は知っていたはずの世界の半分を忘れ去ることなのかもしれない。”（稲泉連さん〈ノンフィクションライター〉、読売新聞書評より）

関する実施細則（試験実施のための）」（「実施細則」）という文書を発表した。この「指導意見書」および「実施細則」は北京のみを対象としているが、これらは、中国における自動運転車の路上試験の最初のガイドラインとなっている。

２０１８年１月４日、北京郊外の亦荘鎮に試験地区が設置され、北京で自動運転車の路上試験が行なわれる最初の地域に指定されたと報じられた。その後の２０１８年４月に、中国の交通運輸部は、国内のすべての省と市の当局に道路上で自動運転車の試験を行なう許可を与えた[78]。中国のような、政策を決定する際のトップダウン型のアプローチは、米国のように連邦制を取る国々よりも、規制手続きを簡素化するうえでプラスに働いている。

また中国は、今後の開発計画である「メイド・イン・チャイナ２０２５」プログラムにおいて自動運転車を基幹部門に認定し、イノベーションにおいて世界をリードする存在に自国をつくり変えようとしている。２０１７年12月、北京は自動運転車の路上試験を許可した最初の中国の都市となった。北京市の自動運転ガイドラインにより、中国内で登記済みの組織は、指定された制限区域でのテストに成功すれば、同時に最大5台の車両を路上で試験できる。２０１８年１月下旬、中国は無人運転車の路上試験に関する国内規則の草案を完成させた。この草案では、ドライバー、車両、企業、道路の条件に関する詳しいルールを定めている[79]。

中国最大の検索エンジン「百度《バイドゥ》」（つまり中国版グーグルだ）の上席副社長であり、同社で自動運転部門の責任者を務めるジン・ワン〔２０１７年3月に百度を退職している〕は、「中国の自動車メーカーが自動車の製造を開始したのは他社の１００年後で、エンジンなどその中核技術の多くが、中国の手にはありません」と語る。「しかし電気自動車やインテリジェント・カーでは、中核技術はエンジンやギアボックスから人工知能へと移ります。それは中国が米国に接近している分野で、中国には米国に追いつき、リーダーシップを取るチャンスがあります」[80]。これはつまり、アフリカには適用できないであろう携帯電話のアナロジーが、中国には適用できるかもしれないことを意味する。要するに、いま自動車を持っていない人々も、今後は自動車を買うようになる可能性があるのだ。特に中国の製造業とコンピューター技術が自動運転車を小型化し、効率的で安価にすれば、それは大いにありえる。

２０３５年までに、世界中で約２１００万台の自動運転車が路上を走るようになるとの見方がある。ブルームバーグによれば、中国政府当局者は「中国における自動車販売、バス、タクシー、その他の関連市場は、潜在的に1兆５０００億ドル以上の規模がある」と信じている[81]。この14億人の国民を抱える国では、ローテクなシェア自転車サービスからハイテクな高速鉄道システムに至るまで、他の交通分野でも対策が進められている。しかしその人工知能技術と大量生産の能力によって、中国は自動運転車大国になる可能性がある。

中国はすでに、スーパーコンピューターの技術で米国を追い越しており、そのことはＡＩ分野と自動運転技術においても大きなアドバンテージとなるだろう[82]。２０１７年7月、中国国務院は、２０３０年までに同国を人工知能開発の世界的中心地にするためのロードマップを発表した[83]。その中で国家発展改革委員会（ＮＤＲＣ）が定めたタイムラインでは、２０１８年までに、ＡＩ技術を安全かつタイムリーに開発するための枠組みを整えることが求められている。ちなみに中国政府は、これなら守れる、あるいは前倒しにできると確信している日付を、デッドラインに設定することで知られている。

２０１７年４月、中国当局は自動運転車規制の草案を発表した。報道によれば、「自動車産業に関する中長期計画」と題されたこの文書には、中国における無人運転車の技術規格が含まれており、自動運転車に関する規則を制定する権限を一元管理しようとしている。中国は国内で販売される自動車について、２０２０年までにその半数になんらかの自動化技術を組み込み、２０３０年までには10パーセントを完全な自動運転車にすることを目指している。[84] 政策決定者たちは、法的責任をドライバーから引き離すようなルールの制定も検討している。中国の自動車メーカー吉利汽車で会長を務めるリー・スーフーは、「自動運転モードの車が事故を起こした場合、ドライバーではなく製造業者が責任を負うよう、中国は法改正しなければなりません」と述べている。[85]

中国の立法におけるもうひとつの複雑な特徴は、複数の省庁が法の監督責任を負い、管轄権がしばしば重複するという点だ。立法者たちは、誰が何を規制し、どのように規制が策定され承認されるかを明確にする必要があるだろう。また自動運転車の発展のためには、政府は現状の路上試験に関する禁止事項を撤廃し、道路地図作成に関する規制を緩和して、自動車メーカーやソフトウェア開発会社が正確なナビゲーションガイドを開発できるようにしなければならない。[86]

中国で自動運転車の所有のあり方がどのような展開を見せるのか。それには文化が大いに影響する。楽観的に考えると、中国は個人所有よりもライドシェアのほうを選ぶだろう。これはかなりありえるシナリオだ。中国人は米国人が抱いているような、ドライブや自動車所有に対するポジティブな感情を持っておらず、自動運転車のシェアもより受け入れやすいと考えられるからである。[87] 中国人、特に若い人々は、実際のところ所有よりも共有のほうを好むようだ。

ローランド・ベルガーの調査によると、「中国の自動車所有者の51パーセントが、自分で新車を購入するよりもロボットタクシーを使用したいと述べているのに対し、同じ回答をした米国の自動車所有者は26パーセントだった」。[88] 自動車の個人所有に対して携帯電話のアナロジーを当てはめるのは、ここで触れた他の要因とともに、文化が変化した場合にのみ有効だろう。世界最大のライドシェアサービス（利用回数で比較した場合）である滴滴出行《ディディチューシン》は、時価評価額350億ドル、中国400都市における1日あたりの利用回数1400万回を誇る。それに対しウーバーの利用回数は、全世界で1日あたりおよそ1000万回である。[89]

中国における自動運転車の普及については、懐疑的な見方もある。滴滴出行は、自動運転車は2030年まで中国の路上を走ることはないとの見通しを発表している（2030年は、米国と欧州の路上で自動運転車が普及し始めているだろうと予想されている年だ）。彼らが越えなければならない最初のハードルはインフラ、つまり中国の危険で混雑した道路である。滴滴出行の戦略担当副社長〔現在はDiDiモビリティジャパン社長〕であるシュ・ケイシは、2016年に行なわれたクレディ・スイス主催の投資家向けカンファレンスにおいて、「もしグーグルの自動運転車を1台持ってきて、それを北京のメインストリートに置いたら、ずっと衝突警告を出し続けるでしょう。そしてそこで停車したままで、1インチも動かないはずです」と語っている。[90]

そうした困難があるにもかかわらず、自動車メーカーは中国の自動運転車に賭けている。201

6年4月、スウェーデンの自動車メーカーであるボルボ（現在は吉利汽車の傘下にある）は、中国で無人運転車100台による実証実験を行なうと発表したが、それがいつになるのかは明確にしなかった。百度はBMWと提携し、2018年までに無人運転車の量産化を実現することを目指している。[91] 2018年4月、中国は第2回目となる「自動運転車サミット」を開催した。このイベントでは「ロボコノミー」に焦点が当てられ、日産、テスラ、トヨタ、ゼネラルモーターズ、フォード、シスコ、ボッシュ、エノ・センター・フォー・トランスポーテーションのほか、技術や自動車関連の機関ならびに研究機関の幹部が参加した。[92] 中国は自動運転車市場で勝利すべく、製造国、輸出国として、自らを位置づけようとしている。

石油需要はピークに達した？

石油需要は将来、崩壊する可能性がある。またコストの高い油田や、それに関連するメンテナンスとインフラへのニーズも下がるだろう。しかし大手石油会社は、現時点ではこの脅威を深刻に受け止めているように見えない。かつての自動車ほど多くの石油やガスを消費しない低燃費車の普及による影響を石油会社は感じているという現実があるにもかかわらずである。米国エネルギー情報局によると、毎日米国で使用されているエネルギーの約4分の1が、車両を動かすために使われている。2016年、米国の自動車の運転に消費されるガソリン量は1日あたり3億9000万ガロン（約15億リットル）未満で、ピークだった2007年時点での消費量から1・5パーセント減少した[93]。他の企業が長年にわたって強いられてきたように、燃料会社やエネルギー会社もいずれは、自らを再構築し、無駄を減らして競争力をつけ、他の分野に進出しなければならなくなるかもしれない。

多くの人々が予想しているように、ほとんどの自動運転車が車隊として法人所有されるようになれば、電気自動車の普及が大きく後押しされる可能性が高い。企業は自前で充電ステーションを用意して、アルゴリズムに基づいて車隊の充電時間を管理するようにし、いつでも適切な台数の車両を路上に展開することが可能になる。電気自動車の車隊は一定の速度で走行し、ある程度は自分自身で充電を行なうことができるため、化石燃料のニーズが減るのはほぼ確実だ。さらに、自動車を運転する際に最も多くのエネルギー（燃料）を使用する、減速、停止、加速のサイクルが少なくなる。

米国の国立再生可能エネルギー研究所が２０１４年に行なった研究によると、自動車とトラックは最適な速度を保ち、発進と停止を繰り返すような運転をやめることで（自動運転車はそのような運転をするようにプログラミングされる）、燃料の消費量を15パーセント削減することができる[94]。１９７０年代のエネルギー危機に際して、国が制限速度を時速55マイル（約89キロ）に変更したときには、燃料と命の両方が救われた。すべての自動運転車が時速45マイル（約72キロ）もしくは55マイルを超えないように規制されれば、数十億ガロンものガソリンや燃料を節約できるだろう。

自動車がもっと自律走行をするようになると、車両1台あたりのエネルギー需要は下がる可能性がある（センサーやエンターテインメント用装備など、自動運転車の電子機器を使用するための電力消費量は現状のままか、あるいは増加するかもしれないが）。仮にライドシェアの割合が上がり、個人所有の割合が下がれば、エネルギー需要は大幅に下落する。一方、個人所有が拡大すれば全体としてはエネルギー需要は高まる。それでも、自動運転車を所有する可能性のある人が実際に全員購入したとしても、エネルギー効率が向上すれば需要を相殺できるかもしれない。高度なエコ・クルーズコントロール機能を使った場合、自動車の燃料使用量を5～15パーセント減らすことが可能だとする研究もある[95]。

エネルギーを節約できる潜在的な余地が非常に大きいため、2016年には米エネルギー省の先端研究部門であるエネルギー高等研究計画局（ARPA－E）が、自動運転車の燃料消費量を下げる方法を研究しているエンジニアに、3000万ドルの助成金を与えるという取り組みを行なっている[96]（この助成金はトランプ政権によって2017年に一時的に中断された[97]）。サンアントニオのサウスウエスト・リサーチ・インスティテュートは、軍から農家、大手自動車メーカーまであらゆる人に向けた自動運転車の開発（製造ではなく）を行なう機関で、燃費向上に向けた戦略策定にも取り組んでいる。同研究所のオートメーションおよびデータシステム部門の研究開発担当ディレクターであるライアン・ラムは、ヒューストン・クロニクル紙に対し、「たったいまも、ベンチャーキャピタルから、多くの資金が流れ込んでいます。まるで軍拡競争のようです」と語っている[98]。

燃費の向上は燃料業界にダメージを与えると同時に、環境問題にも影響を及ぼす。ザック・カンターは、「環境に及ぼす自動運転車の影響には、地球温暖化の流れを覆し、化石燃料への依存を劇的に減らすほどの力がある」と記している[99]。「乗用車、SUV、ピックアップトラック、ミニバンは温室効果ガス排出量の17・6パーセントを占めている。つまり、動いている車両を90パーセント減らすことで、排出量全体の15・9パーセントを削減できるのである。自動運転車の大部分は電気自動車であるため、米国だけで、実質的に毎年5000億リットルのガソリンを削減できるだろう。確かに2億4200万台の自動車をリサイクルするにはかなりの資源を必要とするが、原料の余剰が生まれることで、それを採掘する必要性も減るだろう」。たとえ電気自動車化の方へ流れが進まなくても、自動運転車による効率的な走行とライドシェアが普及することで、エネルギーの節約は実現できる。

自治体の収入減を補填できるか

自動車の燃費が良くなると、ガソリン税収入は減ることになる。政府や自治体はそうした収入減だけでなく、駐車違反など交通違反の罰金の収入減をどのように穴埋めできるのだろうか？　当然のことながら政府は、その代わりとして道路の走行距離・使用時間に基づく課税や、混雑課金の設置、ガソリン税の税率アップなどを通じて、インフラや公共交通機関への予算（これらは現在ガソリン税や、またある程度まで罰金による収入の恩恵を受けている）を捻出するようになるだろう。ガバニング誌は、自治体の予算がこうした変化にどれほど脆弱なのかを把握するために、自動運転車が自治体の収益に与える影響について、最初の全国規模の分析を行なった。この分析では、米国の25の大都市について、駐車料金の徴収と駐車違反の罰金、交通違反やスピード違反の罰金、ガソリン税、車両登録手数料、免許証交付料、その他の手数料が調査された。これらの25都市は、2016年度の自動車関連収入として、合計で約50億ドル、住民1人あたり約129ドルを得ていた。この収入にほとんど変化が見られない都市もあるが、そうでない都市の財政に自動運転車が与える影響は大きい[100]。一部の自治体は、駐車違反の罰金の収入減によって、前例のないほど巨額の損失に直面するという結果が出たのである。

ニューヨーク市は2015年度に、罰金および手数料で19億ドルもの収入を得ている。その多くは駐車違反や交通違反などだが、ごみの投棄や騒音（クラクションを鳴らすことによるものが多い）に対する罰金もある[101]。これと同じ収入は、2012年は17億ドル、14年は18億ドルで、15年は14年に比べて5・5パーセント増、12年と比べて12パーセント増の計算だ。このなかで、最も伸びの大きかったのが、信号無視、バス専用レーンの走行、学校近くでのスピード違反である。しかし交通ルールを守るようにプログラミングされた車両であれば、従来のような取り締まりを必要とせず、したがって、交通警察の数も少なくて済み、交通違反の件数も減って、自治体の収入が減ることになるだろう。

また分析によれば、住民1人あたり罰金・手数料収入の最も急激な下落に直面するのは、サンフランシスコ（512ドル）、ワシントンDC（502ドル）、シカゴ（248ドル）である。さらに「駐車場に関する特別な税制を敷いている都市や、交通監視カメラを導入している都市、あるいは州から交付されるガソリン税や車両登録手数料が収入の大きな割合を占めている都市では、収入減の総額はさらに増える」という[102]。

世界のさまざまな国々も、罰金や手数料による収入に依存している。たとえば欧州の旅行代理店ゲミュートによると、イタリアのフィレンツェは、交通違反切符から毎年５０００万ユーロ以上の収入がある。そのうちのかなりの割合が、レンタカーで同地を訪れた旅行者たちに切られている。[103] テクノロジーの進歩により、自治体はより多くの違反者を捕まえることができるようになり、欧州ではほとんどの違反切符がデジタルで発行されている。また、警察官ではなく監視カメラが、スピード違反や携帯電話を使用しながらの運転、シートベルトの未着用、進入禁止区域内での運転、車間距離の短い車両などを取り締まっている。

自動運転技術によってＶＭＴ料金（走行距離に応じた課金）の管理がはるかに容易になる、とエノ・センター・フォー・トランスポーテーション（交通の改善に取り組む組織だ）のポール・ルイスは語る。エノでは、自動運転車に全国一律の走行距離料金を適用することを提案している。この提案では、車種や乗車人数といったさまざまな要因で料金を分けることを想定している。[104] オレゴン州では自主参加型のＶＭＴプログラムを運営しており、参加者は１マイル走るごとに１・５セントを払うかわりに、燃料税の税額控除を受けることができる。またオレゴン州の運輸局は、州による課金体系に加えて、自治体が独自の課金を行なえる新しい技術の検証試験を検討している。それはおそらく、連邦政府による承認を必要とするだろう。私は長い間、人口密度の高い都市において渋滞料金を導入することを主張してきたが、それは走行距離料金だけでなく走行時間料金（ＶＨＴ）も含むものだ。これは重要な違いだ。都市では車両の速度が遅くなり、走行距離も比較的短くなるからである。

ニューヨークのような大都市では、自動運転車によるサービスへの課税や免許制度の導入により、失われる罰金収入の穴埋めができるだろう。シアトルは2016年度に、カーシェアリングサービスによって支払われた手数料で240万ドルを得た。ニューヨーク州ではウーバーやリフト、タクシー、その他の自動車サービスに課金する（商業地区における1回の移動あたり最大2・75ドル）法律が施行されることで、2019年に4億ドル以上の収入が得られると推定している。しかしこういった収入源では、かなりの規模になると予想される他部門の収入減をカバーするまでには至らないだろう。(105)

罰金によって収入を得ている郊外の町や農村と同様に、小規模な都市でも、ルネサンスを経験する可能性がある。仮に車両の個人所有が減少し、駐車スペースやガレージがより景観に優れた場所に生まれ変わりさまざまな用途で再利用されるようになると、都市の中心部はより活性化するだろう。そうなれば罰金収入の減少は、これまで駐車場や道路として使われてきた場所を、ファーマーズマーケットや美術展、コンサートなど、かつて人々を町の広場に集めていたような、昔ながらの公共イベントのスペースとして使うことで穴埋めできるかもしれない。

より多様な都市開発を許容し、手頃な価格で所有できる住居と、小売店やホスピタリティ施設、多様な企業を混在させることで、あらゆる規模のコミュニティが人々を中心部へと呼び寄せることができる。すると、そこで人々は長い時間を過ごして、より多くのお金を使うのだ。不動産の税収も上がるだろう。機械だけではそうした事業のすべてを実行することはできない。そして多くの未来学者が予見しているように、現在および将来の世代がテクノロジーを拒めば、人間同士のふれあいを促す活気のある場所への需要が高まる可能性がある。この点では、規模は小さくても住民を魅了できる町や都市は、スピード違反や駐車違反の切符を切らなくても経済的に成功することができるだろう。

仕事の正当性と公平性

変化する市場の力学を理解し、新しいビジネスを創出できる先見の明のある起業家は、新しい仕事を生み出せる可能性がある。しかし経済面での公平性という点はどうだろうか？　すでに雇用における不公平に苦しんでいる人々はどうなるのか？　自動運転車は彼らを救うのか、それともより苦しめることになるのか？　もし移動手段の限られているコミュニティに、公共交通と私的な移動手段を連携させたサービスを提供できれば、自動運転技術はより安価で便利な代替手段を生み出し、最も弱く不自由な立場にある人々にメリットをもたらすだろう。ロボバスやシェア型のロボタクシーによって、恵まれない人々や身体の不自由な人々、および高齢者は移動しやすくなる可能性がある。米国運輸統計局の調査によると、1500万人近くの人々（うち600万人が身体の不自由な人々）は、必要な交通手段を手に入れるのが困難な状況にある。[106] さらにたびたび指摘されていることだが、非効率で運行頻度の低い公共交通機関は、仕事を探している人や個人的な移動手段を持たない人々にとって障壁になる。

2017年、CBSはジャスティン・コルヴァという若い男性について報じた。彼はテキサス州ロックウォールにあるレストランで働くために、片道5キロ弱の道のりを歩いていた。[107] あるとき彼は親切な見知らぬ人に拾われ、車で職場まで送ってもらった。コルヴァを乗せた人物がこの出会いのことをSNSに投稿すると、すぐにその投稿を見た人々から寄付が寄せられ、コルヴァが中古車を買うのに十分な金額が集まった。ただ当然ながら、コルヴァが自動車を使うためには、保険に加入し、ガソリンを入れ、自動車が動く状態にメンテナンスしなければならなかった。その「親切な見知らぬ人」だったアンディー・ミッチェルも、コルヴァに500ドル分のガソリンスタンドのプリペイドカードを与え、1年分の保険にも加入させてあげた。気温が過酷なほど高くなるテキサスでは、職場に歩いて行き、立ち仕事を丸一日こなしてから歩いて帰ってくるというのは、片道5キロ程度とはいえ楽なことではなかったのである。しかしコルヴァが自動運転による公共交通機関を使えたと想像してほしい。たとえば、公営や民営のバスやバンを使って、自分の自動車を使うよりもはるかに少ない年間支出で職場まで通えたとしたら？　なぜ移動に関する問題において、自動車がデフォルトの解決策でなければならないのか？　先ほどの「感動ストーリー」ではこの点を掘り下げていない。しかしウェブサイト「autotrader.com」によれば、中古車を走れる状態に維持し、最低クラスの保険に加入するのに年間、数千ドルはかかるのだ。[108]

どんな形や規模の都市や中心区域であれ、商業活動を活性化するためには、通勤者だけでなく訪問者や住民にも優しい場所でなければならない。トロントの運輸サービス担当ゼネラルマネージャー（以前シアトルの運輸局で同じ職に就いていた経歴を持つ）であるバーバラ・グレイは、歩道の縁石周辺のスペースを駐車以外の目的に使うことについて、店舗は常に神経質になっていると述べている。「しかしシアトルとモントリオールでは、人々は日常生活のニーズを満たす際には、徒歩や自転車、公共交通機関を使った移動のほうを好むことがはっきりと示されています。こうした移動が安全・快適で、移動の時間が読めること、加えて自動車の運転に不都合がある（移動時間が読めない）こと、という条件ではありますが」(109)

移動に関するこうした人々の傾向を考えると、都市計画や公共政策において、歩行者とサイクリストを優先し、自動運転車を優遇し過ぎないようにするのは妥当である。グレイによると、店舗は歩道の縁石周辺を駐車スペース以外の目的で使いたがらないというが、そうすべきではない。実際には歩行者やサイクリストのほうが、繁華街に自動車で訪れる人々よりもお金を使うのである。「自転車に乗った子供」はお金を持っていないが、「自動車に乗った人々」は持っている、というのが従来の常識だ。オレゴン運輸研究教育コンソーシアムの研究によれば、各種のビジネスにおいて、ドライバーが依然として顧客の過半数を占めている。(110) より多くの荷物を運べるドライバーのほうが、徒歩や自転車、公共交通で食料品店まで買い物に来ている人よりも多くのお金を使うであろうと考えるのは、きわめて自然だ。しかし同研究がレストランやパン屋、ブティック、専門店、ワインショップなどあらゆるタイプの店について調査したところ、実際にはサイクリストや歩行者のほうが、1カ月間の消費額でドライバーを上回っていることが明らかになった。サイクリストや歩行者は1回の訪問で消費する額は少ないが、どちらも頻繁に訪問するため、結果として交流する機会や消費する額も多くなったのである。交流の多さは、顧客忠誠心の上昇にもつながる。シティラボはこの発見について、レポートの中で次のように書いた。「そうした頻繁な訪問は、『歩く文化』の一部だ。

欧州のコミュニティと、米国のコミュニティを比較してみよう。欧州では、仕事から帰る途中でパン屋、肉屋、魚市場を訪れるのが一般的だ。一方米国では、週に一度ウォルマートが経営するスーパーに買い物に出かけるが、そのために1時間かけて慎重な計画を練る」[111]

救われる命

自動運転車が持つ大きな経済的利点のひとつは、交通事故の減少と、それによる医療費の削減である。そうなれば、保険会社は本当に自らを再構築しなければならないだろう。非営利のエノ・センター・フォー・トランスポーテーションの調査によれば、米国内の自動車やトラックのわずか10パーセントが自動運転になるだけで、交通事故死者数は年間1000人減少する可能性がある。またそれは、年間380億ドル弱もの金を節約することにつながる。さらに同じ調査では、仮に米国内の車両の90パーセントが自動運転化された場合、4200万件の衝突事故が回避され、それによって年間2万1700人の命が救われるだけでなく、関連して発生する経済損失、年間約4500億ドルを節約することができると予測している。全世界で考えれば、100万人以上の命が救われるだろう。[112] こうした数字を見れば、自動運転車を強く推す声があるのも納得だろう。しかし次の章で解説するように、私たちは道路を自動運転車に明け渡す前に、安全性やその他の健康関連の主張を慎重に検討しなければならない。

第5章 命を救う——健康と安全にとって自動運転車はプラスか？

もし否定的な記事を書いて、それを読んだ人々が自動運転車を使わないようになったら、あなたがたは人殺しをしているのと変わらないのです。

——イーロン・マスク、米国人発明家[1]

1968年のある春の日、私はニューヨーク市立大学ブルックリン校の友人3人と一緒に学校をさぼって、100キロほど離れたロングアイランドのストーニーブルックまでドライブすることにした。私たちが乗り込んだのは友人のジェラルドが持っていた1957年式シボレーで、まるで戦車のような車体に、ロケットのようなヘッドライトが付いていた。もちろんシートベルトは付いていない。私は後部座席に座っていた。そして帰り道、サザン・ステート・パークウェイの料金所（いまはもうない）に近づいたときだった——ブレーキが壊れている、とジェラルドが言ったのである。「ブレーキペダルは完全に床にくっついていたよ」と後にジェラルドは思い返している。「なのに車が止まらなかったんだ」。それはちょうどラッシュアワーの時間帯だったため、料金所には自動車の長い列ができていた。

ジェラルドはその車列の間を走ったのだが、他の車の中にいる人々は、私たちがズルをして列に割り込もうとしていると思っただろう。「もちろん、玉突き事故を起こさないように懸命に運転したよ」とジェラルドは言う。結局私たちは、料金所の前にあったコンクリートの防壁に激突し、防壁がみごと役割を果たしたおかげで、料金徴収員は怪我をせずに済んだ。車は大破。ジェラルドはハンドルとシートに胸を圧迫されて、運転席で身動きがとれなくなった。私たちは少し血を流したが、救急車が呼ばれることはなかった。大学生の小僧たちのために、わざわざ骨折りを買って出る理由などあるだろうか。シボレーをガソリンスタンドまで牽引してもらい、私たちはなんとか学校に戻った。

スマートカーなら、この衝突を防げていただろう。事故が起きるずっと前に、ブレーキが正しく作動しないことを察知していたはずだからだ。私の２０１７年式ボルボならすぐに停止して、遠くへは行けなかったはずだ。こうした衝突や、他の多くの事故を防ぎ、安全に走行するためには、なにも自動運転車である必要はない。

それどころか、自動運転車には交通安全から運動不足に至るまで、さまざまな健康上の懸念がつきまとう。たとえば自動運転技術を喧伝する開発者や研究者、未来学者が描く最良のシナリオのひとつには、自動車事故による死者や負傷者の数が格段に少なくなるというものがある。私自身、自動運転車が現在の自動車よりもずっと安全な存在になることは疑っていない。自動車業界は長年にわたって死傷者の削減に取り組み続けており、その実績には目覚ましいものがある。そうした実績は、シートベルトやアンチロック・ブレーキ、パンク防止タイヤ、エアバッグ、クラッシャブル・

ステアリングコラム、クラッシャブル・ゾーン（衝突吸収帯）など、人間工学的に人に優しいデザインに負うところが大きい。こうした機能はすべて、現在ではほとんどの新車に義務づけられている。現在の自動車のモデルは、どんな価格帯の車両であっても、ラルフ・ネーダーがいまや古典とも呼べる著書『どんなスピードでも危険』（*Unsafe at Any Speed*）を出版した１９６７年に比べてはるかに安全だ（同書は自動車の設計上の欠点が、当時年間で４万７０００人に達していた死傷者数の背景にあることを示した）。その後の50年間で、米国の走行マイルあたりの交通事故死亡率は、77・75パーセント下落している（２０１７年での推定は１・２５パーセント）。

それでも自動車事故で亡くなる人の数はあまりに多い。米運輸省道路交通安全局（ＮＨＴＳＡ）によれば、２０１６年に米国の道路上での事故で亡くなったのは3万７４６１人で、２０１５年の３万５４８５人から増加している。２０１５年の値も、２０１４年との比較で８・４パーセントの上昇である。また同局によれば、２０１４年から15年にかけての８・４パーセント増以前に最大の増加率を記録したのは、１９６３年から64年にかけての９・４パーセント増だという。実に半世紀前である。さらに２０１４年から15年にかけての交通事故死傷者数の増加率（８・４パーセント）と、15年から16年にかけての増加率（5・6パーセント）は、2期通じての増加として見た場合、それまで最高だった１９６３年の増加率（８・４パーセント）と64年の増加率（３・２パーセント）の2期を上回り、この60年間で最も高い数字となった。[2] 皮肉なことに、この異常な伸び率の原因のひとつは、テクノロジーにあるかもしれない。私たちはダッシュボードや携帯電話、カーナビといったものに気を取られるようになっているのだ。

こうした状況があるとはいえ、実際の話、「5年か10年前の車両と比較しても、現在の自動車は著しく安全になっている」と、著名な交通安全の専門家であるリチャード・レッティングは言う。「今後の20年間で、自動車がさらに安全になることは疑いようがありません。それは特に衝突回避技術の向上によるもので、これは今日よりも劇的に進歩するでしょう」[3]

自動車は飛躍的に安全になってきているが、ドライバーがいつも技術に追いついてこられるとは限らない。加えて、より高水準の安全機能ですら、すべての人を救うことはできない。それはおそらく自動運転車が最高の技術レベルに達したとしても。「安全機能によって、人々がより安全に運転するようになるかどうかはわかりません。それに関する実証データがないのです」とレッティングは言う。「確かに人間のありようは、時間が経ってもそれほど変化してきませんでした。それはつまり、私たちが良いドライバーになるか悪いドライバーになるかを決定づける能力も変わってこなかった、ということです。一部の自動運転技術は人間の欠点を補うことができますが、同時に車内でドライバーの気を散らすものも大幅に増えており、人間はそうした気を散らすものに非常に弱いのです」。致命的な交通事故の40パーセント以上が、アルコールや不注意、薬物、または疲労に関係している[4]。

事故はまた、乱暴な運転や過補償、運転経験の不足、反応時間の遅さ、不注意、その他多くの人的要因によって発生することも多々ある。自動運転車がこうした人的要因の犠牲になることはなく、コンピューターは人間のミスを減らしていくだろうが、完全に排除することはおそらくできない。2018年3月に、アリゾナ州テンピで歩行者のエレイン・ヘルツバーグが死亡した事故を考えてみよう。彼女は自転車を押しながら通りを横切ろうとしていた。そこにウーバーが運行する自動運転車が通りかかって事故を起こしたのだが、実は運転席には緊急用のドライバーが乗っていた。しかし彼が道路に注意を払っていたかは定かではない（本書執筆時点では捜査が続けられている）。この事故は自動運転技術に関連する、世界初の歩行者の死亡例であると考えられている。ウーバーはその後、テンピ、ピッツバーグ、サンフランシスコ、トロントでの実証実験を中断した。[5]アリゾナ州知事のダグ・デュシーは、ウーバーが州内で自動運転車の実験を行なうことを禁止した。しかし知事は、他社による自動運転車の実証実験まで禁じたわけではなく、これまでも、自動運転車の実証実験と開発を強力に支持してきた。[6]

それでも走行1マイルあたりの物損事故、対人事故、および死亡者数の観点から、自動運転車は人間が運転する自動車よりも70パーセント（あるいはそれ以上）安全であると、私は考える。しかし多くの人々が予測しているように、自動運転車によってVMT（走行台マイル数）が著しく上昇した場合、事故の絶対数の減少率は70パーセントをはるかに下回る可能性がある。また自動運転車によって人々が体を動かさなくなり、不健康になることで、事故が減るというメリットが帳消しになってしまうおそれもあるだろう。さらにVMTの増加は、他にも自動運転車の利点を損なう可能性がある。

スピード違反もその問題のひとつだ。道路状況や他の要因に応じて安全な速度で走行するように自動運転車をプログラミングすることで、表面上はスピード違反を防止できるのかもしれない。しかし米国人は、スピードへの欲求を諦められるだろうか？　２０１５年、スピード違反が自動車事故による死亡の要因の27パーセントを占めた。米国道路安全保険協会（ＩＩＨＳ）のハイウェイ・ロス・データ・インスティテュートによると、スピード違反は２００５年以来、死亡事故の要因の４分の１以上を占めている。[7] ＩＩＨＳによる「スピード違反」の定義には、事故においてスピード違反の切符が切られている場合や、その他のドライバーが引き起こした要因（特定の条件下でのスピード超過、公道上でのレース、表示制限速度の超過など）によって交通違反が認定されている場合が含まれている。

２０１５年、スピード違反による死亡事故が起きた場所の割合は、小さな生活道路（32パーセント）のほうが、州間高速道路および高速道路（30パーセント）、その他の幹線道路（24パーセント）よりも大きかった。２０１５年のスピード違反関連の死亡者９５５７人のうち、およそ半数（52パーセント）は制限速度が時速55マイル（時速約90キロ）以下の道路で発生している。[8] ２０１７年８月、米国家運輸安全委員会（ＮＴＳＢ）は、スピード違反に関連する死傷者を減らすことを目的とした「安全性研究——乗用車がからむスピード違反関連事故の削減」という研究を発表した。それによると、２００５年から14年にかけて、自動車の速度が原因であると警察当局が判断した事故によって11万２５８０人が死亡しており、これは交通事故死者数全体の31パーセントを占めている。また２０１４年には、死亡事故に関連したスピード違反の車両のうち、乗用車が77パーセントを占めていた。[9] あらかじめ走行速度が設定されているか、あるいは一定の速度に達すると減速するか、加速をやめるようプログラミングされた無人運転車は、死亡事故の防止に大いに役立つだろう。ただ速度を制御するテクノロジーは、人間が運転する今の自動車でも利用可能なのだが。

エノ・センター・フォー・トランスポーテーションの報告書は、自動運転車が普及することで、事故による年間の死亡者数は50～60パーセント減少するだろうと予測している。この報告書によると、道路上の乗用車やトラックの10パーセントだけでも自動運転車になれば、交通事故による死亡者数は年間で1000人減り、免れる経済的およびその他の損失は約380億ドルに達する。そして仮に自動運転車の普及率が臨界点に達すると、その時には年間で2万1700人の命が救われる可能性があるとしている。[10] またコンサルティング会社のマッキンゼーも、事故による死亡者の減少を予測しているほか、自動運転車によって90パーセントの事故が回避されうると報告している。[11] マッキンゼーの調査によれば、現時点では、自動車事故の死亡者1人につき、8人が入院し、100人が救急救命室での処置を受けている。

この90パーセント削減という触れ込みが達成されるかは疑わしい。実際には、米国内で（そして世界各国で）発生する交通事故死亡者の4分の1以上が、オートバイライダー、歩行者、サイクリストの間で発生しているからである。たとえば米国の歩行者支援団体ロサンゼルス・ウォークスで事務局長を務めるエミリア・クロッティによると、米国で歩行中に交通事故で死亡する確率は人種によって異なり、白人の米国人と比較して、アフリカ系米国人は60パーセント高く、ラテンアメリカ系の米国人は43パーセント高い。クロッティは、「彼らの住む地域にとって、交通事故で怪我人や死者が出ることは日常茶飯事です。しかしこれは、他の地域では整備が進められてきた街路や横断歩道、歩道、信号機、中央分離帯、路側帯などが、長年にわたって無視されてきた結果なのです」と指摘している。[12] 自動運転車が車両同士の事故による死者数を減らすのと同様の成果を、車両と人との間で発生する事故に対しても実現できるかどうかについては、私は懐疑的だ。

交通事故によって米国人が1年間に被る損失の合計額は、経済的損失と社会的損害を合わせて、およそ8710億ドルに達する。そのおよそ2770億ドルは経済的損失で、これは2010年のデータに基づくと、米国住民1人あたり900ドル近くになる。そして残りの5940億ドルが、人命の喪失から被る損害、および怪我や生活の質の低下から受ける苦痛を表している。[13] この数字を基にして考えると、自動運転車によって自動車事故が減少すれば、米国では年間で1050億ドルから1900億ドルの節約になる可能性がある（事故数の減少に関してどの予測を採用するかによって額は変わる）。さらに自動運転車が広く普及した際には（21世紀の中頃になるだろう）、米国の自動車事故は、死亡につながる行為のランキングにおいて、現在の2位から9位に下がる可能性がある。

プリンストン大学でオペレーションズ・リサーチおよび金融工学の教授を務めるアラン・コーンハウザーは、安全車と自動運転車の違いを強調する。自動車メーカーが単に車両自体をより安全なものにし続けるだけで、推計された交通事故死亡者数の減少率50〜90パーセントの大部分を達成できるだろうと彼は主張している。完全な自動運転車を待つまでもなく（それは数十年先になるだろうと彼は指摘する）、この削減率は今後5〜10年で達成される可能性がある。安全車は現在でも実現できるのだ。

コーンハウザーの指摘する安全車と自動運転車の違いには、他の複数の研究からも裏づけが得られている。カーネギーメロン大学による2016年の研究では、特に近年実用化された3つの安全機能——ブラインドスポットモニター（BSM）、車線逸脱警報（LDW）、前方衝突警報（FCW）といった衝突回避システム——が、ヒューマンエラーやながら運転によって起きる事故の防止に効果的であることが明らかにされた[14]。

車両がドライバーから見えない場所に進入しようとしている際、車両の側面をモニタリングするカメラやセンサーなどを通じてドライバーに警告するBSMは、車線変更の際の事故防止もしくはその被害の軽減に役立つ。車線の逸脱による事故は、自動車がうっかり走行車線をはみ出してしまったとき、別の車両にぶつかって発生する。LDWは、「車が車線の左側にはみ出しています」や「右側にはみ出しています」といった警告を発し、ドライバーに元の車線に戻るよう促す。FCWはカメラやレーダーを使用して、運転する車両が他の車両や自転車、歩行者、大型動物などの物体に接近しているかどうかを検知することで、追突事故を防止もしくはその被害を軽減してくれ、特に悪天候時に威力を発揮する。私の2017年式ボルボは、車線の境界線に近づき過ぎると、ハンドルを軽くクイっと動かしてそれを伝えてくれる。また車両が接近しているときに車線を変更しようとすると、ミラーのオレンジ色のライトが点滅する。さらに他の車両や人や物体に近づき過ぎると、ビープ音が鳴って画面に警告が表示される。

カーネギーメロン大学の研究によると、こうした機能がすべての車両に標準装備されれば、その累積効果によって米国では年間で130万件もの事故が防止されるか、その被害が軽減され、その中には13万3000件の負傷事故、1万100件の死亡事故（1年間の死亡事故の4分の1相当）が含まれる。これが実現された場合、回避される損害額は年間で180億ドルに達する（もし、事故を25パーセント削減できた場合、私はもっと大きな効果が得られると考えている）。しかしすべての車両に標準装備できると考えるのは、楽観的過ぎるかもしれない。米国道路安全保険協会によれば、「2017年モデルの新車のうち、車線逸脱警報を標準装備していたのは6パーセントだけだった」[15]。現時点では、コストが自動車メーカーによる標準化を妨げてしまっている可能性がある。2015年時点の価格を基準として、米国で毎年製造されている425万台の乗用車および740万台の商用車にこれらのオプションを追加することを考えた場合、コストの総額は約130億ドルになると、カーネギーメロン大学の研究は結論づけている。したがって現在のところ、より高い安全性能は、それを買う余裕のある人しか手に入れることができない。しかし、自動運転車を支持すべきもっともな理由として「安全性」を持ち出している業界は、実のところ、既存モデルに安全機能を標準装備することで、自動運転車の普及を待たずに今すぐ自動車事故の4分の1をなくすことができるはずなのである。それをせずにいくら安全性を謳って自動運転車を推進しようとしても、むなしく響くだけだろう。

BSM、LDW、FCW、その他の安全システムを組み込んだ車両が普及すると、歩行者やサイクリストの安全も向上する可能性がある。2015年、米国では5376人の歩行者が交通事故で死亡した。これは平均すると、1・6時間ごとに1人の歩行者が交通事故によって亡くなったことになる。さらに2015年には、12万9000人近くの歩行者が、交通事故で負った怪我が致命的ではなかったのに救急科へ運ばれた[16]。進路上に歩行者が確認された場合、ブレーキをかけるようプログラミングされた車両であれば、この種の事故の大部分を防ぐことができるだろう。高度な自動運転技術がなくても、こうしたシステムで多くの人々を救うことができるのだ。２０１６年には20社の自動車メーカーが、２０２２年を目途に、米国で販売されるすべての新車に自動緊急ブレーキシステムを標準装備すると表明した。[17] ＦＣＷを標準装備した車両は、２０１６年には新車の４パーセントだったが、２０１７年には14パーセントにまで増えている。[18]

しかし人々が自動運転車に慣れ、自動運転車は歩行者にぶつかりそうになったら止まってくれるのだという思い込みが浸透していくにつれ、みなもっと大胆な行動を取るようになって、不測の事態を招いてしまうだろう。自動車が普及する前の時代のように、いつでもどこでも、好きなときに通りに飛び出すようになるかもしれない。そしてその結果は、常に歩行者が期待したとおりになるとは限らない。車両が関係する死亡事故において、最も重要な安全要因のひとつが速度だ。２０１６年に発表した意見書において、全米都市交通担当者協会（ボルティモア、アトランタ、シアトル、チャールストン、モントリオール、トロント、バンクーバーなど57以上の都市を代表する米国の団体）は、人口密集地では自動運転車の速度を制限するように求めた。[19] 彼らは都市部では時速40キロに制限することを推奨している。この速度なら事故が起きても、歩行者は何らかの怪我は負っても命を落とすことはほとんどない。

デューク大学ヒューマン・アンド・オートノミー・ラボの上級研究員であるマイケル・クラーマンは、自動運転車が歩行者とコミュニケーションを取る方法を探る実験を行なった。[20] 彼はバンにディスプレイを取り付け、そこに車両の速度を数字やアイコン（信号機の「進め」「止まれ」のような図）を用いて示した。歩行者はそのバンが自動運転車であると告げられ（実際には人間が運転していた）、通りを横断する際に安全かどうか判断するために、そのディスプレイを確認するよう求められた。その結果、過半数である76パーセントの人々が実際にディスプレイを確認したが、その表示を通りを渡るかどうかを判断するのに使ったと答えた人はたった12パーセントだった。

人と自動運転車とのコミュニケーション方法を考え出すことは、避けて通れない。なぜなら現在、ドライバーと歩行者の間では、アイコンタクトやジェスチャー、クラクション、そして叫び声を介して頻繁にコミュニケーションが取られているためだ。スウェーデンの企業セムコンは、近づいてくる車両に対して逃げるべきかそのまま進むべきかを歩行者に伝えるために、車両のフロントグリルにLEDのディスプレイをつけて笑顔やしかめっ面を表示することを提唱している。またトロント公共交通局のために2015年に行なわれた研究では、すべての道路利用者が、この種のテクノロジーを人間による微妙なシグナルの代替として受け入れることが求められる可能性を提起している。「安全対策として、将来、歩行者やサイクリストたちは、モバイルアプリやウェアラブル技術を通じて、コネクテッドカーに自らの存在を受動的に示すことになるかもしれない」[21]

2016年9月、米運輸省は自動運転車と行動の問題について、116ページに及ぶ政策文書を発表した[22]。この文書は、自動運転車が備えるべき「行動特性」のひとつとして、「交差点や横断歩道で、歩行者やサイクリストに道を譲る」能力を挙げている。これは重要なポイントであり、アダム・ミラード＝ボールが道路の使用方法に大きな変化をもたらす可能性があると考えているものだ。2016年に発表された論文において、カリフォルニア大学サンタクルーズ校で環境研究の助教授を務めるミラード＝ボールは、ゲーム理論を適用して、歩行者とドライバーの間で行なわれる「道路利用者間の相互作用に関する新しいモデルの開発を目指した」。[23] ミラード＝ボールは、歩行者はこちらにやってくる車両が停止しないことを恐れて、自分が持つ「道路を横断する権利」を主張しないことが多いと論じている。しかし車両が止まると確信している場合は、歩行者が主導権を握り、道路を横断するだろう。そして、自動運転車が広く普及する前であっても、権利を主張する新しいタイプの歩行者に出会った人間のドライバーはより慎重になることを学ぶと、彼は主張する。自動運転車も同様の学習は可能だ。ドライバーや車両の側に生じた、この新しい慎重さは、徒歩の安全性を高め、他の歩行者にも権利を主張するよう促すことで自己強化され、とどまることなく続いていくだろう。これは歩行者にとって最善のシナリオだが、車両の所有者にとっては明らかに負担を強いるものだ。

マサチューセッツ工科大学（ＭＩＴ）のロボット工学名誉教授であるロドニー・ブルックスは、自身のブログ記事の中で、「横断歩道の手前で……無人運転車は何時間も動けなくなる可能性がある」と述べている。[24]「人々は人間のドライバーが相手だったときと同じように、［自動運転車に］同情するだろうか？　そうした同情心を利用するには、自動車は人間の『あなたの番ですよ』という社会的シグナルを理解しなければならない。しかし［自動車との］相互的なシグナルのやり取りがなければ、寛大な心を持つ歩行者は混乱して、すぐに無人運転車に親切にするのはやめようと考えるようになるだろう」。こうした歩行者の断固とした行動に対応するためには、歩行者に優しく、全幅の信頼を寄せることのできる技術が必要だ。ただ、そのレベルの「予測性能」はまだ実現していない。ワシントンＤＣに拠点を置く消費者団体、センター・フォー・オート・セーフティーで事務局長を務めるジェイソン・レヴィーンは、「現在のところ、私たちの運転のほとんどが、非言語的手がかりに基づいて行なわれています。テクノロジーは多くのことを行なえるし、私はコンピューターが、人間のコミュニケーションにおけるニュアンスというものを理解できるようになる可能性はあると考えていますが、これは非常に高いハードルだと思います」と語っている。(25)

自動運転車が夜間に歩行者をよけることができるようになるかは、それに装備されるセンサーを、道路にいる真っ黒な服装の人間をどんな天候でも検知できるほど高度なものにできるかどうかにかかっている。トヨタ車の2017年のマニュアルに、センサーが歩行者を検知できない可能性のある状況に関する警告が載っているのだが、これを読むと現在の限界を理解できる。次のような状況では、システムが歩行者を検知しないおそれがあるそうだ。

- 身長が3・2フィート（約1メートル）より低い、もしくは6・5フィート（約2メートル）より高い
- 大き過ぎる服を着ている
- 旅行かばんを持ち運んでいる、または傘をさしている
- 前かがみになっている、またはしゃがみこんでいる
- ベビーカー、車椅子、または自転車を押している
- 大人数がかたまりになって歩いている
- 白い服を着ている

● 夜間やトンネルの内と同じくらい暗い場所にいる
● 周囲の景色と似た色の服を着ている
● フェンスや壁の近くを歩いている
● マンホールの蓋のような、金属製のものの上に立っている
● 速く歩いている、あるいは急に速度を変える
● 車両の陰から飛び出す
● 歩道の非常に近くを歩いている

「事故を注意力散漫のせいにすることは難しいです。統計的に言えば、事故とは通常、まずいことがいくつも重なったときに発生する、稀な出来事だからです。特に深刻な事故の場合には」とリチャード・レッティングは言う。自動車が相互に、または携帯電話の基地局や他のデータ収集技術を介して通信し、データを収集することが当たり前になるにつれて、扱う情報が増え、それによって事故を回避するためのより高度な、そしてより優れた方法が確立されるかもしれない。[26]「1960年代にシートベルトがどのくらい使われているかを調べたら、おそらく10~15パーセントという結果が出るでしょう。しかし現在では、シートベルトを締めることは90パーセントの人々が順守するルールとなっています」とレッティングは指摘する。もちろん、歩行者の行動を制限する法律に対する反発はある。しかし時間が経つと、状況次第で、そうした法律は道路での歩行者の行動を変えてきた。たとえそれが歩行者の安全を高める法律ではなかったとしても、である。ニューヨーク

市では、ジェイウォークを禁止する法律は実質的に存在しないが、そうしたルールが施行され非常に高い順守率を誇るロサンゼルスよりも、歩行者の死亡率は低い。100年前にジェイウォークを犯罪化したのはやり過ぎだったと思えてならない。そのため私は、さらに歩行者を規制するようなルールを追加することには大反対だ。

歩行者は時間の経過とともに、自動運転車との付き合い方を心得るようになるだろうと予想する人もいる。アラン・コーンハウザーは、「もしあなたがバカな行動をして、自動運転車を止めてやろうとその前に飛び出したら、実際に止めることができるでしょう」と語っている。「人々がきちんと振る舞うようになるまでには、自動運転車は何人か歩行者を殺さざるをえないでしょう。歩行者にも責任があるのです」[27]。リチャード・レッティングもそれに同意する。「法律がないと、人々はバカな振る舞いをしてしまうのです(携帯電話に没頭しながら道路に足を踏み入れるといったような)。いま人々は、愚かで違法な行為をすることができますが、そうした行動をやめさせようという圧力は高まりつつあります」と彼は言う[28]。

モビリティラボによれば、自転車と自動運転車の関係についての知見はまだわずかだが、それを通じて明らかになったのは、サイクリストは人間が運転する自動車よりも、自動運転車と道路を共有するほうが快適に感じるかもしれないという可能性である。それはおそらく、自動運転車のほうが人間が運転する自動車よりも動きを予測しやすい、と考えられているためだ[29]。しかしこうした快適さや信頼感すらも問題を引き起こす可能性がある。ルノーと日産の元CEOであるカルロス・ゴーンは、サイクリストが「無人運転車にとって最大の問題のひとつ」であるとCNBCに対して語っている。[30] ゴーンによれば、サイクリストは自動運転車を混乱させてしまう可能性がある。彼らは歩行者のように振る舞うこともあれば、車両のように振る舞うこともあるためだ。またサイクリストが「いかなるルールも尊重しない」ことも理由として挙げている。自動運転車を混乱させる可能性があるのは、自転車だけではない。オートバイや動物、タンブルウィード〔乾燥地帯の植物で、枯れてちぎれると球状になり、風に吹かれて転がることで知られる〕、そして悪天候も、自動運転車のシステムを混乱させる可能性があるのだ。

2016年5月、フロリダの高速道路で、テスラのセダンであるモデルSがからむ事故が起きた。この事故では、モデルSとセミトレーラートラックが衝突し、セダンに乗っていた所有者のジョシュア・ブラウンが死亡した（彼は自動運転車の「中に乗っていて」事故死した最初の人物とされている）[31]が、テスラのオートパイロットシステムは責任を問われなかった。この事故は、今の自動運転技術の限界をはっきり示した。事故を調査した、米運輸省道路交通安全局のスポークスマンであるブライアン・トーマスは、「あらゆるシステムが何でもできる、というわけにはいきません」と述べている。「自動緊急ブレーキシステムが対応するように設計されていない運転状況というものがあるのです[32]」

もし車内に人がいても、誰もハンドルを握っていないという状況で自動運転車の安全性を最大にしたいのであれば、私たちは自動運転技術に関して、消費者として多くのことを学ばなければならない。テスラのオーナー向けマニュアルには、オートパイロットシステムが予期せぬ動作をしたり、特定の道路状況を正しく処理できなかったりする場合に備えて、ドライバーはハンドル操作を引き受けられるように準備しておかなければならない、とはっきり書かれている。[33] しかし皆さんは、自分の車のオーナー向けマニュアルをじっくり腰を据えて読んだことがあるだろうか？　ふつう人は、マニュアルを読むのがあまり好きではない。ジョシュア・ブラウンはテスラに乗る前、十分な時間をかけてマニュアルを読んだのだろうか？　ブラウンに激突したトラックの所有者で、運転手のフランク・バレッシは、テスラを運転していた40歳のテクノロジー愛好家がスピードを出し、「すごい速さでトレーラーをすり抜けていったので、彼の姿は見えなかった」と語っている。[34] この証言からわかるのは、ブラウンがすべての責任を心置きなく自動車に任せてしまっていたことだ。

高度な自動運転技術があれば、ほぼ確実に事故をなくせる一方で（いまのところそれを裏づける証拠はないが）、ドライバーの運転する自動車と自動運転車とが道路上で共存する移行期には事故が起きることを忘れてはならない。そして、従来の長持ちする自動車が自動運転車にすっかり置き換わるまでにはかなりの時間がかかる。

それでは私たちは、運転中の事故死を70〜80パーセント減少させるという未来に向かって正しく進んでいるのだろうか？　自動運転車メーカーが高度な安全機能を標準装備にできれば、あるいはそうだと言えるかもしれない。しかし自動車業界が１９３０年代から50年代にかけて行なったように、自動運転車業界が公共交通システムを破壊することを許してしまえば、答えは「ノー」だ。公共交通は、走行距離１マイルあたりの比較で、すでに自動車よりも約95パーセント安全であり、最高レベルの安全性を実現した自動運転車との比較でも、公共交通のほうが２倍安全である可能性があるのだ。もし、自動車業界と同じ轍《てつ》を踏んだらどうなるか？　本来なら公共交通で安全に移動できていたはずの人々は、フラストレーションと個人用の自動運転車の入手しやすさとが相まって、公共交通の利用を控えるようになり、その結果、彼らのなかから死者が出てしまうだろう。[35]

公共交通は特に、障害を持つドライバーや高齢者、10代の若者など、危険度の高いドライバーによる事故を減らすのに効果的だ。米国公共輸送協会の調査によると、ワシントンDCのメトロ駅周辺で飲酒運転率を分析した結果、メトロの深夜便を増発した際、飲酒運転者がからむ事故が70パーセント減少したことが判明した。[36] 米運輸省道路交通安全局によると、公共交通のもうひとつの利点は、交通の便の良い都市では、無免許ドライバーの割合が低くなるということだ。カリフォルニア州車両管理局の報告書によれば、無免許ドライバーは免許を持つドライバーよりも、致命的な自動車事故を起こす確率がおよそ3倍もある。[37]

また自動運転車の運用方法や運営主体を制限する法律がない場合、あるいは自動運転車業界に法案作りを譲り渡してしまう場合、自動運転車が持つ「命を救う」という側面が見過ごされてしまうかもしれない。規制当局はまず、自動運転車が普及した場合の「安全」とは実際には何を意味するのかを定義しなければならない。自動運転車は完璧な走行をするべきか？　たとえば、最先端のカーナビゲーションシステムでさえ、存在しない道路に車を導いてしまうが、その程度の「完璧」さえ夢のまた夢なのではないだろうか？[38]　あるいは、自動運転車が人間のドライバーよりも優れていることがはっきりとわかる程度でいいのだろうか？　カリフォルニア大学バークレー校の先端輸送技術パートナープログラムでリサーチエンジニア兼マネージャーを務めるスティーブン・シュラドバーによれば、本書の執筆時点で、自動運転車のための安全性試験は存在しない。彼はサイエンティフィック・アメリカン誌に対し、「ありとあらゆる交通事故の可能性に直面しているいま、自動運転システムの安全性を評価する、信頼性のある手頃な方法の開発を支援するための基礎研究が必要です」と語っている。[39]

科学に基づいた正しい法整備は、自動運転車が普及した世界において、車の中にいる人と外にいる人双方（ドライバーと歩行者だけでなく、サイクリストなども含む）の安全を確保するために不可欠だ。優れた法制があれば、それが大きな後押しとなって、自動運転技術が当初の見立てよりも予測困難で影響されやすかった場合や、自動運転車メーカーが道路のルールを左右し、合法的な手段を使って歩行者やサイクリストを疎外しようとする場合に生じる問題を防ぐことができる。

検討が必要な安全上の問題は、他にもいくつか存在する。オバマ政権下の２０１６年に発表された１１４ページに及ぶ「連邦自動運転車政策（ＦＡＶＰ）」には、自動運転車の安全規則を統一し、各州の間で一貫性を持たせるための連邦ガイダンスが初めて盛り込まれた。[40]しかし批評家たちは、このガイダンスに懐疑的な見方を示している。シティラボのローラ・ブリスは、連邦自動運転車政策が「連邦政府による完全な自動運転の承認」に等しく、業界の急速な発展をさらに加速させることを意図したものだと記している。[41]

トランプ政権も、２０１７年9月に自動運転車に関する安全性ガイドラインの策定を行なっている。運輸長官のイレーン・チャオが発表した36ページの報告書「自動運転システム2・0――安全性へのビジョン」（*Automated Driving Systems 2.0: A Vision for Safety*）では、次の3つに焦点を絞った。２０１６年の連邦ガイダンスでチャオが特に大きな阻害要因と捉えたものを取り除くことで、①

「運輸省による規制プロセスを円滑に」すること、②「新規の参入者やアイデア」を促すこと、③「イノベーションを妨げる障壁」を壊すことである。[42]ブリスはこの計画に懐疑的だ。彼女は次のように記している。「トランプ政権はとにかく、インフラにおける優先順位、展望、政策の大枠を具体的に提案しなければいけない。この1兆ドルのプランについて明らかなのは、それが存続する限りにおいてだが、公共と民間との間のパートナーシップに大きく依存しているということだ」[43]

この文書は、自動運転技術の安全性について規制によらないアプローチを提案している。「自動運転システムのための任意ガイダンス（任意ガイダンス）」というセクションによると、この文書は自動車業界と「自動運転システムを試験し、安全に発展させるための最適な方法を検討・設計する、他の主要な利害関係者」を支援することを目的としている。この文書では、企業に対して車両の安全性と説明責任に関する12の項目についてまとめた文書を米運輸省に提出するよう促すことにかなりのページが割かれ、車両を機能させるための設計とテクノロジー（これらはすべて、連邦法、州法、および地方自治体の法律に準拠する必要がある）を公開し、消費者への教育と訓練のための計画を立案することがメーカーに推奨されている（ただし要求はしていない）。そしてサイバーセキュリティは絶対に守られなければならないものと位置づけられ、必要なデータをすべて記録することが求められている。

「この任意ガイダンスの目的は、自動運転車の設計者が確立された最善の手法（彼ら独自の、もしくは業界やその他の組織によるもの）を利用して、自動運転車を開発する前に、安全上で考慮すべき点を分析、把握、および解決するのを支援することである」とこの文書は述べている。このガイダンスは自動車メーカーに対して、彼らの「安全性に関する自主評価」を公開することを奨励するものである一方で、メーカーにそうするよう要求するものでもないし、そうした開示を奨励する強制力のある手段もないという点を理解することが重要だ。事実、この文書は「任意」という言葉を57回繰り返し、そして州が米運輸省の規制に干渉することをよしとしていない。

誤解のないように説明すると、エノ・センター・フォー・トランスポーテーションの政治アナリストであるグレッグ・ロジャースによれば、連邦自動運転車政策に強制力はなかったが、製造業者や自動車メーカーは、その比較的緩やかな表現の文書を、より厳密に解釈する傾向があった。またこの政策も、安全性に関する項目（トランプ政権の報告書では15から12に削減された）をリストアップしており、州政府に対しては以降の自動運転車実証実験を許可する前に、メーカーに安全性評価の提出を要求することを推奨していた。

当然ながら、自動車業界は2017年のガイドラインを歓迎した。たとえばある声明において、ゼネラルモーターズのスポークスマンはそれを「明確で合理的であり、かつ柔軟性がある」と評し、州政府と連邦政府の役割が具体的になったと称賛した。[44]「新しいガイダンスと政策の枠組みを発表するにあたり、運輸省道路交通安全局と運輸省は、安全を最優先の目標として適切に維持しつつも、利害関係者の懸念と提案に対して迅速に対応してきました」とこのスポークスマンは述べている。「特にゼネラルモーターズは、運輸省が自動運転車の規制に関して連邦政府と州政府の役割を分けて明確にしたこと、そして州政府の政策立案者に対してガイダンスを発表したことを高く評価しています」

誰かが自動車業界の「利害関係者」について言及するのを見ると、私はいつも、100年前に米国中で発生していた自動車と歩行者との間の紛争に対処するために組織された、公的な委員会のことが頭をよぎる。そうした委員会では、歩行者よりも自動車のほうが著しく優遇された。その勝者がどちらだったかは、もうご存知のはずだ。さらに自動車業界が出資していた当時の団体は、自らの計画を推し進めるために「安全」という言葉をこれでもかと使っていたが、その後100年間に、世界中で7000万人が自動車事故で亡くなり、40億人が重傷を負っている。自動車業界が「安全」という言葉を使ってその大義を進めようとするとき、なぜ私が疑念を抱くのか、理解していただけるだろう。グーグル、ウーバー、リフト、ボルボ、フォードが参加する企業連合「より安全な道路のための自動運転連合」で顧問弁護士を務めるデビッド・ストリックランドは、次のように述べている。「2015年には自動車事故で3万5000人以上が死亡したことを考えると、完全な自動運転技術が潜在的に持つ安全面でのメリットは絶大で、その実現をこれ以上遅らせることはできません」。そして運輸省道路交通安全局出身のストリックランドは、こう付け加えている。「私たちは、自動運転技術における安全性と移動のしやすさに向けた取り組みを現実のものにする正しい政策を追求するなかで、チャオ長官、運輸省道路交通安全局、そして議会と引き続き協力していけることを期待しています」(45)

自動車の安全性を訴える人々は、各州の自動運転車規制に関係する、連邦議会で審議中の法案についても懸念している。2017年9月、米下院において、セルフ・ドライブ法案 (Safely Ensuring Lives Future Development and Research in Vehicle Evolution Act) が熱狂的な超党派的支持を得て可決された。これは自動運転車の設計、性能、安全性に関する規制において、運輸省道路交通安全局に州政府を上回る管轄権を与えるものだ。この下院の法案は、1万ポンド（4536キログラム）未満の車両のみ対象としている。ドライバーを乗せていない自動運転のセミトラックや他の商用車を、乗用車の場合と同様の形で配備することはできないとしている。[46] 一方で自動車メーカーに対し、初年度は2万5000台を上限として、既存の自動車安全基準を満たすことなく車両を配備できるという例外を与えることになる。この上限は今後3年間で拡大され、年間10万台に達する予定だ。現時点では路上を走行中の車両の99パーセントが、時速25マイル（約40キロ）で正面衝突しても耐えることができるが、来年には時速5マイル（約8キロ）の衝突にしか耐えられない、卵の殻のような軽くて薄いボディの自動運転車が走っているかもしれないのである。

米連邦議会の上院も、類似の法案を審議した。それが自動運転車スタート法案（American Vision for Safer Transportation through Advancement of Revolutionary Technologies Act）で、2017年10月に可決された。[47] 上院の法案は、下院版の法案によく似ている（本書執筆時点において）。州政府は車両の登録、保険の規制、交通法の施行を引き続き行なうが、運輸省道路交通安全局が車両の設計と製造を監督すると規定しているのである。また下院法案と同様に、運輸長官の権限で自動車メーカーに義務づけられている既存の安全基準を免除できるとしている。そして最終的には、自動運転技術の発展に伴い、1年間に10万台を上限として自動運転車の販売を許可している。また同法案はメーカーに、自動運転車をサイバー攻撃から保護するための計画を策定することも要求している。上院と下院のどちらの法案も、無人運転の乗用車の開発のみを扱っており、今後10年から20年の間に幹線道路を走るようになる可能性のある無人トラックについては扱っていない。

欧州各国でも法律の修正が必要になる可能性がある。たとえば欧州の道路は、1968年の「道路交通に関する条約（ウィーン条約）」に定められた規定にしたがっている（この条約では自動運転車の速度を時速10キロメートル以下に制限している）。[48]メキシコ、チリ、ブラジル、ロシアを含む72カ国がこの条約の加盟国であるが、米国、日本、中国は加盟していない。[49]2014年に同条約は改正され、国連の車両規制に準拠していることを条件として、無人運転車を路上で走らせること、ドライバーが自動運転車の走行中にハンドルから手を離すこと、運転に関する操作を車両に任せることが許可された。[50]

2012年、欧州委員会はすべての商用車に衝突被害軽減ブレーキ（AEB）の搭載を義務づける予定であると発表した。[51]2014年には、AEBは新車の評価項目のひとつとして、ユーロNCAP〔欧州で実施されている自動車の安全性試験〕に含まれ、それによって、この装備を持たないモデルはこの安全性評価で五つ星を獲得することができなくなった。[52]

2016年、ドイツのアレクサンダー・ドブリント運輸大臣は、ドライバーが緊急事態に介入できるようにすることを義務づける提案書を提出し、自動運転車にハンドルを必須とするように要求した。またドイツの法律では、事故が発生した場合の責任の所在をはっきりさせるために、自動運転機能を備えた車両にブラックボックスの装備を義務づけることもできる。[53]

欧州諸国と欧州連合は、自動運転を規制する法律を引き続き検討しているが、議員や自動運転車の開発者にとって最も困難な問題は、データ収集に関するヨーロッパの厳格なプライバシー保護法、ならびに責任と保険に関する法律の存在だろう。プライバシー保護に関するEU法と各国の国内法は、改正するか、少なくとも再解釈する必要があるだろう。ドライバーのデータという点で、欧州は連携しつつ、しかもそれぞれの国内でも、それを保護する必要性と収集する必要性（自動運転車向けの高精細マッピングにとって非常に重要なため）との間でバランスをとる方法を見つけなければならない[54]。国際的な法律事務所であるメイヤー・ブラウンの知的財産・ITグループでロンドン事務所のパートナーを務め、プライバシー法とデータ保護の専門家であるオリバー・ヤロスは、「プライバシーは、自動運転車およびAI技術がヨーロッパでどのように開発されるかに影響を与える、ひとつの争点になっています。そのせいで欧州におけるこれらの技術の発展が妨げられるとは思いませんが、技術が展開し、信頼される、そのあり方には大いに影響するでしょう」と述べている[55]。

データの収集と分析に対するEUの抑制的な姿勢によって、道路状況やストリートビューに関するデータを収集するテクノロジー系企業の能力に一定の枠が設定されている。欧州のデータ保護法では、使用の制限やデータの最小化について要件が課せられており、これによって「ビッグデータ」の典型的な収集・活用が制限される可能性がある。特に新しい「EU一般データ保護規則」（GDPR、2018年5月施行）では、収集した時点で想定していなかった目的のために個人データを使用することが禁止されている。またGDPRは、個人データの処理を最小限に抑えるように、またデータが必要以上に長く保存されないようにも求めている[56]。

ハイテク企業（特にグーグル）の強引なデータ収集のやり方に対する怒りが、しばらく前から醸成されてきている。２０１０年に、グーグルがストリートビューの写真アーカイブの編集過程で、２００６年から継続して系統的に個人データを収集していたことを認めたとき、欧州のプライバシー規制当局とその支持者たちは不満をあらわにした。[57] ２０１３年には、ドイツのプライバシー規制当局が、「マッピングサービス『ストリートビュー』の開発中に、個人データの系統的かつ違法な収集を行なった」として、グーグルに対し14万５０００ユーロという、グーグルのような組織にとってはわずかな額の手数料を課した。[58] 加えて、欧州各国の議員に対し、データ保護法の違反に対する罰金を大幅に引き上げるようにも求めた。またドイツでは、グーグルは公道上のストリートビューデータを収集する前に、そのことを公に通知することが義務づけられている。[59] さらに、個人の住宅付近を走る街路や幹線道路に関する画像データを保管できる期間に期限も設けている。そしてドイツ人はデータ収集をオプトアウト〔初期状態で何らかの機能がオンになっているが、後からそれをオフにできることを指し、この場合は初期状態でデータ収集が行われるものの、それをユーザーの意思で停止できることを意味する〕することができ、これまでに人口の３パーセントがオプトアウトを選択している。[60] こうした規制によって、ナビゲーションマップの正確性と、それを最新の状態に保つ能力に制限が設けられているのである。

２０１６年４月に採択されたＧＤＰＲは、それまでのＥＵデータ保護指令に代わるものである。それが生まれた背景として、ひとつには、Ｗｉ－Ｆｉネットワーク内の暗号化されていない個人情報が、未知の――そしておそらく危険な――目的のために集められるのではないかという懸念が欧州諸国に広がっているということがある。[61] ＥＵはデータ収集における違反を理由として、グーグル、フェイスブック、ツイッターに対して、何度か罰金を科している。[62] ２０１７年6月の時点で、グーグルはＥＵから27億ドル相当の罰金を受けている。また他のＥＵ内の規制により、グーグルおよび他の企業は、検索結果から不正確な情報や古い個人情報を削除するように命じられた。[63] この種の規制が変更されないと、自動運転車を安全に走行させるのに必要な高精細マップをハイテク企業が作成する上で、困難が生じる可能性がある。

またＧＤＰＲは、人工知能（ＡＩ）と機械学習の利用にも厳しい制約を課している。そのガイドラインによれば、「この規則は、ＥＵ市民に『重大な影響を及ぼす』あらゆる決定の自動化を禁じている。この決定には個人の仕事の業績、経済状況、健康状態、個人の嗜好、興味、信頼性、行動、位置、動きを評価する技術が含まれる」。[64] またこの規則は市民に対して、自分たちに影響を与えるアルゴリズムの選択をデジタルサービスがどのように行なうのかを見直す権利を与えている。

この厳しい規制により、開発者は安全機能と高精細マッピングを実現する人工知能を自動運転車に組み込むことが困難になる可能性がある。とはいえ、それは不可能ではないだろう。オリバー・ヤロスは次のように語っている。「プライバシー保護法では、データの取得方法について検討することが組織に求められるかもしれません。ただマッピングによって得られる利益が大きく、プライバシーに関する懸念を上回ると各国が考えた場合には、それは許可されるでしょう。要するに、プライバシー法が緩やかな国々（米国や中国など）よりも、時間がかかる場合があるのです」[65]

自動運転車の自律走行を実現する上で、位置と動きを追跡することは要となる。ブルッキングス研究所テクノロジー・イノベーション・センターのダレル・ウェストのように、自動運転車の製造を支持する人々は、マッピングを目的としたデータ収集に関する規制を緩和しないと、欧州の製造業は停滞するだろうと語っている。[66]

もちろん欧州内でも、国によって政策、法律、規制の課題に対する取り組み方には差がある。「法律の違いは、文化的な違いに依存することがあります」とヤロスは言う。「欧州各国の国内法は国によって異なります［米国で州によって法律が異なるのと同様に］。欧州では、プライバシーは基本的権利と見なされています。誰かが契約を結ぶときに取引の一部として無料提供するという形で、プライバシーを商品化することはできません。一方で、プライバシーが手厚く保護されている国、たとえばフランスなどに比べ、英国ではそれほどプライバシーの保護は強くありません」[67]。フランスのような国々では、制限の非常に厳しいプライバシー保護法によって自動運転車同士や自動運転車とインフラとの間でのコミュニケーションが妨げられるが、それに輪をかけてシステム設計者の頭痛の種となっているのが、プライバシー法における不統一である。近年多くのEU加盟国でEU離脱の動きが現れているように、国というのは一般的に自らの主権を維持することを好むが、自動運転技術が普及していくと、国に対抗する市民たちによって、プライバシー法を欧州大陸全域で標準化しようとする動きが強まるかもしれない。[68]

消費者は安全基準を守ることを免除された自動車に乗ろうと思うだろうか？　あるいは政府や民間企業に乗客に関する情報を渡す自動車に乗ろうと思うだろうか？　そうした車両に、自分の年老いた母親や、目の不自由な叔父を乗せようと思うだろうか？　一部の世論調査では、「ノー」という答えが出ている。アメリカ自動車協会（ＡＡＡ）の調査によると、回答者の大部分（78パーセント）が、自動運転車に乗りたくないと答えている。[69] またMITが行なった調査では、乗客があらゆる責任から解放された、完全な自動運転技術を快適に感じると答えたのは、たった13パーセントだった。[70] どのような法律ができたとしても、それを使っても安全だと感じない限り、人々があるテクノロジーを受け入れることはないだろうと、アラン・コーンハウザーは言う。「自動運転技術は自動車に乗る人にとってより安全なものでなければならず、そうでなければこの技術が普及することはないでしょう。新聞ではいろいろ報じられていますが、自動運転車と呼べるものは、現時点では1台も存在していません。そして自動運転車は、人間が運転する自動車よりはるかに安全でない限り、消費者の需要が生まれることはないでしょう。今より安全にならないと、自動運転車が登場することはないのです」[71]

全米都市交通担当者協会（NACTO）と、歩行者保護を求める団体トランスポーテーション・フォー・アメリカは、米上院の自動運転車スタート法案に否定的な反応を示し、次のような声明を発表している。「自動運転車スタート法案では安全性に関するレポートを求めていますが、それは単なるポーズに過ぎません。……この法案は、道路上で車両を管理する権限を州や地方自治体から剥奪し、また自動運転車の実証実験と導入を進めるなかですでに発生している問題に対処するための手段も与えていません」。[72] しかしそうした批判をする人々は失望を味わうかもしれない。業界のロビー活動や政治的圧力は高まり続ける一方だし、議員は金や権力、そして「イノベーションの最先端にいられる」という期待に魅了されるだろうからである。すでにそうしたロビー活動は、本格的に始まっている。

米国のいくつかの州は、連邦の規制に手足を縛られる危険性に早くから気づき、自動運転車の安全性に関する法律を独自に制定している。２０１６年、自動運転車関連の法律を制定した州の数は20だったが、17年には33に増加している。本書の執筆時点で、29の州で何らかの自動運転車法が可決されている。(73)

ミシガン州は包括的な自動運転法を通過させた、米国で最初の州である。(74) ミシガン州では、ハイテク企業が製造した自動運転車は、従来の自動車業界とある程度コラボレーションしている場合にのみ路上に出ることが許される。明らかにデトロイトの自動車メーカーが、ルールに口を出している。カリフォルニア州では、自動運転車が事故を起こした場合にそれを公に報告すること、そして衝突の影響を回避または最小限に抑えるために、人間がどれだけ頻繁に制御しなければならなかったかについて説明することを求めている。(75) ２０１８年4月には、カリフォルニア州で完全な自動運転車（保険として人間のドライバーが乗車していない車両）の実証実験と公道での使用を許可する法律が施行された。知事のジェリー・ブラウンは、マウンテンビューにあるグーグル本社でこの法律に署名し、「テクノロジー分野におけるカリフォルニア州のリーダーシップによって、今日のSFが明日の現実に変わる」と自慢げに語った。(76) 一方で、アリゾナ州はこれまでのところ、自動運転車を運用するに際して、従来の自動車と同様の標準的な車両登録しか求めていない。(77)

自動運転車がどのように機能するかについて、もっと多くのデータが得られるまでは、法律を制定するべきではないと考える人々もいる。シンクタンクのランド研究所は、「１００台の車両が今日の死亡事故に関する安全基準を満たした上で、無事に2億７５００万マイル（４・４億キロ）を走行しなければならないでしょう」と語っている。[78] またコーンハウザーは2017年初めに、サイエンティフィック・アメリカン誌のジェレミー・スーに対して、連邦法がなければ「米国政府はただ一歩下がって、企業が公道を走る自動運転車を増やして必要な安全性データを収集するに任せておく、という手もあります」と語っている。彼はさらに、こう付け加えている。「自動運転車を自由に走らせ、それが『より速く』学習できるようにするというのは、そのリスクに見合う価値があるのです」[79]

そうした学習は、ハイテク企業と自動車メーカーの間でデータを共有するのと同じくらいシンプルな話だ。オンライン教育企業ユダシティのCEO兼共同創業者であり、かつてグーグルに勤務していた自動運転技術のパイオニアでもあるセバスチアン・スランは、この考え方に同意する。「企業がデータをオープンにすれば、開発が加速して、自動運転車は実用化されるでしょう。私は心底そう思います」――そしておそらく、安全性も増すだろう。しかし企業は、データ共有を義務づける法律の成立を妨げ、企業や業界の垣根を越えてデータを共有しようとはしない。[80]

欧州全土では、自動運転技術がもたらしうる経済的・社会的な利益をすぐにでも享受したいという思いが広がっている。ギリシャは自動運転車の到来を予期しており、それに備えようとしている。2013年、ギリシャのインフラ整備・運輸・ネットワーク省は、ギリシャの交通システム内で無人運転車を許可することについて議論を始めた。[81] 同省は2014年5月にアテネで会議を開催し、フランス、イタリア、フィンランド、スペイン、スウェーデン、ドイツ、イギリス、ポーランド、マルタ、キプロスなど各国の外務省の代表者と、自動運転車による交通の実現を目指すさまざまなアプローチについて話し合った。その結果、ギリシャでは、議会に道路での自動運転車の実証実験を許可する法案が提案され、2015年から自動運転バスがテストされている。[82] 2017年の調査では、ギリシャ人は手頃な価格でかつ安全であれば、自動運転車を受け入れつもりであることがわかった。この傾向は、世界中の多くの人々にも見られる。[83]

2013年、英国は公道での自動運転車の実証実験を承認し、2015年には責任ある自動運転車の実証実験を促進するための行動規範（法的拘束力のない指導）を公表した。[84] 2016年7月には、英国政府は自動車保険に関する規制の変更と自動運転車の交通規制の検討も始めた。フランスは2014年に、公道での自動運転車の実証実験を2015年までに許可すると発表。約2000キロの道路（特にボルドー、イゼール、イル＝ド＝フランス、ストラスブール周辺）が、実験のために開放される予定だ。

自動運転車の実証実験は、オランダでも合法化されている。スイスは2015年春に、スイスコムに対し、フォルクスワーゲン・パサートの無人運転車をチューリッヒの路上でテストすることを許可した。[85] スウェーデンは2017年、ボルボが公道で無人運転車をテストすることを許可し、自動運転車の承認を可能にするため、既存の法律の修正を検討している。[86]

2016年半ば、EUの政策立案者と欧州の自動車メーカーは、自動運転車の将来について合意に達した。[87] この「アムステルダム宣言」は、EUにおいてコネクテッドカーおよび自動運転車の技術を発展させるために必要なステップについて、合意を表明している。宣言の署名国は、欧州の公道で自動運転車を実証実験し、使用することを可能にするルールと規制を作成することを誓約した。[88]

またこの宣言は、次の目標を掲げている。

- 欧州において、相互運用が可能なコネクテッドカーおよび自動運転車の開発のための、一貫した枠組みの確立に取り組む（可能であれば2019年までに確立する）。
- コネクテッドカーおよび自動運転車の開発を統合し、それらが持つ可能性を最大限に引き出して、交通の安全性や健康、交通の流れを向上させ、かつ道路交通による環境への影響を軽減することを目指す。
- 取り組み方法として「経験による学習」を採用する。可能なところであれば、国際的な協力と、コネクテッドカーおよび自動運転車に関する知識の共有と拡張、システムとサービスの相互運用性を確保するための実用的なガイドラインの作成も行なう。
- 世界市場における欧州の業界の地位を強化するため、コネクテッドカーおよび自動運転車に関する技術のさらなる革新を支援する。
- データ保護とプライバシーを確立する。[89]

オランダの政治家メラニ・シュルツ・ファンハーヘンは、「モビリティの分野に多くのメリットがもたらされるので、ペースを上げたいと考えています。ネットワークに接続した自動運転車によって、道路はより安全に、より環境に優しく、より効率的になるでしょう」と語っている。[90] EUの政策立案者と自動車メーカーの双方は、合意が第一歩に過ぎないと認識しているが、この合意は自動運転車がＥＵにもたらす問題に共同で取り組むという姿勢の現れであり、そしてそれは自動運転車を路上に出すのが「早ければ早いほどいい」という考え方に傾いているようだ。

そして英国ですでに起きているように、法的責任についての見直しも進めなければならないだろう。２０１７年に英国で審議された「自動車技術と航空に関する法案」は、自動運転車がからんだ事故に関するルールを定めており、車両の所有者が保険に加入しているかどうか、そして車両に「許可されていない改造」を加えていないかどうか（もしくはソフトウェアのアップデートを怠っていないかどうか）を考慮に入れている。[91] 英国政府によれば、この法案の目的は「企業が英国内で実証実験をすることを制限する可能性のある障壁を取り除くことで、英国がこの技術で世界のリーダーになるのを後押し」することだ。英国保険協会（ＡＢＩ）は英国政府の計画を支持しているが、この計画では、政府が国内にある全自動運転車のリストを持つことになる。その管理対象となる車両は、「少なくとも一部の環境または状況において、人間による監視がなくても、自らを安全に運転できるように設計されている、または改変されているもの」と定義されている。[92] このリストに登録される車両は、新しい保険および賠償責任条項の対象となる。

最終的には、自動運転車の安全性に関する法律をできる限り最善の内容にするためには、その中に自動車メーカー、ハイテク企業、研究機関、地方自治体、州、連邦政府、そして一般市民から成るネットワーク全体の利害関係を盛り込む必要がある。センター・フォー・オート・セーフティーのジェイソン・レヴィーンは、次のように語っている。「私たちは、米運輸省道路交通安全局に資金を適切に提供し、彼らが業界と協力して、正しい規制の枠組みをじっくりと確立していくことを望んでいます。自動運転車業界では、自動車製造畑から来たのではない人々も、大勢働いています。いろいろ欠点はあるものの、自動車業界では伝統的に安全機能を統合した最終製品の形で世に送り出してきました。それはテクノロジー業界が慣れ親しんでいるやり方ではありません。まずは製品をリリースして、後からアップデートするというのが彼らのやり方です」。さらに言えば、これまですべての自動車の安全機能は、自動車業界から大きな反発を受けた後で導入されてきた。「エアバッグはその完璧な例です。自動車メーカーは、エアバッグを標準装備にすることを望みませんでした。そしてそれを導入した後でも、多くのメーカーが安上がりに済ませようとした結果、欠陥のあるエアバッグのせいで何もない状態よりも怪我人が増えてしまったのです」とレヴィーンは言う[93]。安全に関する法を作っても、その効力は法律を体現する製品の出来いかんによるのである。

ＡＩと自動運転車――大量破壊兵器になり得る？

自動運転車がハッキングされる心配はないのだろうか？　もしこの質問をコンピューターの専門家に尋ねたら、彼らの多くは「ハッキングされる可能性のあるものは、いつかはハッキングされる」ことを認めるだろう。自動車が巨大なシート付スマートフォンに近づけば近づくほど、それはハイテク攻撃に弱くなる。２０１７年７月、テスラとスペースＸを率いるイーロン・マスクは州知事との会議において、ロボットが「通りに現れて人々を殺す」ようになる前に、ＡＩ法を制定すべきだと訴えた。また彼は２０１７年８月に、ＡＩが勝手な行動を始めることは「北朝鮮よりもはるかにリスクが高い」とツイートした。続く2017年9月には、テクノロジー系ニュースサイトのギズモードの記事「ハッカーはすでに人工知能を武器にし始めている」にツイッター上で言及し、ツイッターユーザーに悪質なリンクをクリックさせることにおいて、AIハッカーは人間のハッカーよりも優秀であることを研究者たちが証明したと訴えた。

カリフォルニア州立工科大学サンルイスオビスポ校で「倫理＋先端科学グループ」のディレクターを務めるパトリック・リンは、ハッキングを現実の脅威と見なしている。「これまでのところ、私たちが生み出したあらゆるコンピューター機器がハッキングされました。もし政府機関や車両の所有者（レンタカー会社など）が自動車を遠隔操作できるようになれば、犯罪者にとってはサイバー・カージャックの格好の手段になることでしょう。カージャックであろうと、普通の押し込みであろうと、何らかの攻撃を受けた場合、自動車はどうすべきでしょうか？ 加速して逃げるか、警察に通報するか、証拠を残すために犯行現場に留まるのか、もしくは自らを防御するべきでしょうか？ また、将来の車載アプリ、センサー、しつこいGPSトラッキングから、私たちは個人情報を守ることができるでしょうか？ それともプライバシーの権利が消滅した世界に身を任せることになるのでしょうか？」[94]。敵対国や犯罪者・犯罪集団によって自動車から収集されたデータは、個人のなりすましからサイバー戦争に至るまで、さまざまな破壊行為に使用されるおそれがある。

自動運転車は他の悪用の標的にもなり得るとリンは言う。「[自動運転] 車があまりに慎重な運転をするよう設定されたとすると、問題の火種になりかねません。つまり、我慢のできない人間のドライバーがそれに怒って暴力沙汰を起こすかもしれません。またロボットカーには衝突回避システムが搭載されていると知れ渡れば、他のドライバーがそれを『食い物にする』可能性もあります。たとえば自動運転車なら回避行動を取ったり、スピードを落としたりしてくれるだろうと考えて、その前に割り込むといった具合です。車を完全自動運転モードにすれば、安全に家まで帰れると考える人が増えて、アルコールを浴びるように飲むという慣行が定着してしまう、ということもあるかもしれません。飲酒運転の心配がなくなるわけですから」

リンはさらに、こう付け加えている。「現在の法律は、そうした乗り物の台頭に対処する準備が整っていません。たとえば、ロボットカーが人間の運転免許試験に合格すれば、それで十分と言えるでしょうか？　自動運転車に路上を走る免許を与える場合に、人間よりも高い基準をメーカーに求めることを、不公平だと考える識者もいます。すなわち自動運転車に対して、十代の新米ドライバーが求められるものよりもはるかに厳しいテストを要求することは不公平だというわけです」

「しかし人間と機械の間には、自動運転車に対しより厳しいテストを課すことを正当化する、いくつかの重要な違いがあります。たとえば、人間のドライバーであれば、標準的な40分間の運転試験には現れない、ダイナミックに変動する幅広い状況において適切な判断を下せるということに、きわめて妥当な確信を持てます。つまり、ドライバーが倫理的に正しくかつ賢明に行動できると期待できるのです。ところが、自動運転車は新しい技術であり、まだ当分の間、そんな運転実績など得られません」

誰もがイーロン・マスクと同じ恐怖をＡＩに対して抱いているわけではない。たとえば弁護士で起業家のマーティン・ロスブラットのような、他のＡＩ専門家たちは、ＡＩはユートピアでもディストピアでもなく、私たちがこれから日常生活に取り入れるであろう新たなブレイクスルーのひとつに過ぎないと述べている。アラン・コーンハウザーは、マスクが口にしたようなおそれを抱いている人々は「いい加減にする」必要があると考えている。彼は次のように語っている。「冗談でしょう？　悪者になりたければ、車にハッキングする必要はありません。『悪者になるためにやることのリスト』があったら、車へのハッキングは６４８２番目に登場するでしょう。心配する必要はないのです。ラスベガスのホテルの上の階から銃を乱射して、59人を殺した人がいました。ネブラスカ州にある大陸間弾道『ミニットマン』の格納庫にハッキングする人がいないかは、心配したほうがいい。でも、誰かがキャデラックをハッキングして州間高速道路のＩ－95を走らせても、59人を殺すことはできないでしょう。どんなに混み合っていてもです。ハッキングされた車両が深刻なレベルの破壊を引き起こす可能性は非常に低いのです」

　しかし２０１６年7月11日、フランスのニースでパリ祭が行なわれていた期間に、31歳のモハメド・ラフエジブフレルが借りた19トンの冷蔵トラックが、人でごった返す遊歩道を約１・５キロも暴走した。その後、犯人は３人の警察官と銃撃戦を繰り広げた末に射殺された。この事件により、子供と10代の若者10人を含む80人以上の人々が轢《ひ》き殺され、２００人以上が負傷した[95]。報告によると、犯人は意図的に犯行現場を選んでいた。出入り口がたくさんある場所、混雑が激しく、警察の対応が鈍くなる場所という観点から、最終的にこの遊歩道を選んだのだった。事実、犯人が射殺される前にトラックは１・５キロ以上走行し、救急車が現場にたどり着くまでに25分近くもかかっている[96]。

そして２０１７年10月31日には、ニューヨーク市でトラックが歩行者に突っ込んで８人を死亡させる事件が起き、自動車を武器として使用する傾向が強まっていることを改めて世間に知らしめた。[97]メリーランド大学のグローバル・テロリズム・データベースによれば、２００６年以降、自動車が武器として使用された事件において、３５０人を超える死者と、それを上回る負傷者が出ている。[98]また非党派的な国際政策グループである「反過激派プロジェクト」によると、そうした攻撃は過去10年間、増加の一途をたどっている。２０１７年には、自動車が武器として使われた事件によって、少なくとも32人が死亡、２４０人以上が負傷している。[99]犠牲者は何の罪もない普通の行動をしていた人々（ロウアーマンハッタンで起きた事件の場合はサイクリストと歩行者）であることを考えると、これらの数字にはぞっとさせられる。自動運転技術と人工知能の進歩により、顔の見えない加害者がいっせいに複数の車両を離れた場所から操作できるようになるため、理論上ではこうした攻撃は今後、増加するだろう。

この箇所を書いた後も、さらに何件かの車両を用いた攻撃が発生しており、それは今後も続くと考えられる。イーロン・マスクら多くの人々が抱く恐れは、正しかったことが証明されるかもしれない。従来のトラックでもこれほどの被害を出せるのであれば、遠隔操作され射殺するドライバーもいない「スマートな」自動運転車は、より大きな被害と混乱をもたらすおそれがある。それに、スマートカーへのハッキングはすでに行なわれている。カリフォルニア大学サンディエゴ校とワシントン大学の研究者は屋外実験を実施し、自動運転車にコンピューターウイルスを感染させて、ライトを切ったり、エンジンを停止させたり、急ブレーキをかけたりしたほか、互いに衝突させることにも成功している[100]。

2016年9月と、続く17年3月には、中国の研究者がテスラのモデルSとモデルXに「セキュリティ上の脆弱性」を発見し、そうした脆弱性を突くプログラムをいくつも介して車両を外部からハッキングし、車載のウェブブラウザを通じて悪意のあるソフトウェアを送り込むことに成功した。いったんテスラのシステムに侵入すると、「ハッカー」たちはWi-Fiと携帯電話による接続を介して、車両を遠隔操作することができた[101]。どちらのケースについても、テスラは脆弱性の報告を受け、それを修正することができた。またチャーリー・ミラーとクリス・バラセックは、ジープのハッキングに成功し、ドライバーがコントロールを取り戻そうと虚しい努力を続けるなか、システムを暴走させることができた。

ワシントン大学、ミシガン大学、ニューヨーク州立大学ストーニーブルック校、カリフォルニア大学バークレー校の研究者は、ごく日常的な製品を使って、機械による道路標識の識別方法に混乱をもたらすことに成功した。その製品とは、カラープリンターとカメラである[102]。彼らの論文「ディープラーニング・モデルに対する物理的世界からの強力な攻撃」では、人間には影響を与えずに、自動運転車による道路標識の識別能力だけを阻害するように、標識をカモフラージュする方法が解説されている[103]。標識を落書きやアート、あるいは画像を貼り付けるという方法で加工するのである。こうした変更は、一時停止などの一般的な標識のように簡素で象徴化されたものであれば、人間は余計なものを「切り捨てる」ことができる。加工の中には、あえて一時停止標識の上にステッカーを貼り付けるというものもあった。また別の例では、研究者は右折標識に似せた画像を実物大で印刷し、実際の標識の上に貼り付けた。すると自動車のコンピューターは完全に混乱し、それを「最高速度45マイル」の標識だと誤認してしまった。

こうした「道路標識攻撃」の効果を確実に挙げるためには、ハッカーは自動車のビジョンシステムがどのように道路標識を認識するかを知っておく必要がある。しかし一度それができれば、あとは簡単だ。ハッカーは貼り付ける標識の写真とカラープリンター、粘着シートをそろえて作業し、あとは誰かの自動運転車が、一時停止地点を時速45マイルで突破していくのをのんびり待つだけでよい。

自動運転技術に関するスタートアップ、ボワイヤージュの上級科学研究員であるタレク・エルガーリは、カー・アンド・ドライバー誌に対し、こうした攻撃に対する解決策はすでにあり、自動運転車のコンピューターシステムに組み込まれるようになるだろうと語った。(104) そのひとつが「コンテクスト情報による運転速度制限警告（CDSLA）」システムで、さまざまな情報の中から、道路標識や現在地やマッピングに関するデータを集めるものである。(105) そうしたシステムであれば、交差点で停止する必要があることや、市街地では時速45マイルが速過ぎることも理解するため、標識の認識が誤っていることがわかるのである。「さらに現在の自動運転車の多くは複数のセンサーを搭載しているので、複数のカメラとライダー（LiDAR）を使用してフェイルセーフ機構を構築することができます」とエルガーリは続ける。ライダーとはレーザー光を放射し、その反射光を検知するセンサーで、毎秒その情報を変換して他の車両や自分の周囲にある物体を把握する。

それでも、誰かを殺そうという強い意図を持った人々は、自動運転車のセキュリティシステムに尻込みしないかもしれないし、気にも留めないかもしれない。非常に破壊的な事故が起きたときに、その原因を突き止められるよう、自動運転車には飛行機にあるような「ブラックボックス」を装備することが求められる可能性もある。

ＦＢＩの見解によれば、自動運転車は高速度のカーチェイスをガラリと変えるだけでなく、自動運転車が悪人によって「凶器」として使用されるおそれもある。ＦＢＩ戦略的課題グループの調査官によって作成され、英国のガーディアン紙が情報公開請求によって入手した報告書の中で、ＦＢＩは自動運転車が「法執行機関と犯罪者が自動車の運転や操作上できることを変えるという点で、重大な影響を与えるだろう」と予測している。そこで解説されているシナリオのひとつでは、犯罪者が自動運転車を逃走車として使用し、そこから追跡者に向けて発砲する可能性が指摘されている。さらに「自動運転技術によって……移動の容易性が向上するだけでなく、自動車が民生用と軍用の両方の目的に使用され、凶器へ転用される可能性が現在よりも大幅に高まる」。たとえばテロリストは、爆発物を満載した車両をプログラムして、自爆テロ車に仕立てるかもしれない。ただ報告書ではプラス面として、次世代のロボットカーによって、容疑者追跡の効率が向上する可能性を挙げている。「パトカーが追跡する車両を見失う可能性が少なくなるのに伴って、監視は効果的かつ容易に行なえるようになる」[106]

どんな思想の過激派も、自動運転車を爆発物のいっぱい詰まった動く爆弾として悪用できるようになる可能性があると聞いて、心穏やかではいられないだろう。未来のティモシー・マクベイ〔1995年4月19日に米オクラホマ州で発生した、オクラホマシティ連邦政府ビル爆破事件の主犯〕やモハメド・ラフエジブフレルはもはや、できるだけ大勢の人々を轢き殺すために、トラックの運転席に座る必要はなくなる。自動運転車を遠隔操作し、人だかりの近くに爆発物を運ぶか、単に車両を武器として使えばよくなるのである。犯行現場に決して足を踏み入れない人々が凶悪な殺傷事件を起こすようになると、法執行機関がそれを解決することはきわめて難しくなるかもしれない。

しかし先手を打って行動しておけば、既存のテクノロジーや開発中のテクノロジーを使って、道路をより安全にする方法はある。大部分ではないが、自動車を使用した攻撃の一部は、街路の設計と既存のメカニズムを修正することで防げるかもしれない。実際、２０１８年1月2日にニューヨーク市長のビル・デブラシオは、セキュリティ関連インフラへの５０００万ドルの投資の一環として、自動車による攻撃を防止する１５００枚の鋼鉄製道路障壁を設置する計画を発表した。

しかしすべての公共スペースを防御用のインフラで囲うことはできない。その代わりに私たちは、犯罪や事故を通して人を殺傷し得る道具、すなわち自動車そのものの改善にエネルギーを集中させるべきだ。２０１８年に発売された自動車の大部分はコンピューター化されており、その多くは車線逸脱防止や自動ブレーキ、ＧＰＳといった機能を備えている。数年のうちに、すべての車両が部分的もしくは完全な自律性能を備えるようになるだろう。

一方通行を逆走しない、自転車専用車線を走らない、住宅街でスピードを出さないように自動車をプログラムできるようになるまで、あともう少しのところまで来ている。ウーバーはすでに、ピッツバーグでこうした技術の一部を使用しているし、研究者たちはスマートカーをスマートカーに接続し、さらにそうした車両をスマートインフラにリンクする方法を模索している。そうした技術開発のすべてが、車両に「してはいけないこと」をさせない仕組みへとつながる。車両を制御するインフラに加え、GPSとマッピング技術があれば、事故を大幅に減らすことができるのだ。

しかしテロの脅威を考えた場合、私たちはさらに一歩進んで、車両制御の権限を行政に移行する仕組みを新車に導入する必要があるだろう。自動運転車研究者のバーン・グラッシュは、今後数年で路上に普及する可能性のある高度な自動運転車は、犯罪への悪用を防ぐための通信技術や権限移行の仕組みを装備するようになると指摘する。私はすべての自動車メーカーが採用するプロトコルを提案したい。あるメーカーの車両が他のすべてのメーカーの車両、および周囲のインフラとコミュニケーションできるようにするプロトコルだ。それがあれば、乗り入れ制限の区域に近づく自動車の速度を制御したり、また、中央交通管制センターが法令違反がないか監視したりするようになるだろう。

もし誰かが他人の自動車の安全装置を無効化する方法を見つけ出した場合、法執行機関に警報が発せられ、何らかの措置を促すようになるだろう。プライバシー侵害に関する議論は必ず起きるが、こうした仕組みによって善良な市民が行きたいところに行けなくなることはないと保証すれば、この議論には決着をつけられるかもしれない。そして重要な情報は匿名化されるだろうし、個人の移動記録が望まれない形で商用利用されることも禁止されるだろう。

政府や規制当局が管理する「キルスイッチ（緊急停止の仕組み）」があれば、犯罪者による攻撃を未然に阻止できる可能性がある。つまりスマートカーを武器として使用しようとする人間が都市に侵入すると、ネットワークを通じて侵入が特定され、そのスマートカーのシステムがシャットダウンされるというわけだ。しかしハーバード大学ロースクールの「サイバー法クリニック」（インターネット・ガバナンスの国際的側面を専門とする組織だ）でインストラクターを務めるヴィヴェック・クリシュナマーシーは、そうしたキルスイッチを実装するのはそれほど簡単ではないかもしれないと指摘する。「車両を遠隔操作するメカニズムはどのようなものでしょうか？　これは根源的な問題ですよ。ＡＩが決定を下せるようにトレーニングするのは一般の人々なのですから」と彼は言う。[107] それに、必要とされる機械学習と他の関連技術のレベルは非常に高いため、そもそも一部の都市には手が届かないかもしれない。

さらにクリシュナマーシーは、次のように指摘する。「ひとたび遠隔操作による『キルスイッチ』を車両に搭載するという問題を解決すると、ソフトウェアをプログラムする方法、つまり外部から車両に命令を実行させる経路も、車両へアクセスするポイントになります。賢いハッカーはその経路を見つけ出して、『よし、これでちょっと遊んでやろう。車隊か、ネットワーク全体をクラッシュさせてみるか』と考えるかもしれません」

単独犯のテロ攻撃よりも懸念すべきことがある、とクリシュナマーシーは言う。「現実的に見てより重大なリスクは、テロリストが大混乱をもたらすことではなく、『キルスイッチ』を実装することで、悪意のある国が攻撃を仕掛けるために利用できる脆弱性を生み出してしまうことかもしれません。ロシアなどの国が、『他国の政府に大きな損害を与えよう』と考えているところを想像してみてください」。ただクリシュナマーシーによれば、よい知らせもある。「多くのテクノロジー企業が賢明な判断をするようになり、正しいことをしたいという意欲のある、科学とコンピューターに関する高度な知識を持つ人々の助けを求めるようになっています。そうした人々の多くはオープンソースコミュニティ出身で、システムやネットワークの弱点を見つけ、それを修正することに精通しています」。破壊行為に血眼になるハッカーたちに一歩先んじるためには、AI開発において市民が担う役割とメーカーが担う役割の両方で、高い問題解決能力を持つ人間が必要となる。

自動車から距離を置く

私には2人の医者がいる。左足と右足に。
——ジョージ・マコーリー・トレヴェリアン、英国人歴史家

自動運転車と安全性に関して、指摘する人のほとんどいないポイントがもうひとつある。それは自動運転によって、人間が運動しなくなり、個人の健康に悪影響を及ぼすかもしれないというおそれだ。たとえば、便利な公共交通機関によって個人の移動コストが下がり、人々が健康になって、コミュニティや都市の中心部に多様性が花開いたとする。しかしそこに自動運転車が登場すると、大勢の人々が自動車へと戻り、スプロール現象が郊外、さらには地方部でも促されて、先に挙げたような暮らしのバランスに狂いが生じてしまうだろう。全世界の主な死因として、運動不足は喫煙を追い越したところだ。毎年500万人以上の人々が、心血管疾患や脳卒中、癌、糖尿病などの運動不足によって引き起こされる疾患で死亡している。言い換えれば、自動車事故による死者よりも、運動不足による死者のほうが4倍も多いのだ（全世界で年間約125万人が交通事故で死亡してい

る）。さまざまな研究によって、運動不足は自動車による移動距離と関連があることが明らかになっている。したがって、多くの専門家が指摘しているように、自動運転車によって車移動が大幅に増加した場合、防げたはずの疾患によって大勢の人々が亡くなる可能性がある。

公共交通機関を利用する人々は、自動車を運転する人々に比べて22パーセント多くカロリーを消費する。どうすれば、自動運転車は運動を促すことができるだろうか？　ひとつの可能性は、公共交通機関や遊歩道やサイクリングロードまでの移動を、もっと簡単で利用しやすくするというものだ。自動運転車のおかげでどんなに短い距離でも歩く必要がなくなった場合、どうすれば都市や町は人々の運動量を増やすことができるのだろうか？　規模の大小を問わず、都市の中心部では、自動運転車が繁華街を占拠してしまうのを許さず、また徒歩で行ける場所、行けない場所を明確にすることで、歩行者と彼らの生活を自動車よりも優先させられる。近隣地域が歩きやすいことからもたらされる健康上のメリットは明らかだ。歩きやすいコミュニティに住んでいる人々は、そうでない人々よりも体重が6〜10ポンド（約2・7〜4・5キログラム）軽いのである。さらに自動車通勤に費やす時間が10分増えるごとに、コミュニティやその他の活動に費やす時間が10分少なくなる。(108)

騒音（特に大音量の騒音）も、健康に悪影響を及ぼすおそれがある。これまでに大きな騒音はさまざまな健康障害と関連づけられてきた。たとえば心臓病がそうだが、おそらくは睡眠障害からくるストレスと身体の周期の乱れが原因で生じるのだろう。米国では1億人が健康に支障が出るレベルの騒音にさらされていると推定されており、その主な発生源は自動車や航空機である（とはいえ、リーフブロワー〔強力な風を吹き出して、落ち葉を一カ所に集める機械〕や芝刈り機、大音量の音楽まで、あらゆるものが騒音の発生源となり得る)[109]。基本的な交通騒音は、エンジンやタイヤがたてる音、風切り音、路面騒音(路面の種類が異なれば騒音特性も異なる)が組み合わさったものだ。速い車は遅い車よりも大きな音を出す。自動運転車は従来の自動車よりも静かだろうか? その大半が電気自動車になるならば、交通騒音を減らし、そしてもちろん大気汚染も減らす可能性がある。そして当然ながら、私たちは自動運転車かどうかにかかわらず、電気自動車を所有することができる。

電気モーターから発生する高音は、従来のエンジンから発生する騒音ほど遠くまで届かない[110]。また電気自動車は抵抗係数が小さいため、高速での風切り音が小さくなる。しかしバッテリーの価格が下がりよりパワフルになると、電気自動車であっても深刻な騒音公害を起こし得るため、騒音における利点は次第に減少していく可能性がある。ただ、電気自動車のタイヤは従来のものより静かになる傾向があるし、それにタイヤ自体が過去数十年間に騒音を減らしてきていることを勘案すると、電気自動車によって今後生じる騒音公害はある程度まで相殺されるだろう[111]。

自動運転車の普及により、クラクションの音が減るという保証もない。むしろ増える可能性があるのだ。グーグルはクラクションに関するアルゴリズムを開発しており、同社の自動運転車はいつクラクションを鳴らすのが適切か理解して、その使い方を調整することまでできる。グーグルは2016年5月に発表した報告書に次のように書いている。「クラクションのアルゴリズムを改善したことから、私たちは世界に向けて弊社のクラクションを大々的にお知らせするのを開始しました……前にいる車両がゆっくりとバックしてきた場合には、そのドライバーに私たちが後ろにいることを友好的に知らせるために、短く静かな『ピッ』という音を2回鳴らすでしょう。しかしより緊急性が高い場合には、大きくて長いクラクションを1回鳴らします」[112]

これは素晴らしいアイデアのように聞こえるかもしれないが、人々が自動運転車に向かって歩いている場合（歩行者で混み合っている状況など）には、状況によっては自動運転車のクラクションが連続してひとつの長い音に聞こえてしまうこともあるだろう。

環境衛生

環境汚染も健康に影響をもたらす要素であり、自動運転車はそれにプラスになる可能性も、マイナスになる可能性もある。一部の研究者や専門家は、自動運転車＝電気自動車と主張している。この2種類の自動車がそれほど密接に関係しているのか、私にはわからない。また最もクリーンな自動車でさえも、製造には大きなエネルギーを必要とするし、何らかの公害要因（タイヤの粒子や騒音など）を放出する。その部品や車両自体を処分するのにも、環境の汚染を伴う。汚染を減らし、健康への悪影響を抑えるためには、走行する車両の数と走行距離を減らすことを強く表明していくほかない。こうした問題があるとはいえ、電気自動車の導入を加速することには私は賛成だ。

２０１８年には、輸送による炭素排出量が、発電によるそれを上回った。自動運転車が環境汚染に与える影響は、米国内での車両の総走行距離、交通渋滞、燃費、化石燃料の消費量に左右される。これらの問題に関する現在の研究は限られており、結論も出ていない。しかし確実に言えるのは、公共交通機関の利用量が減り、自動車の走行距離が増えると、環境汚染は悪化するということだ。

ウィル・トロップは、クリスチャン・サイエンス・モニター誌において、「自動運転車によって走行距離が増え、その結果、エネルギーの使用量と二酸化炭素の排出量も増えてしまう可能性がある」と書いている。「毎日の通勤中に仕事したり、昼寝したり、新聞を読んだりすることができるのなら、わざわざ職場の近くに住む理由などあるだろうか？　自動運転車は『準郊外地域』を生み出す可能性がある。これは都心から遠く離れた新たな開発地域で、スマートで持続可能な都市開発および公共交通を指向した開発において長年にわたって積み重ねてきた成果を台無しにしかねない。さらに現在、人々は移動に関する決断を、時間とお金が最適になる選択肢という観点から行なっているが、自動運転車によって、時間に基づいて最適化を行なう必要性がなくなってしまう可能性がある」(113)

第6章 メーカー、ドライバー、乗客、歩行者——倫理に関する難問

自動車は衣服になりました。それなしで都市にいると、私たちは不安定で、不完全で、服を着ずにいるかのように感じるのです。

——マーシャル・マクルーハン(1)

1973年12月15日、土曜日。ニューヨークのリトル・ウェスト12番街付近で、ウェストサイド・ハイウェイの一部が崩落した。その引き金を引いたのは、建設から40年がたとうとしているこのハイウェイの補修に使うはずだった、30トン以上のアスファルトを積んだ大型トラックによる荷重だった。そして原因は、メンテナンスの軽視にあった。道路を支えていた鋼材が、激しい腐食によって弱体化していたのである。その後、ウェストサイド・ハイウェイ全体でトラックの通行が禁止され、さらに一部区間では1日平均14万台以上の車両が通行禁止となった(2)。1973年の時点で、私は交通エンジニアとしてのキャリアを始めて2年しかたっていなかったが、数人の同僚とともに現場に派遣され、被害を調査することになった。

私は最大級の渋滞が起きるだろうと考えていた。実際に崩落発生後の最初の数週間、この地域の

周辺で渋滞が発生している。しかし時間がたつと、変化が生まれていることに気づいた。交通量が減り、自動車が脇道の流れを止めたり、通りを詰まらせたりすることがなくなったのである。実際には、マンハッタンの格子状の道路が、高架道路よりも交通の流れを維持する上ではるかに効果的であることが証明された。

1980年代、私がニューヨーク市のチーフエンジニアになったとき、残されたハイウェイの塊りをどうするか決めるという仕事が与えられた。ウェストサイド・ハイウェイの残りを解体して、高架式ではない大通りを建設すべきか？　それともこれまでどおり高架式にするか、あるいはトンネルを通すか？　現在ニューヨーク市を訪れる人は誰でも、私が前者を選んだことを知っているはずだ。

私が取り組んだ問題のひとつは、歩行者の安全である。大通りにした場合、歩行者が轢かれる可能性がある（時間がたつにつれ、それは可能性から現実になる）。一方で高架道路やトンネルにすれば、歩行者の死者はほとんど発生しない。

この問題には、倫理に関わる部分があった。皆さんが現在目にしている大通りでは、人々が広い歩道を歩いたり、自転車に乗って仕事に向かったりでき、おまけにそうした運動を通して健康にもなれる。また大通りの両側と中央分離帯には、大気汚染を軽減するのに役立つ木々や植物が植えられている。ウェストサイド・ハイウェイに隣接した区画は急速に発展して、にぎやかな場所になった。結果的に、高架式ハイウェイを取り壊して大通りに替えたことは、経済的、社会的、そして何より倫理的に正しい決断だったと私は信じている。しかし私は、この通りで起きた歩行者の死亡事故のひとつひとつを聞き及ぶたび、胸が痛んだことを認めなければならない。私はそうした事故を耳にするたび、高架やトンネルにしていればより多くの自動車が集まることとなり、それ相応の死亡事故が起きていた可能性があること、また都市の中で走る自動車が増えることで、同じく他のどこかで事故の増加が考えられたことを思い返し、自分の決断を正当化している。自動運転車でも同じように類推できるだろう。自動運転車の導入により、従来の自動車なら起きなかった事故は発生するが、それよりもはるかに多くの事故を防げるのだ。

私たちのほとんどは、人間のエラーによって起きる怪我や死亡事故を防止するために自動車製造ガイドラインや交通法を整備することは、正しくて倫理的な考え方だと信じている。しかし高度な自動運転技術が登場したことで、私たちは古い倫理的問題に、新しい形で取り組むことを余儀なくされている。法律は人工知能、あるいはＡＩ搭載の自動運転車についてどう定めているだろうか？そもそもそれらへの言及はあるのか？ あるいは、どのような記述があるべきなのか？ 誰が自動車をプログラムすべきなのか――所有者か、メーカーか、それとも利用者か？ 誰が自動運転車の「行動」の責任を取るべきなのか――所有者か、メーカーか、それとも利用者か？ 公共用に使われる自動運転車は、安全を守るためどのようにプログラミングされるべきか？

交通法を変えなければならないとしたら、どう変えるべきなのか？ 人間の感情や偏見の影響を受けるのではなく、学習する機械によって制御される自動運転車は、乗員に関する意思決定という点でより公平になるだろうか？ 警察による検問は時代遅れになるのか？ 個人のプライバシーは、企業や政府、そして他の個人によってどのような影響や制約を受けるのだろうか？ これらは難しい問題だ。

トロッコ問題

私がウェストサイド・ハイウェイを再建した際に直面した問題――少数の歩行者を殺す可能性があるオプションを選択するか、それともより多くのドライバーを殺す可能性があるオプションを選択するか――は、倫理学者が使う思考実験「トロッコ問題」に近いものだった。それは次のような内容である。5人の人間が線路上で縛られ、動けずにいる。そこへ暴走したトロッコが、彼らめがけて一直線に進んでいる。あなたは列車から離れた線路を切り替えるポイントの隣に立っていて、レバーを引けばトロッコを別の線路に向かわせることができる。しかしその線路の先にも、1人の人間が縛られていることにあなたは気づく。ここで取れる選択肢は次の2つだ。

①何もせず、5人がトロッコに轢き殺されるままにする
②レバーを引いてトロッコの進路を変え、1人だけが轢き殺されるようにする

さて、どちらがより倫理的な選択と言えるだろうか？　そして進路を変えた先にいる人というのが、あなたの子供だったとしたら？

自動車メーカーやグーグルのようなテクノロジー系企業は、自動運転車が遭遇する各種の危険な

状況を思い浮かべ、事故の可能性を減らすか、事故が避けられない場合は、その被害を最小限に抑えるアルゴリズムを開発しなければならない。プログラマーは理想的な結末などない多くのシナリオに取り組んでいる。それらはすべて、トロッコ問題──「二重結果の原理」に基づく倫理的問題の派生形だ。二重結果の原理によれば、何もしなかったときよりも良い結果をもたらす行為であれば、その副作用として何らかの危害が発生してしまっても許される場合がある[3]。

古くから議論されてきた例で言うと、たとえば自動運転車が地方部や郊外の2車線道路を時速80キロメートルで走っていて、そこに子供が飛び出してきたとする。自動運転車が子供にぶつかる前に停止することは不可能だ。しかし左または右によける時間はある。左によけると、その先の対向車線には時速80キロメートルでこちらに向かってくるスクールバスがある。右によけると、その先には巨大なオークの木がある。右によければ、自動運転車のドライバーと乗り合わせた人は死ぬだろう。左によけると、ドライバーと乗っている人は救われるかもしれないが、スクールバスは道を逸れて悲劇的な結末を迎えるだろう。そのまま進めば、飛び出してきた子供を轢いてしまう。

プログラマーは持ちうる選択肢を吟味しなければならない。プログラマーに車内のドライバーを守る義務があるだろうか？（この場合、子供は死ぬことになる）あるいは左によけることに伴うリスクを受け入れ、スクールバスが無事に行き過ぎるのを願うか？　それとも、子供の命はいかなる犠牲を払ってでも、自動運転車に乗った顧客の命に代えてでも守らねばならないと考えるだろうか？　プログラマーはドライバーにあらかじめ判断をゆだねて、「他人の命を犠牲にしても私を守ってほしい」というスイッチを押してもらうようにするか？　こうした判断を下したプログラマーが、自分の判断が実際の事故にもたらした結果についての報告書を読んだとき、彼らはどう感じるだろうか？　私たちは、こうしたシナリオの中で人々が神の役を演じてくれるのを求めている。しかし、それは簡単な任務ではない。

大半の自動車メーカーは、最善の行動は「質問を避けること」であるという結論に至っている。[4] 実際には、トロッコ問題のような倫理的ジレンマが路上で起きることは、非常に稀なのだ。私の同僚の多くは、そのような状況は「起こりえない」として、この問題は忘れてしまえばいいと言うが、私はそれほど楽観的ではない。確かにこの種の事故は非常に稀だ。おそらく世界で見ても、車両の走行距離100億マイル（約160億キロ）分の1の確率で起きるか起きないかくらいだろう。しかしある推定によれば、走行距離が1年間で12兆マイル（約19・3兆キロ）あった場合、このような事故が年に約1000回発生するという。

自動車が賢くなり、人間に代わって意思決定を行なうようになると、私たちは自動車がどう振舞うかについて考えなければならなくなる。自動運転車が人を乗せずに走っていて、トロッコ問題に直面したとしたら、自動運転車は人間を轢くだろうか、それとも自らが破壊されることを選ぶだろうか？　しらふの状態で判断を誤り、誰かを傷つけてしまった人は情状酌量されるが、飲酒運転していた場合は許されないだろう。悪天候が理由で誰かの命を奪ってしまった人は許されるかもしれないが、その人物がメールを送っていたとしたら、許される可能性は低くなるだろう。これらの問題では、有責性についてある程度合意された考え方がある。もし自動車のアルゴリズムが、木に激突するのではなく人間を轢き殺す原因となった場合、そのロジックの誤りが原因で自動車が致命的な判断を下したことが証明されれば、私たちはソフトウェアを開発した人物に責任があると考えるかもしれない。

これほど極端でない例なら、世界中で毎年、何万件以上も発生すると考えられる。比較的可能性の高いシナリオは、自動運転車が子供を轢いてしまう前に、時速15〜20マイル（24〜32キロ）まで減速するというものだ。このスピードであれば、衝突しても子供は大事に至らずに済む可能性がある。あるいは右側に木がなく、したがって子供をよけても自動運転車に乗っている人は怪我をするだけで、致命的な事態にはならないかもしれない。私たちは利用者に判断を任せ、「何があろうと自分は傷つきたくない／死にたくない」という意志表明のスイッチを付けるだろうか？　それとも、功利主義的な考え方、すなわち「死んだり傷ついたりする人が最も少ない選択肢を取る」というスイッチを付けるか？

このような思考実験を不要と考える人もいる。バーン・グラッシュは、「それはバカげた議論だ」と言う。「人間の年齢と価値、そして余生を識別するアルゴリズムを書くつもりですか？　私の知り合いに、マサチューセッツ工科大学で2つの学位を取った69歳の男性がいます。妻を亡くした彼は4歳の娘を持つシングルファーザーです。また私は、精神に深刻な問題を抱えている12歳の子供を知っています。そうした人々に優劣をつけるようなアルゴリズムを、私たちは評価できるでしょうか？　仮にそうしたアルゴリズムが、人々の人生の『価値』を推定して、その証拠を示すことができたとしてもです」とグラッシュは問いかける。「人間が人間の集団の中から誰を殺すべきかを判断できないのであれば、そのような判断をするアルゴリズムを書き、さらにそのアルゴリズムの倫理を、他の人間が正しく評価することなど、どうしたらできるのでしょうか？」

どんな決断がなされようと訴訟は避けられないのだからという理由で、トロッコ問題をあっさり片づけてしまう人もいる。しかし皆がトロッコ問題を大げさだと考えているわけではない。マサチューセッツ大学ローウェル校で哲学の教授を務めるニコラス・エヴァンズは、他の2人の哲学者およびアルゴリズムの専門家と協力して、自動運転車が引き起こすトロッコ問題を解決するため、米国立科学財団から最大で55万6000ドルの助成金を得た。

他にも、より深刻な問題がある。とっさの判断が悪い結果を引き起こしてしまった場合、通常その人物は許されるが、コンピューターが誤った判断をした場合、そのコンピューターも許すことができるだろうか？　そしてプログラマーが責任を負うべきだろうか？　自動運転車がハッキングされ、法に背く攻撃的な行為を行なうように指示されていた場合はどうなるか？　誰がその結果の責任を負うのか？　どうやって悪意のあるプログラムから身を守れるのか？　さらにAIコミュニティはこの倫理的問題をもう一段、掘り下げている。つまり、コンピューターが意識を持つようになったらどうするのか、である（AI科学者たちはそれがいつか実現されると主張している）。そのとき、自動運転車が自らを守るという判断をしたらどうなるのか？　歩行者と搭乗者はないがしろにされるのか？

2016年初頭、グーグルの自動運転車システムは、米国で公式に「ドライバー」として認められた。[5] グーグルは米運輸省道路交通安全局に対し、自社の自動運転車の位置づけを明確にすることを求めた。運輸省道路交通安全局はグーグルの人工知能システムを、「自動車のドライバー」と分類することで対応した。彼らは書簡の中で、「運輸省道路交通安全局は、既述したグーグルの自動車デザインの文脈における『ドライバー』は、いかなる車両の搭乗者でもなく、自動運転システムを指すものとして解釈する」と述べている。[6] これは何か過ちがあったとき、車両がその責任を負うことを意味しているのだろうか？　グーグルの自動運転車に問題が発生した場合、誰が訴えられたり、金銭的な責任を負うことになるのだろうか？　「不抗争の答弁（自分が有罪であるとは認めないが、裁判で公訴事実を争わず、刑罰を受け入れること）」の場合、誰の責任であるかは問題ではない。歩行者は自動車にはねられたら、ドライバーを訴えることができる。

ローマの研究者で、イタリアのさまざまな都市で自動運転の輸送車をテストしているアドリアーノ・アレッサンドリーニは、自分が倫理的な問題を完全に回避する解決策を持っていると信じている。「あなたが自動車に意思決定するように命じるとき、そこに倫理的ジレンマが生まれます」と彼は言う。「進行方向の先に何かを見つけ、車線を変更することにしたとしましょう。すると変更した車線の上にも、何かがあるかもしれません」。彼がテストしている車両は、単にある場所から別の場所へと設定されたルートを移動したり、戻ったりするようにプログラムされているだけだ。走るのは一般の公道上だが、そのルートの出発地と目的地は変わらない。そして進路上に何かあればブレーキをかけるようにプログラムされているため、彼の車両には「この種の（倫理的な）問題はない」。[7] しかし自動運転車がちゃんと停止できるかどうかは、依然としてスピードが最大の要因となるわけなので、倫理的問題がなくなるとは言えないだろう。衝突が避けられないときはどうするべきか、まだ考えなければならないのだ。たとえばドイツでは、自動運転車は人間ではなく動物や物にぶつかることが避けられないとき、人間の命を危険にさらさないようプログラムされている。

サイエンス誌は読者に対し、この難問への答えについて選択式のアンケート調査を行なった。当然のことながら、その結果は矛盾したものになった。「回答者の大部分は、犠牲者を全体的かつ公平に最小限にとどめる自動車が最も倫理的であり、路上を走ってほしいという点で、意見が一致している。その一方で、ほとんどの人々が、そのような車両を購入するのを拒否するかもしれないとし、自らを守る車両を購入することに強く惹かれると明かした。言い換えれば、人々はより倫理的であると感じた車両を買うのを拒んだ[8]」

私はニューヨーク市の運輸局長を務めていたとき、マンハッタンにある大きな病院の救急部長と話し合いを持ったことがある。1980年代後半に、SUVが非常に人気になった後のことだ。彼が言うには、それまで自動車にはねられて救急救命室に運び込まれた人々は、主に下肢に外傷を負っていた。ところがいまでは、車にはねられた歩行者たちは、胸部に深刻な外傷を負っているというのだ。1990年代にSUVの販売を急増させた自動車メーカーにとって、それは周知の事実だった。一般の人々は、自動車が大きくて重いほど、中に乗っている人は安全になると信じていた。SUVにはねられた歩行者は、セダンにはねられた場合よりも生存する確率が低くなるとしても、である。人々は本質的にそのような態度を取るものであり、他人を犠牲にしても自分を守りたいのだ。

理屈の上では、人々は車の外にいる人々を守るために乗車している人を犠牲にするようプログラムされた車両を認めると言っているが、自分ではそうした車両を運転したり乗ったりしたくないと考えている。人間が自動車の安全に関するプログラムの内容に合意できないのに、どうして機械がそれに合意すると期待できるのか？　スタンフォード大学で自動運転車の倫理的側面について研究しているケン・ショット教授は、「仮に私が自動運転車をプログラミングしたら、自分ひとりで乗る場合と、7歳になる娘が車内にいる場合とでは、率直に言って、プログラミングに対する私の考えはまったく違ったものになるでしょう」と語っている。「娘が車内にいたとしたら、私のプログラムは非常に利己的になると思います」[9]

この問題に対する良い解決策は、トロッコ問題が提示するような稀な状況の中で決定を下す必要がまったくない自動運転車を開発することだ。マサチューセッツ工科大学（ＭＩＴ）、人工知能研究所のダニエラ・ルス所長は、ワシントンポスト紙に対し、次のように語っている。「たとえば、視界の外にある障害物まで検知できるセンサーに支えられた、優れた知覚や計画のシステムがもしあったら、自動車は十分な状況把握と制御ができるでしょう。自動運転車が誰も轢かないように、つまりトロッコ問題を完全に回避できるようにするべきです！」[10]

ただし一定の速度制限、たとえば時速20マイル（約32キロ）を課さなければ、自動運転車が誰かを殺すことは避けられないだろう。車は急に止まれないからだ。そしてスピードを出せば出すほど、停止に必要な距離は指数関数的に伸びる。従来型の自動車が停止するまでに走行する距離は「制動距離」と呼ばれている。制動距離はドライバーが緊急停車の必要性を認識するまでに自動車が走ってしまう距離や、タイヤの状態、車両の重量、そして路面が乾いているとき、または濡れているときの摩擦係数によって変化する。[11]　自動運転の場合、危機を認識するまでの時間がゼロになると仮定しょう。全米都市交通担当者協会が発表したペンシルベニア大学による分析によると、時速60マイル（約96キロ）で走る車両にブレーキをかけて止めるのに必要な距離は１７２フィート（約52メートル）だが、時速80マイル（約１２９キロ）の場合、その距離はアメリカンフットボールコートの長さにほぼ等しい３０５フィート（約93メートル）となり、路面が濡れている場合にはさらに長くなる。

自動運転車は倫理的に考えて必要と言えるか

安全上の理由から、自動運転車の導入は倫理的に義務である、と言えるだろうか？　イーロン・マスクのように熱心な運動家たちはそう考えているようだ。２０１６年10月、彼は記者たちとの電話において、次のような驚くべき発言をした。

率直に申し上げて、私がひどく混乱してしまうことのひとつに、オートパイロット機能による事故のメディア露出度があります。その露出度は、１２０万人にのぼる手動の自動車事故の犠牲者のメディア報道に比べれば、取るに足らないものです。この事実はマスコミにほとんど周知されていないのではないでしょうか。実際、そうでしょう。なぜなら――皆さんは本当にこの点を慎重に考えていただきたいのですが――なぜなら、もし否定的な記事を書いて、それを読んだ人々が自動運転車を使わないようになったら、あなたがたは人殺しをしているのと変わらないことになるわけですから（強調は著者）[12]。

ある意味で、大量輸送についても同じことが言えるだろう。前述のとおり、公共交通機関はすでに自動車と比べて95パーセントも安全であるにもかかわらず、メディアはあらゆる列車事故をくどくどと書き立てる。マスクのように影響力のある誰かが、この点を指摘してくれるのを願うばかりだ。

マスクは自動運転車をできる限り早く消費者が利用できるようにすることを、倫理的な義務であるかのように訴えている。しかし、倫理的な問題の解決策と道路政策はなにも自動運転車に限定されているわけではないので、自動運転車が普及してそうした問題を解決するのを待つべきではない。既存技術でも、自動車事故で怪我をしたり死亡したりする人々を減らすことができる。なぜいまそうしたシステムが道路や自動車に義務づけられていないのだろうか？　それこそが本当の倫理的問題だ。たとえば米国道路安全保険協会によると、ラウンドアバウト（円形の交差点）は、通常の交差点に比べて致命的な事故を70〜90パーセント、事故における怪我を75パーセント削減できる。適切な場所へのラウンドアバウト設置を義務化するのは、倫理的ではないだろうか？[13]　いま現在、自動車や道路の設計において、重大な事故を防止できる方法があるかどうかを探すこともせず、なぜ焦って自動運転車や自動運転技術を市場に投入しようとするのだろうか？

36歳のダイアン・シューラーのケースを考えてみよう。２００９年7月26日、彼女が家族とのキャンプ旅行を終えて帰途につくために、義理の妹の赤いミニバンに乗り込んだ後のことだ。そのとき彼女は、ニューヨークのタコニック・ステート・パークウェイを、猛スピードで逆走してしまった。3キロほど逆走したあとで、シューラーのバンはSUVと激突し、バンに乗っていた4人の子供(彼女の娘と3人の姪)とSUVの3人の乗員、そしてシューラー自身が即死した。生き残ったのは、当時5歳だったシューラーの息子、ブライアンひとりだった。[14]

シューラーの事故は、ウエストチェスター郡において過去75年間に起きた事故のなかで最悪であり、その凄惨さから全米でニュースとなった。その後行なわれた捜査の中で、2種類の毒物検査が行なわれ、シューラーの血中アルコール濃度は0・19パーセントで、ニューヨーク州の法定制限(0・08パーセント)の2倍を超えていたことが判明した。またシューラーからは、高いレベルのTHC(マリファナの有効成分)も検出された。ウエストチェスター郡の検視官による調査結果が出た後、事故から間を置かずに、裁判所は危険運転を理由に(毒物検査の結果は考慮せず)シューラーに殺人の判決を下した。[15]

連邦政府直下の研究機関で、連邦高速道路局の研究開発技術部との関係があるターナーフェアバンク道路研究所によると、米国では毎年、逆走による悲惨な事故で約350人が死亡し、さらに数千人が負傷している。[16] 現在テキサス州とフロリダ州が逆走による事故の数でトップに立っている。この両州およびアリゾナ州、カリフォルニア州、コネチカット州では、逆走が検知された場合にランプが点滅する赤信号や、ドライバーに逆走車の接近を警告する電光掲示板のような技術の実証実験および導入を進めている。逆走車の写真をすばやく撮影して、州警察や運輸省の管理官に送信するという仕組みもあるが、こうした技術がいたるところで使われているわけではない。

ダイアン・シューラーは酒を飲んで運転するという倫理に悖《もと》る決断をしたことを根拠に、自らの過ちがもたらした結果のすべての責任を彼女に負わせるべきかどうかは、議論の余地が残るところだ。事故が起きた環境も、何らかの責任を問われる可能性がある。タコニック・ステート・パークウェイの出入口の設計は、彼女が逆走することを可能にした。彼女の車の中や、高速道路とその出入口には、彼女が中央分離帯を越えて、逆の車線に侵入するのを防止する仕組みはなかった。そうした仕組みの設計者は、ドライバーが絶対に逆走できないようにする（特定の緊急時において逆走する可能性のある緊急車両を除いて）倫理的・社会的義務を負わないのだろうか？

「ビジョン・ゼロ」は、政府の都市計画者やコミュニティに、道路を安全にする責任を負わせようというプログラムのひとつだ。ビジョン・ゼロは1997年にスウェーデンで始まったもので、当時のスウェーデン議会は、それを公式の道路政策として採用した。ビジョン・ゼロは「人命はモビリティの代償として容認できるものではない」という倫理的な結論に基づいて、交通安全に対する責任を、個々の道路利用者からシステム設計者に移すという長期目標を設定している。ビジョン・ゼロでは、ドライバーや他の交通システム利用者だけに責任を負わせるのではなく、事故の中心的な責任をシステム設計全体に置いて、インフラや車両テクノロジー、そしてプログラムの実施に取り組む。このアプローチが導入されたところ、いくつかの成功が生まれた。エコノミスト誌によれば、スウェーデンは世界で年間交通事故死率が最も低い国のひとつである（米国の10万人あたり12・3人に対して、10万人あたり3人）[17]。それだけでなく、歩行者を含む死亡者数も、2012年以来50パーセント近く減少している。同じ期間に、米国では歩行者の死亡者数が11パーセント増加し、2016年だけで6000人近くが死亡している。[18]

スウェーデンのビジョン・ゼロ政策立案者のひとりであるクラウス・ティングバルによると、システムの設計にあたっては、人々が間違いを犯す可能性を考慮に入れることが望ましい。「原子力発電所、航空機、列車、これらはすべて『間違いを犯す可能性のある人間によって運営されている』（という前提）に基づいています」と彼は言う。[19] 同じような考え方が、道路の設計にも取り入れられるべきだ。そうなれば、障害物の設置や交通静穏化の実施、わかりやすい横断歩道、保護された歩行者専用区域、分離された自動車専用車線の設置が進み、ドライバーが間違いを犯した場合の影響が最小限に抑えられるだろう。

これを読んで、私ははっとした。100年前、私たちは「自動車と道路は安全でなければならない」というアプローチを取ることもできたはずだった。しかし現実には、規制をほとんど設けず、この新しい乗り物が昔と変わらない道路を走り、悲劇的な結果をもたらすことを許した。そして子供や高齢者、サイクリスト、その他の人々を、自動車の周囲で「悪さ」をする犯罪者であり、道から締め出し、時には投獄しなければならない存在と位置づけることで、この状況を悪化させたのだ。同じことを自動運転車で繰り返してしまったら、目も当てられない。

ビジョン・ゼロの哲学によれば、「あらゆる状況において、人間は間違う可能性がある。しかし道路システムはそうであってはならない」。[20] ビジョン・ゼロ政策はノルウェーとデンマークで採用されており、米国の一部地域でも注目が高まりつつある。本書執筆時点で、米国内で38の州の交通局が同様のイニシアチブを採用しているが、私の調べでは多くが十分な実施に至っていない（でなければ、なぜ死亡率が上昇しているのだろうか?」)。とはいえ、それが真剣に検討された際には、ビジョン・ゼロは米国でも有効であることが証明されている。

2014年1月の就任間もなく、ニューヨーク市長ビル・デブラシオは、同市における交通事故被害を撲滅することを目的とした、自身のビジョン・ゼロ政策を発表した。ニューヨーク市の計画では、「スピード違反や歩行者の妨害など、危険な違反行為に対する取り締まりの拡大、安全性を向上させるための道路の新しい設計とその整備、広範な市民への働きかけとコミュニケーション、危険なドライバーへの罰則を強化し、ニューヨーク市が市内の道路の安全を管理できるようにする包括的な立法計画」が強調されている。[21] ビジョン・ゼロを打ち出してから、ニューヨークでは1910年以来で、歩行者の死者数が最も少なくなった。米国では他にもいくつかの州で、交通事故による死者を減らすために同様のアプローチが取られており、ミネソタ州で43パーセント、ワシントン州で40パーセント、ユタ州で48パーセント交通事故死者数が減少するなど、目覚ましい成果をもたらしている。またユタ州プロボは、ビジョン・ゼロ計画によって、少なくとも2011年の1年間に交通事故死者ゼロを達成した米国の大都市(人口11万4801人)のひとつとなった。[22]

ビジョン・ゼロが目指しているのは、道路の安全性を高めることで人命を救うという目標だけではない。歩行やサイクリングなどの定期的な運動を、より簡単かつ魅力的にするという、公衆衛生上の観点も含まれている。私と同じように、政府には公衆衛生上のあらゆる懸念に対処する倫理的義務があると信じるならば、ビジョン・ゼロのような計画を推進し、危険な行動を防止すると同時に健康的な行動を奨励することで、人々の死を防ぐことができるだろう。

自動運転車はビジョン・ゼロをさらに推し進める可能性を秘めている。なのになぜ待つのか？それは車線維持支援システムや後方カメラのような自動車技術の進歩は、多くのビジョン・ゼロ計画の成功に貢献してきたが、自動運転技術はそうした計画を実施し、その利点を享受するための要件ではないからだ。しかし自動運転技術の進歩は、これらの計画をよりいっそう安全なものにする可能性がある。それがＶ２Ｖ（車両対車両）であろうとＶ２Ｉ（車両対インフラ）であろうと、外部とネットワーク接続するコネクテッドカーが今後さらに進化すれば、自動車の逆走や、怪我や物損につながる自動車がらみの事故をすべて未然に防止できるようになる可能性がある。Ｖ２Ｉ技術は、逆走が発生した場合にそのことを車両に伝えるとともに、車両を強制的に停止させることができる。またＶ２Ｖ技術とＶ２Ｉ技術は、自動車の逆走だけでなく、他の事故、自動運転車が関係しない自動車事故さえも防げるだろう。

ＡＩとスマートカーの倫理

人工知能の進化は、自動運転車を事実上、多様かつ独自にプログラミングできる「走るコンピューター」にする。自動車とそのネットワークは常時通信を行ない、一度に何万台もの自動車から大量の情報を収集・分析して、交通の流れ、ガソリンの消費状況、路面の状態に応じて意思決定が行なわれるようにしなければならなくなる。[23] 自動車メーカーはテクノロジー分野から参入した新たな競合企業を十分認識しており、将来を見据えてＡＩとビッグデータに多額の投資を行なっている。

フォードは2017年2月、人工知能系のスタートアップであるアルゴAIに10億ドルを出資した。そして2017年10月には、アルゴAIがニュージャージー州クランベリーに拠点を置くプリンストン・ライトウェーブを買収し、そのライダー技術を手に入れた。フォードがライダー技術に投資したのはこれが2回目だった（1回目はベロダインに7500万ドルを投資した2016年8月）。また2017年10月には、GMのクルーズオートメーション部門がストローブを買収している。[24]

一方ドイツの自動車メーカーBMWは、ミュンヘンに大型のデータセンターを建築中で、これは同社が保有する既存のデータセンターの10倍もの規模がある。BMWの人工知能担当副社長ラインハルト・ストールは、ニューヨークタイムズ紙に対して、「これらのデータに対応するために必要な処理能力は、従来の処理能力よりも桁違いに大きいのです」と語っている。「従来の制御工学技術では、もはやこの複雑さに対処することはできません」[25]

フォルクスワーゲンは量子コンピューティングの難解な世界に足を踏み入れようとしている。量子コンピューティングとは、量子物理学を応用して、従来のコンピューティングよりもはるかに高速な計算能力を実現しようとする分野だ。フォルクスワーゲンは2017年夏、量子コンピューティングを活用した「D-Wave」というシステムを使い、北京にある1万台のタクシーの動きを一度に管理して、運行経路を最適化し、それによって渋滞を緩和する方法をデモンストレーションした。サンフランシスコにあるフォルクスワーゲンの研究所に勤務する科学者、フロリアン・ノイカートによると、D-Waveコンピューターは、通常のスーパーコンピューターだと解読に30分はかかる交通情報を、わずか数秒で処理したという。[26] 最終的にD-Waveがどこまで高速で効果的な処理をできるようになるかについては議論が続いているが、少なくとも現時点で言えるのは、自動車やドライバーから大量の情報を収集し、操作する能力が急速に拡大しているということである。

コネチカット州に拠点を置くテクノロジー系調査会社、ガートナーグループは、2020年代の初頭までに世界中で2億5000万台のコネクテッドカーが稼働し、それによって車載サービスや自動運転機能が拡大すると予測している。[27] 2020年までに、インフォテインメント・システム〔「インフォメーション」と「エンターテインメント」を組み合わせた言葉で、情報と娯楽の両方を提供する車載システムを指す〕にAIが搭載されることが標準的になるだろう。それにともなって、音声認識やジェスチャー認識、視線追尾やドライバーモニタリングシステム、先進運転支援システム(ADAS)(これにはカメラを通じたコンピュータービジョン、レーダーをベースとした指示ユニット、ドライバー状態評価、センサーフュージョン〔異なる種類のセンサーを協調させて情報を補完する方法〕によるエンジン制御などが含まれる)、といった機能が提供されると考えられる。[28] こうした未来的な機能は、異なる情報源から得られたデータを組み合わせることで、コンピューターが結論を引き出し、意思決定するのを支援するものだ。[29]

一部のAI技術はすでに人が運転する自動車に搭載されており、最終的には運転システムを完全に引き受けていくだろう。たとえばフォードは自社の車載システム「シンク」に音声認識技術を応用し、コミュニケーションやエンターテインメント・システムを声で操作できるようにしている。いまやフォードのユーザーは、車内からアマゾンのアレクサにアクセスして天気を確認したり、オーディオブックを再生したり、買い物リストに商品を追加したり、アレクサ対応のスマートホームデバイスを制御したりできるのだ。[30] またフォードの Focus Electric, Fusion Energi, C-MAX Energi といった車種のオーナーは、アマゾンのスマートスピーカー「エコー」や「エコードット」に指示することで、自宅から自動車のカギをかけたり、エンジンをスタートさせたりすることができる。またコンピュータービジョンのようなＡＩ技術も多くの自動車に搭載されており、実際の環境下で周囲の物体や状況、動きを認識できる。近い将来、自動車に対してひとりでにガレージから出て、玄関の前ですぐ出発できる状態で待つよう命じることが可能になるだろう。

ＡＩは近いうちに、運転支援と安全機能の中心的なテクノロジーになると考えられる。ＡＩ技術は、車両が人間のニーズをよりよく理解し、人間と同じように反応し、学習することを可能にするだろう。最良のシナリオでは、ＡＩで制御された自動車は人間の意思決定をより良いものにし、自らのミスから学習する。たとえば機械学習によって、火曜日の朝10時から11時までは特定の道路を通行しないという判断を自動車が下すようにできる。その時間は清掃車がゴミ収集を行なっていて、通行を妨げているから、といったことを車が覚えるようになるのだ。またディープラーニングとセンサーフュージョンを活用し、車両の周囲で起きていることを3次元マップで完全に把握して、人間のドライバーよりも優れた意思決定ができるようになるだろう。

自動車がますます大量のデータを受け取るようになるにつれ、その学習は深まっていく。アダプティブ・クルーズ・コントロール（定速走行・車間距離制御装置）によって、自動車は周囲からデータを集められるようになり、似通った場所や条件下での運転経験についてのデータをどんどん蓄積していくため、自動的な意思決定をたえまなく改善していくことができる。

車載システムと連携する車外のネットワークは、多くのデータを収集し、一部の事故の原因を軽減できるような情報を共有するようになるだろう。しかしこの種のAI学習には、膨大な量のデータを処理するために、膨大な計算能力が必要とされる。現在のところ、ほとんどのセンサーは「脳なし」で、情報を解釈せずに取り込むだけだ。たとえばビデオカメラは1秒あたり、30フレームを記録する。個々のフレームは、複数の明度情報と数千のピクセルで構成された画像である。ピクセルの集合が表しているのがトラックなのか、それともサイクリストや歩行者、木の枝なのかを素早く判断するには、細やかに調整された膨大な量の視覚情報に加え、ニューラルネットワーク（人間の脳内にある神経細胞のネットワークを模した数理モデルで、人工知能など高度な情報処理を行うコンピューターシステムに活用される）による深い情報処理が必要になる。

先述したことは、ネットワークに接続したスマート自動運転車（人間が運転する車両の可能性もある）と、監視とデータ収集によってもたらされるポジティブな効果の一部であるかもしれない。そうした効果のなかには、常にとは言えないまでも、犯罪やテロの脅威を大幅に減らす働きもあるだろう。すでに述べたように、データ収集は自動車がより良い安全な意思決定を行ない、人間の生活の質を向上させるのに役立つ。セントルイスにあるワシントン大学でプライバシー法を教えるニール・リチャーズ教授は、「スマートで自動化された交通規制システムによって、警察はコストを抑えて、貴重な資源を普通のドライバーにではなく危険な犯罪者に向けることができます」と語っている。(31)

しかしネットワークに接続する自動車を通じた大規模なデータ収集と、その分析によって生じるプライバシーの侵害は、非常に厄介な問題だ。家の外や車の中で仕事をしている民間人を監視することは、多くの倫理的問題を引き起こす。民間企業や政府が、公の場にいる民間人からデータを取得することは受け入れられるのだろうか？　民間企業や政府による監視を規制すべきか？　自分たちの行動が記録され、企業や政府によって利用されることを許可するかどうかについて、市民が選択権を持つべきではないだろうか？

たとえばアルコールの匂いを感知すると、自動車が発進しないようにする既存の装置を考えてみよう。アルコール濃度を測定するために、特定の装置に息を吹き込む必要がある製品もある。一方でキネティックが開発した装置は、息を吹き込む必要はなく、運転席の周りに配置されたセンサーを使って、ドライバーが飲酒したかどうかを即座に判断する。[32]　しかし自動運転車を使う場合には、制限を超えていても問題ないのではないか？　酒を飲んで自動運転車に乗り込むことを、誰が気にするのか？

自分がどこへ向かっているのかを知られたくない場合もあるだろう。ある友人は、年老いた叔母が彼女の夫の行動を怪しみ、車のGPSデータを使って、彼が昔の恋人を訪ねていたことを突き止めたと話してくれた。この浮気な夫にはあまり同情しないかもしれないが、もしあなたが癌の専門医にかかっていることや、転職の面接に行くことをいまの雇用主に知られたくないとしたらどうだろう？　現在、多くの都市のタクシーには、車両の位置を把握し、近くにある店舗の広告を乗客に対して示す後部座席モニターが搭載されている。企業はこの種の技術を使って、店舗の前を通り過ぎる客を把握し、乗客がタクシーを降りたら彼らの電子機器を通して売り込みをかけたいと考えるだろう。そんなの気にしない？　では、あなたのお子さんが車に乗っていることが企業に察知され、ターゲットにされても、本当に気にしないだろうか？

英国のように、監視行為に対して世界で最も寛容な法律があり、司法によるチェックがほとんどなく、プライバシー問題に対する世間の批判もあまりない国では、すでに公共の場でのデータ収集が日常茶飯事になっている。(33)　監視カメラが、ロンドンをはじめとする大都市圏を中心に英国各地に設置され、さらに政府がどのような情報を収集し、どのように利用できるかについて、諸外国に比べ制約がほとんどない。こうした背景から、一般市民を監視することの有効性と倫理について議論が巻き起こっている

民間企業がデータを渇望している背景には、それを収益化したいという願望がある。企業があなたのデータを無料で手に入れ、あなたに何か売るためにそれを使うことは許されるべきだろうか？自動運転車が稼働する公共の場では、プライバシーが守られるなどということはほとんど期待できない。自動運転車で公道を走ったり、公共の駐車場に入ったりするときには、プライバシーはとうてい望めないのだ。ネットワーク化された自動運転車の商用車隊は、都市の全住民を含むほどの、膨大な数の人々に関するあらゆる種類のデータ（人々がどこへ、どうやって移動しているか）を収集できるようになる。車隊の所有者は、無数のセンサーが捉えた情報を保存し、ソフトウェアを使って分析するだけでいい。(34)

自動運転車によって可能になったデータの大規模な収集と分析は、アンバーアラートやシルバー

アラート〔米国やカナダで導入されている緊急警報システムで、アンバーアラートは児童の、シルバーアラートは高齢者の行方不明事件や誘拐事件の発生を、スマートフォンや電光掲示板などのメディアに通知する〕の対象者を発見するために活用できると考えられ、また同じ技術を使って運転パターンを分析し、自動車保険の保険料率を調整することも可能になる。しかし政府がこの技術を反体制派の身元照会に利用したり、自動運転車メーカー（もしくは収集されたデータを購入する企業）の従業員がストーカー目的に利用したり、特定の特徴にしたがって人々をグループ化して、何らかの差別を行なうのに利用したりする可能性があることも事実だ。[35] この可能性にはぞっとすると言わざるをえない。

私のブルックリン出身の旧友に起きた話をしよう。彼女のことをここでは仮にサラと呼ぶ。サラの兄はペンシルベニア州において、小児性愛で有罪判決を受け、刑務所に送られることになった。ところが彼は短い間だけだったのだが、当局から逃亡した。すると彼を捜そうとする自警団によって、全国規模のネットワークが形成された。こうした自警団員のなかには、警官になろうとしていた人々もいれば、自分自身が性的トラウマに苦しんでいた人々、さらには無職で何もすることがなかった人々もいた。彼らはソーシャルメディアを使って「クチコミを拡散」したのだが、その際にナンバープレートや、家族の住所に関する情報までも共有された。まもなく自警団は、兄の犯罪とはまったく関係のないサラにまでストーカー行為を始めた。そして彼が捕まった後も自警団の行為は続き、いまに至るまで終わっていない。誰も「スイッチをオフ」しなかったからである。彼らはいたるところでサラに付きまとい、嫌がらせをし、それに対して彼女にできることはほとんどなかった。警察も小児性愛者の妹に同情しなかったのだろう。警察は事実上何もしなかった。皮肉なことに、サラと彼女の兄は元警察官の子供だった。

センサーを搭載し、公共、民間を問わずあらゆる種類のネットワークに接続された自動運転車は、ネットワーク内のすべての人々の物理的な動きを記録することで現行の監視行為をさらに強化する。誰かがどこにいようと捜し出し、車両の中にいるときに何をしているかを正確に把握することまでできるようになる。これは、いま私たちが所有する携帯電話やGPSが集めるデータよりも、はるかに正確なものになるだろう。ネットワークに接続した自動車は、自らがどこにいるかだけでなく、どのようにしてそこにたどり着いたか、目的地に着いたときに何をしたか、車両内の乗客がどのような通信をしたかといったデータも収集するようになる。

2011年、ウーバーはサービス発表会の場において、「ゴッド・ビュー」と名づけられたデータベースを披露した。これはある地域にいるウーバーの全ユーザーに関する情報を「見る」ことができるという仕組みだった。シカゴで開催された同様のイベントに参加したジュリア・アリソンは、同社がニューヨークのウーバー利用者30人の居場所と動きをリアルタイムで参加者に示し、その30人のリストも公開したと語っている。アリソンはリストに掲載された人々の半数を知っており、その中には起業家のピーター・シムズの名前もあった。すかさずアリソンはシムズに彼がどこにいるか知っているというメールを送ったところ、シムズはこの一件に不快感を示した。彼がその後でこの事件について書いたブログ記事は、すぐにソーシャルメディア上で拡散した。(36)

政府はすでに、民間のデータベースを購入したり借用したりしている。米国家安全保障局（NSA）は、ユタ州に大規模なデータ&スパコンセンターを構築し、世界中のインターネット通信の大部分を傍受・保存して解読・分析することを目指している。[37] 自家用車からのデータは、この活動に新たな情報源をもたらし、それは未知の目的のために使用されることになる。

ニール・リチャーズは、「複雑に絡み合った政府と企業の監視者の連合体」は、知的活動のプライバシーにとって脅威であり、「民主主義社会の基本的な約束事と矛盾する形で、個人の信念の進歩を脅かすでしょう」と語っている。また彼は、「監視は監視者と監視されている人々の力関係を歪曲し、監視者が監視下の人々を脅迫し、強制し、差別する能力を高めます」と主張している。[38]

監視の有害な影響を軽減するには、監視が問題になったり、危険で許容できなくなったりするのはどんな場合なのかを認識し、企業や政府が有害な監視行動を取った場合に利用できる法律、規制、解決のための指針を整備しておく必要がある。私たちは交通の改善に役立つテクノロジーの開発に取り組んでいるが、プライバシーの保護をないがしろにするようなことはあってはならない。

誰が責任を持つべきか

倫理がからむ頭の痛い問題に、法的な側面がある。ドイツ交通・デジタルインフラ省の倫理委員会は最近、自動運転車を開発する自動車メーカーに向けて20のガイドラインをまとめた。[39] このガイドラインでは、事故が発生した場合、何よりも人命救助を優先することを定めている。さらに自動運転車に搭載されたソフトウェアは、年齢、性別、抱えている障害など、いかなる形でも人間を区別してはならない。同委員会では、責任を明確にする唯一の方法は、いつ自動車が自律走行していて、いつ人間の制御下にあったかを知ることであると主張している。この主張からうかがえるのは、自動車メーカーが自動運転車の関係する衝突事故の責任を問われる可能性があるということである。委員会の提案はまだ法律で定められていないが、近く成文化される可能性が高い。

自動運転車の買い手は、自分の安全に有利な倫理アルゴリズムを選ぶことができるだろうか？　そのアルゴリズムの決定のせいで誰かが負傷した場合、アルゴリズムを選択した人物は法的責任を負うのだろうか？　場合によっては、消費者が安全性の問題について選択権を持たないほうがいいこともある。シートベルトのように、出荷前に安全基準を統一して設けたほうがいいのかもしれない。

倫理、自動運転車、環境

どのような種類の自動車が何台路上を走るのかを許可することにも、倫理的な要素がほぼ確実に含まれる。議員や地域社会は、自動運転車が歩行者や自転車などを締め出し道路を占領してしまうことのないよう、また家ほどもある大きな構造物が次々に出現し、環境に多大な負荷をかけて人々や動物、緑地を窮地に追い込むことのないようにする、道義的な義務を負っている。私たちは自動運転車が、いま慣れ親しんでいる自動車と同じような存在になるだろうと考える傾向があるし、実際に一部は間違いなくそうなるだろう。自動運転車が広く社会に受け入れられるためには、よく親しまれている比較対象物、つまり従来の自動車のような外見である必要がある。少なくとも、初期の段階においてはそうだろう。しかし将来的には、自動運転車はさまざまな形態やサイズをとる可能性がある。

自動車デザイナーのダン・スタージェスは、「最初のPCの外観と、現在の携帯電話の外観を比較してみましょう」と語る。初期のPCと今日の携帯電話では、機能的にだけでなく、美的にも大きく異なる2種類のマシンと言うことができる。「自動運転車は、現在の私たちが知る車のあり方から制約をいっさい受けない存在です。だからいまの人々が慣れ親しんでいるような車の姿にはならないかもしれません。オフィスや小さな家のように見えるものや、誰も乗っていないときには完全にバラバラになるようなものになるかもしれない。このように、あらゆる形状が考えられます」と彼は言う。「そして素材技術によって、移動手段のあり方は驚くような新しい世界へと進んでいくことになるでしょう」(40)。他の場合と同様に、その可能性には良いもの、悪いもの、そして最悪のものがある。良い可能性とは、乗り物のデザインによって移動の問題が解決されるというもので、このシナリオでは車両が場所を取らなくなり、ライドシェアが望ましく利用しやすいものになる。悪い可能性、そして最悪の可能性とは、交通版の「マック・マンション〔1980年代初期につくられた言葉で、粗製乱造された質の悪い邸宅を指す〕」が標準となり、空いているあらゆる緑地を侵食していくというものだ。

推進派は、無人運転車のほうが人間の運転する車より本質的に持続可能な存在だと主張する。そして熱烈な支持者たちのおなじみの言説によれば、自動運転車はシェアリングエコノミーに向いており、ひとたび広く利用できるようになれば、いま多くの都市で行なわれているレンタルサイクルのように、多くの人々がより小型の車両を使うことを選択するようになり、そしてそれを必要なときにだけ使って、必要でないときには他の人が使えるようにするだろうという。そうなれば、道路を走る自動車の数を減らし、汚染を減らすことができるはずだ。ネットワークに接続された車両は、非効率な経路を避け、全体として運転時間を短縮し、その結果、空気はきれいになり、炭素排出量は削減される。しかし相乗りが標準にならず、自家用車が普及し続ければ、道路を走る車両も増加して、汚染や渋滞は悪化し、歩行者や自転車よりも自動車を優遇するような道路になる可能性が高い。

自動運転車が増えることで、車の外にいる人々の安全も高まるはずだ。自動車はより軽量化され、製造に必要な資源も少なくて済むようになり、そうなれば環境への負荷がさらに軽減される。効率性を追求することは、環境の倫理的な管理・保護において重要な一部分を担う。

しかしこの未来像は、保証されたものではない。テキサス大学交通研究センターのチャンドラ・バットは、自動運転車が小型で燃費効率が良く、環境への負荷がより少ない乗り物になるとは限らないと言う。車を運転するという制約から解放されると、多くの人々が、移動中に手足を伸ばしたり、リラックスしたり、読書したり、メールを打ったり、仕事したり、映画を見たり、さらには昼寝をしたりできるような「より快適な空間」を望むようになり、結果として自動車が、より大量のガソリンを消費する大型の乗り物になる可能性があるからだ。個人所有の場合には、ウィネベーゴ製のキャンピングカーほどの大きさがある自動運転車も登場するだろうと私は考えている。冷蔵庫やマッサージチェア、そして運動用のサイクリングマシンがコンパクトに収まった快適な空間とともに旅行をしたくない人などいるだろうか？

ジョージア工科大学公共政策大学院の准教授で、『大都市開発の倫理』(*The Ethics of Metropolitan Growth*)の著者であるロバート・カークマンは、次のように語っている。「(スプロール現象問題について)両極端な主張をする人々——反スプロール派と自由市場主義——は、陰謀に等しいものが存在すると思い込んでいる。それは人々をだまし、丸め込み、強制するというのだ。そうでなければ、何とかして彼らの生活を操って、人々を絶望的で持続不可能な郊外へ追い出したり、あるいは逆に人口が密集し危険な都市に追い戻したりしようとするというわけだ」[41]。この議論に自動運転車が加わると、スプロールの管理(土地の非効率的な利用や開けた土地の破壊を防ぐこと)はさらに難しいものになる。これに対する答えを出すのは、都市計画だけでは不可能なのかもしれない。自動運転技術によって、より多くの人々が郊外での生活に魅力を感じるようになったとしても、都市の中心部を発展させつつ、郊外の成長を遅らせるという権限が、倫理的にみて正しいかどうか、私たちは考えなければならない。

動物に関係する環境問題もある。米国の各州の交通局とロードキル〔野生動物が道路で自動車に轢き殺されてしまう問題〕対策で協力している野生生物研究者、パトリシア・クレイマーによると、スマートカーや自動運転車に360度センサー技術が搭載されれば、理論上、車両にブレーキをかけたり方向を変えたりすることで、シマリスなどの小さい動物から、シカやヘラジカ、ツキノワグマといった大型の動物まで、事故による犠牲を防ぐことができるという。「もし動物を轢き殺すことがなくなれば、私たちは動物たちのすぐ近くで暮らしたいと思うでしょうか?」と彼女は問いかける。「それこそ、これから起きることです」[42]。あるいはエンジニアたちは、乗っている人間の快適さと利便性、そして車体を常に優先させるように車両をプログラムし、轢かれてしまう動物が増えてもよしとするだろうか？　それとも、道路にいる動物のせいで自動運転車は混乱してしまうだろうか？　それはまさにオーストラリアで起きたことだ。

ボルボがキャンベラで行なった実証実験のセッションにおいて、同社の無人運転車向け大型動物検出システム（地面を基準点として使うことで道路上の動物を検出し、その動物が車両からどれくらい離れているかを測定するもの）は、シカ、オオツノシカ、ヘラジカを問題なく認識して回避した。しかしカンガルーの場合、検出センサーが跳躍運動を認識できなかったため、その存在を把握することが困難だった。(43)

ボストングローブ紙は、ボストンにおける自動運転技術の最大の障害は、カモメかもしれないと報じている。ヌートノミーが開発した自動運転車の実証実験では、最初の1カ月間は計画どおりに進んだものの、冬になると道路に集まるカモメの群れに対応するのに苦労することとなった。ヌートノミーのカール・アイアグネマCEOは同紙に対し、「鳥が1羽の場合には、十分に小さいので車はそれを無視できると判断できます。しかし群れでいる場合には、大きな物体のように見えてしまうので、鳥だと認識できるよう車を訓練しなければなりませんでした。まったく、こんなことは初めてですよ」と語っている。(44) 私は今でも、半世紀以上前に兄のハロルドが運転を教えてくれたときのことをおぼえている。そのとき進行方向の先に鳥が飛んでいたので、私は車のスピードを落とした。すると兄は、アクセルを踏み込めば鳥は逃げていくと言い、実際にそうなった。それから52年間運転してきたが、私は一度も鳥をはねたことがない。進行方向に鳥がいるのを発見したら、自動運転車はどうするだろうか？　この原稿を書く数日前、私は美しいアルバ島をドライブしていた。すると前方に、高さが30センチもないイグアナが道にいるのを見つけた。私はスピードを落とし、立ち止まり、イグアナが道路を渡るのを待った。こうした対応を、どうやって自動運転車に教えればいいのだろうか？

自動運転車は常に、大小の動物（小さいというのはどのくらいだろうか？）を避けるようにプログラムすべきだろうか、あるいは人間以外のものよりも人間を優先する行動を取るようにすべきか？　大切な繁殖期や渡りのシーズンにはその場所を避けるようプログラムすべきか？　セントラルフロリダ大学の保全生物学者で、道路生態学の専門家であるダニエル・スミスは、ニューヨークタイムズ紙に対し「自動車は判断できるようになるでしょう。『よし、ここはカエルの生息地だ。そして時期は春で、雨が降っている。カエルたちが交尾する相手を見つけるために、道を横切ろうとするかもしれない』というふうに」と語っている。(45) スミスが指摘するように、重要な時期にこうした道路を避けるよう自動運転車をプログラムして、カエルを殺さないようにすることも可能かもしれない。しかしこの種のプログラムが実際に定着するには、多くの人々が生物に対する価値観を変え、道路が生態系全体の一部に過ぎないことを理解する必要があるだろう。

車両デザイナーとメーカーと倫理基準

自動車の設計や製造におけるメーカーの倫理は、環境や安全などの政策にも影響を与える。メーカーは、自動車を環境に優しくクリーンなものにするため努力すると言うかもしれないが、そうした約束は守られるとは限らない——たとえそう強制する法律があったとしても。たとえばフォルクスワーゲンは、全世界で販売された1100万台の自社とアウディのディーゼル車に、「ディフィートデバイス」と呼ばれる排ガス規制を逃れるための違法ソフトウェアをインストールしたことで、米国での大規模なリコールと元CEOによる謝罪に追い込まれた。[46] このソフトウェアは、排気ガス制御モジュールに組み込まれていたのを、車両の排気ガス試験を受けているときに発見された。これを使うと、排気ガス試験中はエンジンがクリーンに作動するのだが、通常の走行状態では排気ガスの制御がオフになり、米環境保護局（EPA）が定める最大許容量の40倍もの窒素酸化物（呼吸器系の問題やスモッグを引き起こす大気汚染物質）を排出してしまう。

ネゲヴ・ベン＝グリオン大学のヨタム・ルーリー教授は、自身の論文「ソフトウェアエンジニアのための職業倫理」の中で、ソフトウェアデバイスは「不正工作」に適していると指摘し、そのような改竄《かいざん》はハードウェアの改造よりも外部の人間にとって発見しにくいと論じている。[47] また彼は、フォルクスワーゲンのソフトウェア技術者と、エンロンの会計士（エンロンと協力し会計上の抜け穴を作り、適切な監査を行なわなかったことで、公共の利益を守らなかった）との類似点を指摘している。

もちろんこの事件は、倫理観の欠如した数人のフォルクスワーゲンのソフトウェアエンジニアが、勝手に不正ソフトをインストールしたなどというものではない。フォルクスワーゲンの上層部が共謀していたのだ。カリフォルニア州にあるサンタクララ大学で哲学科の学科長を務めるシャノン・

バローは、「この不正ソフトは同社の製品ラインに蔓延していました。何度もテストして、アップデートされたに違いありません。これは、深刻で大掛かりで、人々の健康に影響を及ぼす企業の悪事です。これが倫理に反することを、関係者全員が知っていたとみて間違いないでしょう」と語っている。[48]

自動運転車に関して心配しなければならないのは、外部によるハッキングだけではないのだ。メーカー自身が公表しているのとは違う形で動くように自動車をプログラムしていた場合、どうすればそれを察知できるのだろうか？　メーカーがコストのかかる規制を避けようとして非倫理的な行動を起こしたら、どうやってそれから身を守ればよいのだろうか？

フォルクスワーゲンの一件は、コンプライアンスの考え方の失敗を浮き彫りにしていると、バローは言う。ＥＰＡのような機関が定めた規則に反しない限り、専門家はなんでも好きなことをしてしまう。「これは単なるチェックリストに過ぎません」と彼女は語っている。「それが示唆するのは、ルール違反で捕まらない限り、なんの損害も生じないということです」。大学や研修プログラムは、倫理を教えたり、それをエンジニアの必修科目にしたりする上で、より効果的である可能性があるとバローは言う。すべての工学系教育機関において、倫理学の授業が必須になっているというわけではない。エヴァ・カプラン＝ライザーソンは、全米プロフェッショナルエンジニア協会の会報誌ＰＥにおいて、エンジニアは技術的な観点からだけでなく、自分たちの仕事が人類の未来にどのように影響するか、また社会を改善し公共の利益を実現することに取り組んでいるかという観点から、自らの仕事を見つめるべきだと述べている。[49]

倫理と特権

自動運転車の登場によって提起された最も困難な問題（そしておそらく最も醜悪な問題）のひとつは、自動運転車が富裕層に恩恵をもたらす一方で、低所得層にはさらなる負担を強いる可能性があるという点だ。自動運転車は社会経済的に分類されるさまざまな集団間の力関係に、どのような影響を与えるのだろうか？　自動運転車によって、社会経済的な尺度で下層に当たる人々の権利や能力が拡大し、以前に比べて仕事や資源を手に入れやすくなったり、いろいろな場所への移動が容易になったりするだろうか？　あるいは自動運転車は、「自分たち」と「他の人たち」の間に深い溝をつくりあげはしないか——所得水準の異なる人々の間にはっきりとした格差を生み出しはしまいか？

自動運転車が従来どおりの所有形態で普及すれば、いま高級車を買う余裕のある人々だけが最新の安全機能を享受できるのと同じように、最も裕福な人々が自動運転車の「アーリーアダプター」になるだろう。これはおなじみのパターンだ。金持ちを助け、貧乏人をくじく、という図式である。10〜15年前までは、警告システムやバックアップアシスト〔バック走行時の衝突回避システム〕、内蔵型GPSといった多くの機能が高級車にしか装備されておらず、中・低価格帯の車両では追加料金を払わないと利用できなかったり、そもそも利用できないようになっていたりした。いまこれらの安全機能は、ハイエンドとミドルエンドの車種に搭載されることが増えてきているが、その進度は遅い。米運輸省道路交通安全局によると、２０１７年の時点では、米国の自動車メーカー20社のうち、正面衝突が起きそうなときに自動的にブレーキがかかる標準的な自動緊急ブレーキを少なくとも半数の車種に装備しているのは4社だけだった。[50] もし自動運転車の価格が下がれば（自動運転車をつくる技術はメーカーにとってますます手頃なものになるため、多くの人々がそうした価格下落が起きると予想している）、より多くの人々が利用できるようになり、いずれは自動運転車のみが道路上の走行を許可されるようになるだろう（実際、モペッド〔原動機付き自転車〕や原付、オートバイのユーザーは、それらが違法になるのではないかと恐れている）。

もしもライドシェアが乗り物の標準的な利用方法になれば、自動運転車によって社会全体の公正さは増進する可能性がある。しかしこの「もしも」の前提は非常に重要だ。自動運転車のライドシェアを手掛ける企業は、低所得地域でしっかりとしたサービスを提供しても利益につながらないと考えるかもしれないためである。現在でもウーバーやリフト、および類似のライドシェアサービスは、すでに交通手段の充実している高所得地域にかなり集中している。[51] ライドシェアの普及によって、公共交通機関から離れた地域や地方部に住んでいる人々は交通手段を持つことができるようになり、その結果、さまざまな仕事や資源、快適な環境を入手したり利用したりできるようになるかもしれない。しかし個人所有のほうが優勢になると、自動運転車を持つことができない人々は、こうしたメリットを享受できなくなる。また自動運転車を持つ人々は、通勤しながら仕事もできるため、住む場所の選択肢が増える。そして限られた交通手段しか持たない人々は取り残され、交通手段がないためにキャリアアップの機会も制限され、所得格差がさらに広がる可能性がある。

倫理、社会正義、不平等

自動運転車がライドシェアサービスの車両になっても、依然としてライドシェアは、少数派の人々にとって多数派よりも利用しづらいものであるかもしれない。そうした不公平さに対処するのは、非常に難しい仕事になりうる。ワシントン大学の経済学者ヤンポ・ジェとドン・マッケンジーは、ＭＩＴのクリストファー・クニッテル、スタンフォード大学のスティーブン・ゾープとともに、最もよく使われている配車アプリが、タクシー業界から疎外されている人々にどの程度役立つかを検証するための実験を考案した。[52]

マッケンジーらはシアトルとボストンに助手を派遣し、ウーバーやリフト、フライホイールなどのサービスを使って、約１５００台のタクシーを拾わせた。助手たちはアプリのスクリーンショットを撮影してどのような体験をしたかを記録し、予想待ち時間やドライバーが彼らを受け入れたか、拾った場所と降りた場所といった情報を集めていった。研究者たちはこの実験によって、各サービスにおいて、性別と人種に基づいて人々の扱いにどのような差があるかを分析することができた。最終的に彼らは、「人種差別の重要な証拠」を発見した。具体的に言えば、黒人の助手の場合、白人の助手よりも待たされる時間が長く、キャンセルの頻度も高かったのである。

シアトルでは、ウーバーやリフトを使って乗車を申し込んだ黒人の助手は、白人の助手よりも乗車するまでに16〜28パーセント長い時間を待たなければならなかった。特に黒人の助手がウーバーを利用したときは、シアトルでの待ち時間が白人の助手の時に比べて29〜35パーセント長かった。

ボストンの実験では、黒人男性の助手がウーバーを利用したとき、白人男性の助手に比べて、ドライバーによって予約をキャンセルされる率がはるかに高く、実に3倍にも達していた。また実際に黒人か白人かにかかわらず、助手が「黒人らしい」名前だった場合は、「白人らしい」名前の助手の場合に比べてキャンセルされる確率が有意に高かった。この影響は、ただでさえタクシーを拾うのが難しい人口密度の低い地域や公共交通機関から離れている地域でさらに悪化した。

ライドシェア利用者のソーシャルプロファイリング〔特定の人物について、ソーシャルメディア上などで公開されている情報からその詳しい姿を分析する行為〕は、こうしたサービスから生み出されるデータが増えれば増えるほど、詳しいものになっていく。そしてデータによってより多くの人々が分析されればされるほど、アルゴリズムが私たちを区別することが容易になる。

自動運転車は、テールランプが壊れているなど、道路を合法的に走行するための部品が正しく機能していない場合、起動しないようにプログラムされる可能性が高い。小さな違反で自動車を停車させるという慣行は、路上で人々（特に有色人種の人々）を止めるために長らく使用されており、ドライバーと同乗者に悲惨な結果をもたらしてきた。これは交通違反で車を停止させるべきではないという意味ではない（むしろそうすべきだ）。しかしそれは公平に、そして人種プロファイリングをすることなく行なわれるべきだ。自動運転車はこの目標を達成するのに役立つだろう。そして既存のテクノロジーは、すでにその後押しをしている。たとえば信号機や速度計に設置されたカメラが、日常的な交通の取り締まりに活用されている。カメラを使えば、24時間年中無休の交通取り締まりを、生身の警察官が行なう場合よりはるかに低コストで実現できる。それだけでなく、カメラはそこで起きた重大な犯罪の映像も記録できる。そうしたカメラやデータ収集デバイスは、何の偏見も持たないようにプログラムすることができる。しかし人種、年齢、性別などによって、特定のグループに対してバイアスをかけるようにプログラムすることも可能なのだ。

他に倫理面で懸念されていることには、配車サービス企業が特に収益性の高い地域の人々だけを送迎するように車両をプログラムすることが挙げられる――結果的に、それはその地域以外の人へのサービスを拒否するということである。こうした対応は差別の一形態としてもはやすっかり根づいており、医療サービスやスーパーマーケットへのアクセス、住宅の選択、交通手段などにおいて行なわれてきた。自動運転車でも同じ結果を招いてしまうなど、不快きわまりない。自動運転車のライドシェアにおける不公平を防ぐためには、新たな差別禁止法が必要になるかもしれない。自動運転車がもたらす変革の規模は非常に大きいため、私たちにはいま、公平性を高めるか不平等を増大させるか、その両方の可能性が示されている。選ぶのは私たちだ。

第7章 未来へ

宇宙は決して遠く離れた場所ではない。自動車に乗ってまっすぐ上に進むことができれば、たった1時間のドライブで到着する。

——フレッド・ホイル卿、天文学者[1]

本書を通じて、自動運転車が普及した世界における主要な問題と、起こりうるシナリオについて解説してきた。それには良いものもあれば、悪いもの、最悪なものもある。それらはいずれも避けられないわけではなく、知性と賢明な計画に基づいて迅速に行動すれば、悪いものと最悪なものはその深刻度を劇的に軽減できる。自動運転車がもたらす避けようのない変化に対処する、正しい方法はあるのだ。自動運転車の良い点を伸ばして広げるには、車よりも人を優先的に考えればよい。とはいえ、前世紀に自動車が登場したときに私たちが行なったことの、まさに逆をやればいいというわけではない。それが重要な点だ。

利害関係者と市民は、自動運転技術の利点を最大化し、欠点を最小限に抑えるべく、政府とともに協力し合うことができる。またそのように行動すべきだ。大小さまざまな議会を通じて、公平性を促進するように自動運転車関連の法律や規制を成立させるべきなのである。また他の国々に影響が出るような自動運転車政策を検討する際には、全世界のパートナーたちと連携しなければならない。たとえば、生産設備を有する国に悪影響を及ぼす可能性のある製造基準や、輸出入する車両の排出基準、各国の法律に準拠したデータ収集基準を検討する場合などで、メーカーと開発会社は、安全性、公平性、およびサービスを実現するために、さまざまな関係者と連携する必要があるのだ。

疑わしく感じるところもあるにはあるが、フォードのビル・フォード会長とジェームズ・ハケットCEOの言葉には勇気づけられる。彼らは自動運転車が世界中で氾濫し、身動きが取れなくなるような方へ進みたくはない、と語っているのである。[2] ニューヨーク市のライドシェア業界が、混雑課金を通じて手数料引き上げを行なう姿勢を示したとき、ウーバーがそれを支持したことに、私は（ほんの少しだが）嬉しい驚きを覚えた。[3]

しかし払拭するのが難しい懸念がひとつある。前世紀の米国で実際に起きたように、民間企業が公道上での出来事に決定権を持つことを政府が許してしまうのではないかという恐れだ。本書が、もっと良い方法を求める声が上がるきっかけとなり、そしてその声を大きく明瞭にする一助となれば何よりだ。ここには、私が考える処方箋を書いた。

自動運転車の誘惑には抗《あらが》いがたい。それが交通に関するあらゆる問題を解決してくれると、安易に願ったり信じ込んでしまったりする。交通が高速化し、事故はほとんどなくなって、車中で過ごす時間は楽しく、生産的なものになる——というわけである。1世紀あまり前、私たちは似たような売り込みを鵜呑みにしてしまった。自動車によって、移動のスピードは上がり、生産性も上がる。馬の糞がなくなって、都市の生活はもっと健康的になる。そして、生活はもっと楽しいものになる、などなど。そして人々は、自由放任的な態度で自動車に接しただけでなく、新しい乗り物に隷属する社会を許してしまった。そう、私は考えている。「ゼネラルモーターズにとって良いことは、アメリカにとっても良いことだ」〔ゼネラルモーターズの元CEOチャールズ・ウィルソンが、1953年にアイゼンハワー政権の国防長官に任命された際に言ったとして引用されることの多い言葉だが、実際にはこれとは異なる表現だったとも言われている〕という言葉は、それ以前から人々が受け取っていた、「自動車にとって良いことは、都市や州、そしてこの国にとっても良いことだ」というメッセージの別バージョンに過ぎない。そしていま、自動運転車業界を代表するような人物たちと会って話すと、彼らは自動運転車が人類にもたらすであろうメリットについてだけ話したがる。ちょうど初期の自動車メーカーが、「馬のない馬車」がもたらすメリットについて語ったように。

私たちは本書を通して、自動車に対する前世紀のこうしたアプローチが、都市の空洞化、交通システムの崩壊、都市住民の減少と貧困化のスパイラル、都市サービスの削減と犯罪の蔓延という悪循環につながったことを知った。米国では1899年から2013年にかけて自動車事故で361万3732人が死亡した。また800万人が負傷し、その多くが永続的な障害を負っている[4]。米国人が最初に自動車を受け入れたときに望んだ結果が、これほどまでの死傷者数だったとは思えない。それは人々に提示されていた約束ではなかった。

1970年代初頭に都市設計者としてキャリアをスタートさせた私は、交通の流れを良くする方法を考え出したものの、その後すぐに交通量が増加して自動車の走行速度が以前の低いレベルに戻ってしまうという経験をした、多くの交通エンジニアのひとりだった。私は「誘発交通」を生み出しただけだった──道路の交通容量を増やしても、増設したスペースにドライバーたちが殺到するのである。「道をつくれば、彼らがやってくる」というわけだ。しかし交通容量を増やすことは改善であり、良いことをするための方法であるという考えがあった。ところが1980年代になると、そうした考え方の愚かさが目につくようになった。こうした経験から得た教訓は、最も単純で、最も低侵害性の解決策（それは同時に最も費用対効果が高く効率的であることが多い）を追求しなければならないということだ。

現在、自動運転車を規制する法律が存在しないことはチャンスでもある。この機を捕えて、新しい法律を正しい形で制定し、既存の法律を賢く改正し、そして自動車メーカーだけを優遇するのではなく、すべての人のためになる政策を策定するのだ。もし各州が自動運転車の製造ガイドラインを、国内法で定められた最低基準よりも厳格にすることを望むなら、それを許可すべきだ。自動車メーカーを優遇し、自動運転車の安全基準を緩和するような画一的な国内法を制定して、州の意思をないがしろにする、そんな状態にならないようにしなければならない。あるコミュニティがレベル5の自動運転車を受け入れる準備ができていないと感じるのであれば、それを法律で禁止することが許されるべきだ。人口100万人以上の都市が、物流やネットワーク、歩行者の安全などの問題が解決されるまで自動運転車を禁止しようとするのなら、それを邪魔してはならない。

規制のあらゆる面において、自動車よりも人間のほうが優先されるよう、また革新を急ぐあまり安全でなかったり検証されていなかったりする車両が市場に出回ることのないよう、立法者たる議員たちは注意しなければならない。自動運転車の実用化よりも先に、安全な従来車を普及できるのであれば、何を焦ることがあるだろうか？　自動車メーカーが主導権を握って自分たちだけにメリットのある法律をつくろうとするのを許してはいけない。前世紀にはそれが起き、初期の自動車メーカーは運転に関する新しい法律の制定に動いて、歩行者を側道に追いやってしまった。そんな過去の過ちを繰り返したくはないだろう。

戦いはすでに始まっている。2015年8月、アップルの上級法律顧問はカリフォルニア州自動車局（DMV）の自動運転の専門家と会合し、DMVの自動運転車規制の見直しを検討した[5]。また2017年2月、自動車メーカーが米下院エネルギーおよび商業対策委員会小委員会の公聴会で、無人運転車の受け入れを促すため、従来の自動車に適用される安全基準を緩和するよう議員に訴えた。自動車メーカーが最も問題視したのは、業界の現行の安全基準によって、無人運転車の普及を進める力が殺《そ》がれる可能性だった。たとえば現在の基準では、自動車にはハンドルとペダルが必要だ。自動車メーカーはこの規制の適用除外を申請することができるが、連邦政府は年間2500台しか許可できないため、自動運転技術を開発・検証しようとする企業が増えるにつれ、問題になる可能性がある。ゼネラルモーターズのマイク・エーブルソン世界戦略担当副社長は、「自動車メーカーは、こうした車両をより多くの台数でテストし、人命を救う自動運転車の大規模な配備を進めるために不可欠な、安全に関するデータを収集する能力を持たなければなりません」と述べている。「この目標を達成するための良い方法のひとつは、運輸長官に、高度に自動化された車両開発に限って基準を除外する権限を与えることです」[6]。議員たちは、その適用除外の上限を引き上げることが立法上の解決策のひとつになりえることを認めている。また米上院議員のジョン・スーン(サウスダコタ州選出共和党)とゲイリー・ピーターズ(マイアミ州選出民主党)は、自動運転車メーカーのハードルを下げることを目的とした法案を検討していることを示唆しており、ボルボの政府問題担当副社長アンダース・カールバーグはそれを歓迎している。「議会は州政府が運輸省道路交通安全局に対し［連邦政府のガイドラインの］更新を促し、その中で［自動運転の］車両に関する法規制を行なわないことを明確に要求すべきです。いかなる車両性能要件も設定しない州や、運輸省道路交通安全局が示したモデルの範囲に留まる州に対し、連邦議会はインセンティブを与えることを検討すべきだと、私たちは考えます」。カールスバーグの要求が実現してしまうのではないかと、私は危惧している。そうなると、自動運転車に対して厳しい規制を通過させた州は、連邦政府からの補助金の停止に直面することになるからだ。

ここで少し、テクノロジーの進化を後押しする一方で、安全や環境を犠牲にすることなく人々の移動を大幅に向上させ、地域社会の関与を促す法律を整備するための賢い方法について考えてみよう。この提案は米国外にも適用することが可能であり、公平な法律を制定したい国はどこでも参考にできるだろう。私たちは人間を第一に考えなければならない。私が「交通ビジネス」を通じて学んだ教訓の中で、それこそがもっとも重要なものだ。

個人所有の抑制＋公共交通へシフト＝モビリティの新しい姿

自動運転車を喧伝《けんでん》する人々は、それが自動車の個人所有を大幅に減らすことができると言う。しかし、現在自動車を運転できない人々がみな、自動運転車の普及によって自分も車を持とうと考えるようになり、さらに現在所有している人々も、家族みんなが自分専用の車を持つべきだと考えるようになれば、自動運転車によって個人所有が進み、目も当てられないほど状況が悪化する可能性もある。繰り返しになるが、自動車の個人所有を禁止することはお勧めできない。そもそも米国では、どう転んでもそれは政治的に不可能だ。地方部や遠隔地に住む人々にとって、自家用車が必需品であることは重々承知しているので、私としては、都市部での個人所有を抑制する課金戦略を支持する。たとえ人々に自動運転車の個人所有を思いとどまらせたとしても、ライドシェアや公共交通での活用を通じて、自動運転車は多くの人々にとって魅力的で利用しやすいものになるだろう。

徒歩や自転車の利用を促して、歩行者中心のコミュニティへと舵を切るのに、自動運転車が道路を埋めつくすのを待つ理由はまったくない。もし、いますぐ自動車の個人所有を（そしてもちろん複数台の個人所有を）思いとどまらせることができれば、自動運転技術を味方につけて、所有モデルをひっくり返し、新しい規範を打ち立てることができるだろう。その規範とは、「自動車は所有するのではなくレンタルし、乗り合いで使うのが普通である、なぜなら自動車（や自動運転車）を所有するのは出費がかさむ上に不都合が多く、レンタルとライドシェアで代替したほうが便利で手軽だから」というものだ。これが大胆な「仮説」であることはわかっている。考え方や行動を変えるのは容易ではなく、自動運転車が安価で広く利用できるようになってからでは、それは不可能かもしれない。

それでは自動車メーカーを説得して、個人所有を抑制するように方針を切り替えさせるのはどうだろうか。こちらのほうが消費者に車を手放すように促すよりも簡単かもしれない。自動車メーカーにとっては、地球上のすべての人に自動運転車を販売できる可能性があるというのは魅力的だろうが、それを追求すればコスト倒れになりかねない。メーカーはもちろん、自動車に搭載するシステムをプログラムする企業でさえ、自動運転車の事故や関連する負傷の責任を負うようになる可能性が非常に高い。そうした法的責任に伴うコストを免《まぬが》れるのなら、メーカーは自ら車両を所有して、自前で車隊を管理しようとするインセンティブが生まれる可能性がある。この場合、自動車メーカーはサービス業へと変身する。そうすれば、彼らは所有する車両を良好な状態に保ち、安全性が低下する前に交換することができるからだ。[7] 生産台数の減少による収益の損失は、さまざまなタイプの乗り物をオンデマンドで提供することで得られる収益で補える可能性がある。一方で保険については、すべての責任は所有者にあるべきだという、また別の見方が優勢になるだろう。実際に、賠償責任保険のコストを高くすることも、個人所有をある程度抑制する方法になるかもしれない。

消費者はこうしたモデルを受け入れるだろうか？　大部分の先進国では、人々は自家用車に乗るような頻度では自動車運輸サービスを利用しないだろう。それは人件費が高いために、ウーバーやリフトのような価格競争力のあるサービスでさえ、あまりに高額になってしまうからだ。それとは対照的に、インドやアフリカのような国々で自動車の所有率がそれほど高くない理由のひとつは、人件費の安い人間のドライバーがたくさんいるからである。自動車を他の乗客とシェアするかどうかにかかわらず、必要なときにドライバーを雇うことが容易で、しかも安く済むのだ。無人運転車であれば、人件費は大幅にカットされるため、北米のような地域では、配車サービスやライドシェアがまずは手頃に利用できるようになるだろう。

しかし私たちが望んでいるのは、人々が自動車の運転の代わりに配車サービスを利用することだけではない。自動車の所有を抑制するには、ライドシェアサービスだけでなく、自転車や徒歩、改善された使いやすい公共交通というように、移動手段の種類を増やす努力が伴わなければならない。私たちはサイクリストたちに、税制優遇など各種のインセンティブを提供すべきだ。残念ながら、米国では2017年12月に連邦税法が改正され、2009年以来適用されていた、通勤に自転車を使う人々への月額20ドル（約2230円）の還付金が廃止された。これとは対照的に、欧州の一部の国ではこうしたインセンティブを拡大しており、米国はそれをモデルに再検討すべきだ。2017年10月、スウェーデンは電動自転車を購入した市民に、購入価格の25パーセントの払い戻しを始めた。フランスは2017年2月に、2018年1月までに電動自転車を購入した場合、一律200ユーロの補助金を出すことを決定した。またパリでは現在、電動自転車や電動カーゴバイク〔大きな荷物を運ぶことのできる運搬用自転車〕を購入したり、自動車を手放してサイクリングや他の交通機関を利用するようになったりした住民に対して、税制上の優遇措置を提供している。一方、ノルウェーのオスロでは、電動カーゴバイクを購入した住民に1200ドルを提供している。(8)

コミュニティの設計を修正する

私の会社は長年にわたり、大都市から依頼を受けてきたが、ここ5年は中小の都市からも、街の中心部を歩行者に優しく住みやすい場所にするための方法を探すのを助けてほしいという依頼が来るようになった。私たちはこれまでアイオワ州デモイン、ミシガン州グランドラピッズ、ノースダコタ州ファーゴ、ジョージア州メーコン、ニューヨーク州ロチェスター、ペンシルベニア州ピッツバーグ、ノースカロライナ州アシュビル、ニューヨーク州ポキプシー、フロリダ州ウェストパームビーチ、アイダホ州ボイシから依頼されて、これらの都市をより歩きやすく、自転車に優しい街にする支援をした。自動車用の車線を増やすのでは、こうはいかない。実際のところ、都市の車線数を増やすと、歩きやすさが損なわれるのはもちろん、都市そのものが破壊されてしまうことも多く、そうなれば誰がどこに行くのにも時間がかかるようになってしまう。

グランドラピッズでは、他の中小都市と同様、若者が大都市へ流出しないようにすることが重要だった。私はクライアントとなった都市の当局にこう助言している。もし子供たちを街につなぎとめておきたかったら、彼らにウォーキングやサイクリングをする機会や、公園、広場、そしてもっと便利な公共交通を提供しなければならない、と――言い換えれば、動きまわるための選択肢を増やし、まさに「庭先」でいろんなことをできるようにするのだ。グランドラピッズのような地域の住民を調査するときに繰り返し耳にするのは、彼らは歩いて行ける距離に食料品店を求めているという点である。それを聞いたら私の亡き父は胸を熱くしたことだろう。

食料品店のようないたってシンプルなものが、人々を繁華街やその近くに引き留めておくのに役立つだろう。食料品店がある地域に進出するには、一定の利用者が見込まれなければならない。ではどうやって利用者を確保するのか？　単に人口密度を高めるのではなく、住民にとってより安全で歩きやすい街づくりを進めることで、人々を呼び込めるエリアを広げることができる。私たちは道路に対して、より「人中心」のアプローチを取らなければならない。またアクセシビリティとモビリティの違いを明確にする必要がある。これらはよく混同される概念だ。たとえば「アクセスが良い」という場合、それは食料品店まで10分以内で行けるというようなことだ。一方「優れたモビリティ」というと、自動車を時速50マイル（約80キロ）で走らせ、８マイル（約13キロ）離れたスーパーに10分以内に着けるという意味になる。

既存のインフラを変更することは（高い費用をかけずとも）、人々が自動車から他の交通手段へと移行するのを促すための方法になるだけでなく、社会が自動運転車を受け入れられるようにする（広い車線を必要としない）方法にもなる。デンバーの38番街にかかるブレイク・ストリート・ブリッジは、歩道や自転車専用レーンのない3車線の危険な区間だった。ブレイク・ストリートのこの区間は、デンバーのボールパーク、リバー・ノース・アート・ディストリクト（RiNo）、ファイブ・ポインツ、コールをつなぐ重要な部分だ。デンバー市議会は２０１５年、ブレイク・ストリート・ブリッジを歩行者や自転車にとってより魅力的な橋にする計画を含む、２５０万ドルの建築契約を可決した。この改修はより大きな計画の中の一項目に過ぎなかったが、デンバーが取り組んだことは、他の地域にとって将来の人々や自動運転車に優しいインフラをつくる際の青写真になる可能性がある。デンバーの公共事業局は、車線の幅を広げる代わりに、次のような対応を実施した。

●交通に充てる空間を狭くする
●幅8フィート（約2・4メートル）の歩道と幅6フィート（約1・8メートル）の自転車専用レーンを両方向に追加
●自動車用の車線数を3から2に削減
●ドライバーの視認性を高めるため、橋のアーチ状の道を平坦に[9]

デンバー市の交通局長クリッシー・ファンガネロは、「この地域全体で4000本の直線状の歩道が新設されました」と述べた。[10]しかしもっと多くの道路や歩道を更新していくには、デンバーの前にはまだ長い道のりが控えている。2017年、デンバー市は総額19億ドルの予算のうち、市内の歩道の補修と改善に250万ドルを配分したが、実際に必要な費用を4億7500万ドルと見積もっている。[11]一方でブレイク・ストリート・ブリッジの改修プロジェクトは、単純で比較的低コストの変更でも、大きな効果を生み出しうることを証明するものだ。

イリノイ州ピオリアもまた、都市の歩きやすさを向上させ、自動車の所有を減らすという課題に取り組んでいる。同市は2015年に、「コンプリート・ストリート」計画を立ち上げ、デンバー市がブレイク・ストリート・ブリッジに対して行なったのと同じ変更（歩道の拡幅、自転車専用レーンの新設、車線幅の縮小）を実現することで、道路の改造に取り組んだ。またこの計画は、ピオリアの繁華街の中心部に限定したものでもなく、変更は同市の周囲にある住宅地にも及んだ。

駐車場を減らす

駐車スペースを削減することもまた、自動車の所有を抑制し、人々に複数の自動運転車の所有を思いとどまらせるための方法になる。そもそも自動運転車にはそれほどたくさんの駐車場は必要ないかもしれない。都市の中心部に住んでいて、ほとんどの移動に自動車を必要とせず、また自動車を手に入れてもそれを停めておく場所がないような場合には、人々はその所有を考え直すだろう。特に自転車専用レーンや歩道、公共交通機関、ライドシェアサービスなど、都市の中心部とその周辺を行き来する他の手段があればなおさらだ。

米国のほとんどの主要都市が、都市の中心部に限らず、新しい住宅のための駐車場設置義務と格闘している。ニューヨーク市では、以前から駐車場が議論の的となっている。ニューヨーク大学のファーマン不動産都市政策研究所は、住宅開発の際に駐車場設置を義務づけることの理論的根拠を調査し、ユニットあたりの駐車スペースが小さくなると、住宅価格が下がることを発見した。しかし駐車場が少なくなると、自動車の所有自体を減らすことができる。自動車を停めておく場所がなく、街中を移動するのに車が必要ない場合、車を所有する可能性は低くなる。ニューヨークでは、2015年に成立した「住宅の品質と取得のしやすさに関するゾーニング法」の中で駐車場に関する要件が変更され、主に公共交通機関の近くにある手頃な価格の住宅では、駐車場の設置義務が免除された。しかし平均的な価格の住宅については、要件はほぼ同じままである。

2007年、シアトルは自動車の所有を抑制して他の移動手段の利用を促進するために、都市中心部の商業地域での新規住宅開発に義務づけられている最低駐車場数を撤廃し、それ以来、この政策を着実に拡大してきた。たとえば２０１２年、シアトル市の都市計画担当者たちは、公共交通機関から４分の１マイル（約４００メートル）以内に建設される新築住宅に対する駐車場設置義務を廃止するよう、市に勧告した。理論上では、便利で利用しやすい交通機関があれば、特にシアトルのクイーン・アン・ヒルにあるウエスト・ギャラー地区のような人口密度の高い都会の地域では、歩いたり、自転車に乗ったり、バスや電車を使ったりする人が増え、自動車を所有する人が減ることが期待される。[12]

子供たちが将来の交通機関、自動運転車、自転車などのユーザーになることは間違いなく、彼らがそれをどのように使うかは、私たちがどのような交通手段を手本として示し、利用を奨励するかに左右される。私が子供だったころほとんどの期間、私たち家族には車がなかった。移動には地下鉄かバスを使い、タクシーを使うのはたまの贅沢だった。10歳になるころには、ベンソンハーストで友人だったジェラルド・ソフィアンやバリー・ポリティックと一緒にニューヨーク市のあちこちに出かけていった。ニューヨーク市のほぼどこへでも、15セントトークン1枚で行けたのである。20代の頃、郊外で育った姪のロビンと甥のアダム（当時8歳と6歳）をコニーアイランドに連れて行ったのを覚えている。私たちはそこで、ジェットコースターやゴーカート、ブランコ、観覧車に乗った。しかし家に帰って、どの乗り物が一番気に入ったか聞いてみると、ふたりはためらうことなく「地下鉄！」と答えた。

公共交通を利用するのは当たり前の行為として受け入れられるべきであり、私たちがドライバーの国から公共交通利用者の国に移行する方法のひとつは、それを子供のころに日常の一部にすることである。さらに私の知っている子供のほとんどは、バスや電車のような、大きな機械の周りで時間を過ごすのが大好きだ。ある友人は、10歳の息子を連れてマンハッタンを訪れるのは、安上がりの娯楽だと言う。なぜだろうか？　友人の子は買い物や、高価なアトラクションに行きたいわけではない。彼はただ、「市バスに乗りたい」だけなのである。子供たちに公共交通機関を好きになってもらい、その使い方を教え、学校や友達の家へ行くのに徒歩や自転車での移動を奨励することができれば、子供たちは大人になっても自動車を所有したいとは思わないのではないだろうか。

自動車ではなく「移動」を売る

いまも、そしてこれからも、ＭａａＳ（モビリティ・アズ・ア・サービス、サービスとしてのモビリティ）すなわち自動車ではなく「移動」を買うという概念を拡大することも、自動車の個人所有偏重を和らげる方法である。ＭａａＳは決して万能薬ではなく、正しく行なわれなければならないが、自動車の所有が必要でない場合には、その所有を抑制するカギになる。ＭａａＳが自動化され、人件費を削減できれば、それは任意の地点間で人々移動させ、自動車の個人所有を抑制するための手頃で柔軟な方法になるだろう。すでに生まれている事例からは、ＭａａＳによって自動運転技術が積極的かつ公平に利用されうることが示されている。

ユビゴーはスウェーデンのヨーテボリを拠点に展開するプロジェクトで、公共交通機関、カーシェアリング、レンタカーサービス、タクシーなど複数の異なる交通手段を統合した、オンデマンドで利用できる月額制のサブスクリプション型モビリティサービスである。取得したアカウントは、家族内で共有できる。このサービスは「マイカーを必要としないモビリティソリューション」と表現されている。立ち上げられてから最初の半年間のテスト期間で、83世帯195人のユーザーがこのサービスを試した。全体的に見て彼らは、このサービスを頻繁に利用し、プロジェクトが提供するモビリティソリューションに満足していた。テストユーザーが捉えたこのサービスの主な性質は、「ビュッフェ形式の交通手段」というコンセプト、使い勝手の良さ、優れたアクセスと柔軟性、利便性、そして経済性だった。[13] このプロジェクトは非常に成功したため、2018年にはストックホルムまで拡大され、他のスウェーデンの都市もこれに続くと見られている。加入者は公共交通機関、カーシェアリング、レンタカー、タクシー、自転車シェアリングサービスを利用できるほか、年中無休のサポートも受けられる。[14] ユビゴーはMaaSが正しく行なわれた格好の例だ。

フィンランドの首都ヘルシンキでは、クッツプロス（通称「プロス」）と名づけられたオンデマンド型のライドシェアサービスの実証実験が行なわれた。このサービスは、通勤者がアプリを通じてライドシェア用の車両を呼び出すことができるというもので、ヘルシンキの地下鉄とバスのサービスを補強する働きがある。地下鉄は増設が難しく、バスは主に南北方向の移動手段を提供しているに過ぎないが、クッツプロスはこれらの交通機関が提供するよりも広い範囲をカバーすることができる。クッツプロスを使うことで、東西方向の移動が容易になるのだ。[15]

このサービスは、同じ目的地に向かう乗客とミニバスの運転手をマッチングさせ、コストは乗客の間でシェアしてもらうというものだった。運賃は通常の市バスよりも高いが、個人タクシーの運賃よりは安い。乗客はサービスのウェブサイトにログオンし、出発点と終点を選んで、最寄りのバス停まで歩いて乗車する車両を待つ。２０１４年の平均運賃は約５ユーロだった。一方、市内のバスや地下鉄に乗ると３ユーロで、タクシーは初乗りが６ユーロで、距離によってはもっと高くなる。[16]クッツプロスは技術的に十分実用レベルであり、利用者から支持された。利用者の数は着実に増加し、事前の予想値に到達した（計測期間内では2万１０００人に達した）。しかし残念ながら、このプログラムは失敗して２０１５年後半に終了した。クッツプロスがあっても、利用者は自動車を手放してもいいとは考えなかった。ヘルシンキでは２００８年まで自家用車の利用が伸びていたが、その後は横ばいで推移していた。しかしこれは、ミニバスサービスの普及によるものとは限らない。同じ時期に、先進国の大半で運転が減少しており、世界的な景気後退も起きているからだ。

問題となったのは、ライドシェアプログラムを機能させるのに必要な規模だった。効率を最適化させる唯一の道は、車隊を構成するバスの数を、当初の15台から２０１６年までに45台、２０１７年までに１００台、そして２０２０年には数千台に増やすことだった。バスとユーザーの数があまりに少な過ぎ、同じ時間帯に同じ方向に向かっている乗客を見つけるのが簡単ではなかったため、クッツプロスのバスは空っぽになることが多かった。バスの台数が１００台まで増えれば、クッツプロスの効率は3倍になる。しかし規模を拡大するには資金が必要であり、この事業の運営にかかる３００万ユーロは運輸当局の予算の1パーセント以下であったのだが、その大部分が補助金によって成り立っていた。システムを拡張する予算として、1回の利用につき17ユーロを納税者に求めることが議論を呼んだ。折悪しくも、景気が悪化している時期だった。

ヘルシンキの事例は示唆に富んでいる。革新的な交通ソリューションを機能させるには、数多くの要素が正しく組み合わされなければならないのだ。利用者に受け入れてもらう必要があり、効率を増すために規模を拡大せねばならず、適切な予算が与えられなければならない。そうした要素がひとつでも欠けると、失敗は不可避だ。

一方でユビゴーのような、既存の交通手段に依存しているサービスのほうが、利用者を勝ち取ることに成功するとも言えそうだ。まったく新しいバスの車隊を一から用意するより、財政的な負担が少なくて済むからだ。既存の交通手段との連携は欠かすことができない。その理由は、バーン・グラッシュの指摘にある。「[単に]新たな配車サービス会社を追加しても、それは交通量や移動を増やし、渋滞を悪化させるだけだからです。……これは実際に、ボストン、ニューヨーク、サンフランシスコなど、配車サービスがかなり普及しているすべての都市で発生しています」[17]。グラッシュは、米国の主要都市で配車サービスを利用して行なわれた移動（主にウーバーとリフトが提供したもの）の49〜61パーセントは、配車サービスがなければ公共交通機関、徒歩、自転車で代替されていたか、あるいは移動そのものが生じなかった可能性があるという調査結果を紹介している[18]。次に説明するように、スイートスポットを占めるのは、公共交通機関の利用を増やすアプリのサービスだ。

優れた交通機関を補助して維持する

私は長い間、交通システムは、裕福な人々とそうでない人々の両方に利用されてこそ、予算が最も集まると主張してきた。「貧しい人々のためのもの」と見なされるシステムは、維持管理が適切に行なわれなくなる。[19] 大量輸送機関に関する苦情のなかには、時間がかかり過ぎる、ピーク時間外になると運行本数が減る、ラストマイルアクセスの手段がない、汚れていたり壊れていたりすることが多いといったものがあるが、こうした苦情は、大量輸送のための自動運転技術に投じる資金を増やして賢く運用すれば、大幅に軽減することができる。[20]

個人や地域社会、そしてもちろん州や国にとっても、公共交通機関の恩恵は多岐にわたり、それに投資することは理にかなっている。適切に計画され、運営される公共交通機関は、人々により多くの選択肢、自由、移動性、機会を提供するし、[21] 通勤者などにとっては、お金を節約することにもつながる。

優れた公共交通機関は、商業地区の活性化を助け、雇用主がより大きな労働力を活用することを可能にし、歳入を増やし、不動産の価値を高める。国の交通インフラへの投資は、より多くの雇用を支え、創出する。公共交通機関は外国産石油への依存を減らすことができ、緊急時対応の重要な基盤にもなる。

私たちは人々を都市中心部での生活や仕事、遊びに呼び戻したいのであって、彼らの車をそこに引き寄せたいのではない。またより多くの自動車運輸サービスが登場するよう奨励したいのでもない。公共交通機関の利用量が増加している都市はその秘訣をつかんでいる。つまりそうした都市には、よく整備された、堅牢な交通システムが存在するのだ。特にバスは多くの都市で最も効果を挙げているようで、繁華街だけでなく郊外を含む周辺地域にもこれは当てはまる。公共交通機関の利用が進んでいる都市には共通点がある。それは十分な予算が与えられ、適切なルートを通るバスの存在だ。ここにこそ、自動運転車は大きな威力を発揮しうる。つまりそれを使ったマイクロ交通サービスを実現すれば、小型の車両を頻繁に運行することで需要に対応し、さまざまな条件や乗客のニーズに基づいてルートを変更することも可能になる。

シアトルとヒューストンでは、公共交通機関の利用がそれぞれ４・１パーセントと２・３パーセント増加した。両市はＬＲＴ〔軽量の路面電車〕の拡大に加え、路線バスの再構築も行なっている。ヒューストンで２０１５年に再構築された路線バスでは、運行間隔は最大でも15分にし、週末および夜間のサービスも拡大して、バスの運行本数を増やした。シアトルでも、バスやＬＲＴの路線が拡充された。２０１０年から17年の間に、シアトルの繁華街では6万人の雇用が増えた。コミュート・シアトルが発表した新しいレポートによれば、同じ期間に、シアトル市の中心商業地区へマイカーで通勤する人口は４５００人（９パーセント）減少している。[22]

またオハイオ州コロンバスでも、新しく拡張された路線バス網が便数を2倍にして運行を開始した。[23] ヒューストンとシアトルはバスに注目したという点で、鉄道輸送の拡大のみを行なっている都市とは一線を画している。

路線バスに投資することは、理にかなっている。バスは公共交通のなかでも、自動運転技術から大きな恩恵を受けることのできる輸送形態なのだ。無人運転バスなら、夜間シフトの運転手に支払われる2〜3倍の割増賃金が発生しないため、運行時間を拡大することができる。また従来は公共交通機関のラストワンマイルとなっていた地域にも進出し、非都市部の住民を生活サービス施設へと運ぶことで、自動車利用偏重の傾向を和らげることもできる。それに、ネットワークに接続して運行を調整されたバスなら、乗客を乗せずに空で走るようなことはまずなくなるだろう。

自動運転車を使った公共交通と聞いて、「車隊を組んで走る自動運転車トレイン」という誇大広告と混同してはならない。自動運転の支持者のなかには、ロボットカーに隊列を組んで走らせることで、高速バスや鉄道に匹敵する能力を実現できると喧伝する者もいるが、それは正しくない。現在、自動車の1車線の交通容量は、せいぜい毎時2000台といったところだ。米国の平均的な乗車率が、自動車1台あたり1・1人だとすると、毎時2200人が移動することになる。それらの車両を自動運転車にアップグレードすれば、おそらく毎時3600台の車が1車線を走行できるだろう（次の点に注意。もっと大きい数字を想定している人もいるが、時速60マイルで走行する車を、車間距離を2分の1台未満で車線に詰め込み、1時間も走行させるのは危険であり、車両が合流したり、縫うように走行したり、インター出口では現実的ではないだろう）。

1時間あたり3600台というのは、車線の交通容量がおよそ80パーセント増加したことになるが、目標は車ではなく人を動かすことにすべきだ。こうした車両のなかには、人を迎えに行っているところ、人を降ろして帰宅しているところ、または車両基地に戻っているところで、空っぽで移動している可能性の高いものが含まれている。米国のドライバーは1世代以上の期間を通じて、自動車に1人で乗る傾向を強めているが、ここは寛大になって、平均的な自動車の乗車率を2・0人としてみよう。1台あたり2・0人が乗車している考えると、自動運転車が通行する車線の交通容量は1時間あたり7200人となる。また自動運転バス専用の車線の場合は、普通サイズのバスで

1時間あたり1500台を走らせることができ、乗客数に換算すると毎時6万人となる。これでは競争にすらならない。自動運転車による公共交通のほうが優れているのだ。

1960年代以降、公共交通機関への投資に積極的な姿勢を示す議会を私は見たことがない。もし私たちが自動運転車によって後退ではなく前進したいのなら、この状況を変えなくてはならない。フォードやGM、アップル、グーグルなどの企業は、よりスマートなアプローチを支持することで、それを議員たちに伝える必要がある。都市は進歩しつつあるのに、連邦政府は20世紀初頭の考え方にとらわれているのではないだろうか。

混雑課金を通じて移動性を確保する

1970年代後半、私は3カ月に1度開かれるマンハッタンのミッドタウンの交通循環に関する会議の議長を務めたことがある。この会議は一般に公開されていたのだが、常連の参加者に、肘パッチ付きのツイードジャケットを着た、専門職をしているという白髪の男性がいた。彼はとても礼儀正しい人だったが、交通循環の改善に関する私のアイデアを片っ端から否定した。男性はマンハッタン内の車の数を減らすことが解決策であると繰り返し強調し、それを達成するための方法は、あらゆる貴重な資源に対して資本主義的なアプローチを用いること、すなわち適切な価格を設定することであると主張した。そしてマンハッタンで貴重な資源とは空間だった。彼は混雑課金の概念を私に解説してくれていたのだった。

その男性、ウィリアム・ヴィックリーは実はコロンビア大学の経済学教授で、それから20年足らずでノーベル経済学賞を受賞することになった。ヴィックリーが正しいことはわかっていた。そして１９８０年代、私はニューヨーク市の運輸局長補佐として、マンハッタンに混雑課金を導入しようとした。するとすぐに、私はニューヨーク自動車クラブ（アメリカ自動車協会のローカル組織）およびマンハッタンの自動車工場商工会議所から訴えられた（皮肉なことに自動車工場は、地理的および時間的な混雑課金を顧客に課している）。

そして２０１８年、私はいまだにニューヨーク市の交通料金に関するプランを携わっている。「MOVE NY」と名づけられたこのプランでは、マンハッタンの中心部の外側にあるすべての橋で通行料が引き下げられる（それは方針と政治的手段どちらから見ても正しい決定だ）が、中心部に入るすべての車両のドライバーに利用料を課す。MOVE NYプランの第一段階となる、ウーバーやリフト、タクシーおよびその他の自動車運輸サービス企業への手数料の課金は、２０１８年４月にニューヨーク州によって承認され、２０１９年に発効する予定だ。私はマンハッタンの中央商業地区に入るすべての自動車への利用料請求を、今後も推し進めていく考えである。

自動運転車は渋滞を引き起こすリスクが非常に高いため、混雑課金の導入は不可欠だ。第一に、その導入によって、商業地域へとつながる高速道路の交通容量が50~１００パーセント（さらに高い数値を予測する人もいる）増加する。より多くの車両が、より速いスピードでこうした商業地区に入ろうとするだろうが、一般道路の交通容量はほとんど変わらない。第二に、ウーバーやリフトなどのサービスが示しているように、最も混雑した地域では、ＭａａＳによって自動車の交通量が少なくなるのではなく、増えるおそれがある。こう考えてほしい。都市の街路がバスタブで、幹線道路が蛇口だ。蛇口を広げると、水の勢いを上げてバスタブを早く満たすことができ、それはつまり早く水があふれ出すことになる。加えて、浴槽の基本水位――ウーバーやタクシー、その他の配車サービスに使われる車両――はこれまでにないほどに高くなると考えられ、水が流入できる余地はさらに少なくなる。

ウーバーはこれを認識しており、配車サービスに使われるすべての車両が同じように扱われる限りという条件つきでだが、MOVE NYの混雑課金を熱心に支持している。なぜウーバーは料金の値上げを支持するのか？　半世紀前、私がマンハッタンでタクシーを運転していた頃の話をしよう。私の目標は、すべてのタクシー運転手がそうであるように、乗客を乗せた後は、次の運賃を稼ぐためにできるだけ早く彼を降ろすことだった。延々とつながる交通渋滞のために数マイル分の運賃で1時間をフイにしてしまったら、私は損することになる。ウーバーは、ミッドタウンの交通の流れが徒歩の速度にまで悪化するのを目の辺りにしており、タクシー運転手が損をしていることを認識しているのである。

ニューヨーク市で混雑課金の認可を得るのがなぜこれほど困難なのか、理解するのは難しくないだろう。人々は新しい税金や手数料だと思われるものを好まないからだ。そしてニューヨークでは、交通機関の改善のためという名目で徴収されたお金が、実際にその目的のために使われないのではないかと、通行料を支払うドライバーたちは疑っている。(24)　しかし混雑課金は、混雑時に繁華街の中心部に車で乗り入れることを選んだ人々が、自発的に支払うお金だ。市内で車を運転しない場合は、料金を支払う必要はない。これとは対照的に、ほとんどの都市や州では、公共交通や高速道路、橋などの建設・維持を行なう予算を一般税収でまかなっているため、こうした施設をまったく使用しない人であっても、その費用を負担している。

混雑課金を長年にわたり導入し、大きな成果をあげてきた大都市は、シンガポールやロンドン、オスロ、ストックホルム、ミラノなど多数ある。これはすべきことをするための政策だ。つまり、混雑する時間帯の繁華街の渋滞と交通量を減らし、経済活動を増大させ、公共交通の改善に充てる収入を増やすのである。[25] ニューヨーク市における私の計画も目的は同じだ。それは市の交通機関のために年間15億ドルを生み出し、繁華街の中心部を通過する車両の速度を上げ、5つの行政区すべてで地下鉄と路線バスを改善するための資金を提供するだろう。

自動運転車が実現したときに(その日はやがて訪れるだろう)、すべての人々が十分な移動性を確保できるように、都市や州、地方、国はいまこそ下部組織に権限を委任する法律を整備すべきだ。

駐車スペースをもっと良い用途に転用して

州や都市の計画立案者や民間のデベロッパーは、今後10年間に建物に付帯する駐車場をどのように建設するかを考え直すべきだ。今後数年の間、需要は確実にあるのだとしても、2025年までにその需要は減少するかもしれない。実際に配車サービスの出現によって、多くの空港運営会社は、最も収益性の高い事業である駐車場運営で大幅な減収に見舞われている。立体駐車場を建てなければならない場合は、その時に備え――繰り返し言うが、その時は必ず来る――ゲンスラーのアンディー・コーエンが提案しているように、平板工法や移動可能な傾斜路を採用して、後で事務所や店舗、さらには住宅に改造して容易に転用できるように設計する必要がある。

コーエンはまた、ガソリンスタンドや洗車場が現在占有している土地には、特に都市部において、大きな機会があると指摘している。「米国には12万5000店舗のガソリンスタンドがあります。その土地を転用し、都市の貴重なスペースを緑地や公園、飲食店など他の用途のために利用することを考えてみてください。都市のガソリンスタンドは大きなチャンスなのです」[26]

さらに、もし自動車の個人所有を制限し、車隊がメーカーによって所有・運営されるなら、そして自動運転バスや他の相乗り車両が一般的な移動手段になれば、再利用可能な空き駐車場が数多く生まれるだろう。すでに無数の空き駐車場が存在し、再利用されることが求められている。人々が買物の習慣を変えるにつれ、米国中のショッピングモールが瀕死にあえぎ、そうしたモールと周辺のアスファルトに覆われた巨大な空間は見捨てられつつある。[27]

古い駐車場は、クラブやギャラリー、映画館、住宅、事務所や店舗に変わってきた。[28] 私たちはこうした転用を奨励し、新たな駐車場や車庫を建設する際に、転用を見越した計画を立てておく必要がある。新しい駐車場の設計者は、将来の代替用途を念頭に置いておくことで、緑地やエクササイズ用のステップ、ランニングやウォーキング用のトラック、映画のスクリーン用の壁、暑い日に人々が涼めるような水景設備などを組み込んでおくことができるだろう。

より軽く、小さく、省エネで、環境に優しい車両を優遇する

そうするのは、自動運転車が環境に優しいものになるという保証はないからだ[29]。設計者たちの話では、自動運転車はどんなサイズや形状にもすることができる。1990年、私はニューヨークのイーストビレッジにある上流階級向けの大学であるクーパー・ユニオンで教え始めた。その最も古い9階建ての「ファウンデーション・ビルディング」は、1858年にオープンした当時、マンハッタンで最も高いビルだった。私はその中にあった、円筒形のエレベーターに戸惑ったのだが、なぜそのような形をしているのかすぐにわかった。このエレベーターが通る昇降路は、創設者のピーター・クーパーが1853年に設置したもので、エリシャ・オーティスが1874年に最初の公共エレベーターを設置したよりもずっと以前のものだったのである。クーパーは、いずれ高層ビル用のエレベーターが発明されるだろうと予想していたのだ。だがそれは、円筒形であって直方体ではないだろうと考えていた。それと同じように、将来の自動運転車はまったく予期せぬ姿になる可能性がある。

私は自動運転車を、卵の殻のようなものだと考えたい。小型で軽量だが乗客を保護することができ、エネルギー効率が高い。しかしすべての人が同じように考えているわけではない。自動運転のRV車をつくり、所有し、しまいには家をまるごと動くようにして四六時中、環境破壊を続け、停車するのは給油のときだけにしたいという人もいるだろう。自動車メーカーには、税制上の優遇措置、公害対策費用、または法律のいずれかを通じて、より効率的で環境に優しい車両の製造に注力

するよう奨励すべきである。混雑課金が交通量を減らせるのと同じように、製造や利用に関する課金を通して、好ましくないタイプの車両の製造や購入に対する考えを改めさせることができる。

自動車の所有を思いとどまらせるもうひとつの方法は、所有に対する課税、特にエネルギーを大量に消費する車両や、2台目や3台目の車両の所有に対する課税だ。ほかに、高級車税（エネルギー効率の高い安価な車両に対し、ガソリンを大量に消費する高価な車両よりも低い税率を適用する）も、特定の車両の所有を抑制する方法となるだろう。

ガソリンなどの燃料に、欧州と同様の税率を適用するという方法もある。米国でガソリンの価格が1ガロン（約3・8リットル）あたり4～5ドルになれば、人々が複数台の自動車を所有することの必要性を考え直すきっかけになるだろう。自動運転車も燃料を必要とするので、同じことが言える。私はまた、米国内の大部分の地域において、車両走行距離（VMT）に応じた課金を行なうことに賛成だ。最も人口密度の高い都市部では、渋滞の中を車両が走行する距離は数マイルに過ぎないため、それを車両走行時間（VHT）に応じた課金と組み合わせて考える必要があるだろう。こうして得た収入は、高速道路の整備、自転車専用道路の建設、歩道の整備・拡幅などの資金に充てられる。ガソリン価格を大幅に引き上げれば、人々に対し、より効率的な車両の利用や所有を促すだろう。

人々の健康を守る

ちゃんと歩いてんだぞ！
――ラッツォ・リゾ、『真夜中のカーボーイ』

私たちが大きな問題に取り組む場合には、ヒポクラテスの誓い〔医師の行ないや守るべき倫理などについてまとめたもので、宣誓文として医療学校などで読み上げられることがある〕が常に適用されるべきだ。現代社会ではすでに、人々は体を動かさなくなっているが、その傾向がさらに進めば健康にとって大きなリスクとなる。世界的に見ても、運動不足は喫煙よりも多くの人々を死に至らしめている。自動運転車によって車両内で過ごす時間が減ることにつながれば素晴らしいが、そうなるとは限らない。私が最も大変な戦いになると考えているのは、自由主義者やさまざまな政治信条の議員たちが仕掛けてくる誘惑との戦いだ。彼らは、民間部門にやりたいようにやらせておけば、自動運転車によって輝かしい未来が訪れるという幻想を抱かせようとする。私は部分的には、民間部門が技術開発を先導すべきだという考え方に同意する。それが正しく行なわれれば、自動運転車がもたらす未来は確かに明るいだろう。しかし「正しく行なわれる」の中には、自動運転車を最も効果的にするために必要なインフラの維持に民間部門が参加することも含まれていなければならない。一般市民も自動運転車業界も、自治体だけを頼りに、車線や標識、路面、橋、V2I（車両対インフラ）通信システムを自分たち自身で整備・維持することはできない。

私たちは真のパートナーシップを築かなければならない。低所得コミュニティや障害者向けの公共交通にも、民間部門が参入したいと思えるようにしよう。民間部門が公共の道路を使用するのであれば、彼らはその費用を支払わなければならない。特定の都市や町を現状維持し、環境や生活様式、既存の交通システムをむきになって守ろうとする地方自治体とも、同様に激しい戦いが繰り広げられるだろう。これについて私は、連邦政府、民間企業、地方の政府機関が合同で協議体を設置し、それを通じて地方の規則や規制にいかに適合させていくのか（適合させるか否かではなく）について合意することを提案したい。たとえば自動車の進入が禁止されている地区において、テロリストが自動車を武器として使い、歩行者やサイクリストを殺すなどという事態を防がなければならないという点では、誰もが同意するはずだ。

しかし自動運転車がどのような速度制限や交通標識、駐車規則、路面標示に従うべきかについて、全員が同意することは難しいだろう。そのため私たちは、自治体がルールを定め、自動運転車がそれに従うことを受け入れる必要がある。そしてそのためには、システムの統合、データ共有、コンプライアンスに関する独立した監査が欠かせない。私の考えでは、これは中央交通管制センターを通して行なわれるようになるだろう。すでに多くの主要都市（中規模の都市も含まれる）において、そうしたセンターが設置されている。交通管制センターがあれば、リアルタイムでコンプライアンスを監視し、それに違反する車両を特定して、場合によっては事故やテロ行為を阻止することができる。私たちの社会のあり方をつくり変えていく業界への要望としては、これでも最も控えめなものだろう。

２０１７年４月26日、アマゾンの「アイデア首相」Ｈ・Ｂ・シーゲル（これは彼自身が語っている肩書だ）の招待により、私は「急進的都市交通サミット[30]」に出席した。30人ほどの出席者は、アプリケーションベースの空飛ぶタクシーからハイパーループ、エレクトリック・ハイウェイに至るまで、さまざまな提案を行なう企業を代表して参加していた。私にとって、都市交通を根本的に変える明白な方法のひとつは、最新のテクノロジーを都市の鉄道システムに応用することだ。しかしそれに焦点を当てたイノベーターはひとりもいなかった。とはいえ民間企業の観点からすれば、それは儲からない話である。交通計画やエンジニアリングについてあまり知識のない参加者は、さまざまなプレゼンテーションを聞いて、都市部の交通においては距離に応じた解決策を打つのだと結論づけたかもしれない。1マイル（約1・6キロ）未満はホバーリング式のスケートボード、1マイル以上5マイル（約8キロ）未満はロボットタクシー、5～20マイル（約32キロ）の移動にはアプリベースの空飛ぶタクシー、長い旅行にはハイパーループといった具合である。

私は、参加者たちがいかに都市交通について知識を持っていないか、いかに彼らがガジェットに夢中なのか、そしていかに彼らがあらゆる距離の移動において（まるでルーブ・ゴールドバーグ装置のように）物事を複雑にしているかにショックを受けた。プレゼンテーションの順番が回ってきたとき、私が提示した解決策は、1マイル未満の移動では（都市における移動の半分以上が当てはまる）、私たちが紀元前1600年から利用してきた「靴」を使うというものだった。

＊　＊　＊

いまから今世紀半ばまでの間に、自動運転車に何兆ドルものお金が費やされるだろう。そしてその普及を待つ間に、私たちは舞い上がって、大局的な視野を失ってしまうかもしれない。近いうちに、これから素晴らしい世界がやってくると喧伝する大量の広告が、私たちを襲うのは確実だからだ。しかし今後は、自動運転車は生活の質を向上させるべきであるということを念頭に置いた上で、その最適な使用法を検討する間、正気を保たなければならない。私たちは短い距離は歩けるし、中くらいの距離は自転車をこげるし、都市部では公共交通機関に乗れる。長距離の旅行で自動運転車を使えばいい。すべてを自動運転車に依存するのではなく、さまざまな交通手段を組み合わせる必要があるのだ。ジョン・F・ケネディ大統領はいまから50年以上前の1962年に、議会に宛てたメッセージの中で、いみじくもこう述べた。「したがって我々の国民福祉を実現するには、良好な都市交通が必要であり、都市の形成と発展のために、民間の車両と近代的な大量輸送機関を適切なバランスで利用していかなければならない」

この言葉の中にある「適切なバランスで」というキーワードは、今世紀においても重要なままだ。いま多くのことが危機にさらされており、なかでも重要なのは、健康や経済、都市である。私が訴えたいことは、ケネディ大統領と同じだ。適切なバランスで交通手段を活用することによってのみ、自動運転車がすべての人々に恩恵をもたらす未来へと、安全に進むことができるのである。

付録　自動運転のレベル

自動車が自動で運転されるとはどういう意味なのだろうか？　本書では、自動運転車の良い点、悪い点、そして最悪な点について論じているが、念頭に置いているのは主に完全な（レベル5の）自動運転車である。しかし現時点で、実際に道路を走行しているレベル0〜2の車両と、レベル5の車両の間には多くの段階がある。以下に自動運転のレベルの定義を掲載しておく。これは米国の運輸省と高速道路交通安全局によって作成・採用されているもので、本書でもこのレベル分けに準拠している。

レベル0（自動化されていない車両）

今日の乗用車とトラックの大部分はレベル0の車両だ。運転者はハンドル、アクセル、ブレーキを操作し、周囲を監視し、進路を決定し、ウィンカーの使用、車線変更、および右折・左折のタイミングを決定する。とはいえレベル0の車両も、何らかの警告システム（死角や衝突の警告など）を備える場合がある。

レベル1（運転支援）

レベル1の車両では、ハンドルとアクセル、ブレーキの操作を機械に担わせることができるが、すべての状況においてではなく、ドライバーは車両から要求された場合に、これらの操作を引き継げるようにしていなければならない。そのためドライバーは、車両が何をしているかを認識し、必要に応じて介入する準備をしておかなければならない。

レベル2（部分的自動化）

レベル2の車両はハンドル、アクセル、ブレーキの操作を行なうが、車両が反応しない物体や事象をドライバーが感知した場合には、ただちに運転を引き継ぐ。レベル0やレベル1の場合と同様に、レベル2の車両のドライバーは、周囲の状況、交通、気象、道路状況を監視する責任がある。

レベル３（条件付き自動化）

レベル3の車両は、高速道路などの特定の環境において、周囲の状況を監視し、すべてのハンドル、アクセル、ブレーキの操作を行なう。しかしドライバーは、車両が要求した際に介入する準備ができていなければならない。

レベル４（高度な自動化）

レベル4の車両はハンドル、アクセル、ブレーキの操作を行なうことができ、より幅広い環境で周囲の状況を監視することができるが、悪天候など一部の環境は対象外となる。ドライバーが自動運転に切り替えるのは、それが安全に行なえる場合だけだ。自動運転モードでは、ドライバーは不要になる。

レベル５（完全な自動化）

レベル5の車両のドライバーは、目的地を設定し、発進させるだけでよくなる。車両が他のすべてのタスクを引き受け、従来の車両では人間が担当していた、交通状況に基づく運転の判断を行なう。

カレン・ケリーは、本書の執筆中、ずっと私に協力してくれた。彼女はおそらく過去最も速いペースで変化する業界に歩調を合わせるという、途方もない仕事をこなしてくれた。

自動運転車の本格的な普及に伴う、良い・悪い・最悪な可能性を掘り下げるなかで、私は幸いにも自分を導いてくれるチームを持つことができた。次に名前を挙げる彼らは、私とカレンと共に働く「三銃士」のような存在だった。未来学者のバーン・グラッシュは、私に自動運転車業界の誇大宣伝の裏側を初めて見せてくれた。サム・シュウォルツ・トランスポーテーション・コンサルタンツにおける私の同僚であるジョー・イアコブッチは、私たちの「ニュー・モビリティ」グループの音頭を取ってくれた。ニューヨーク市立大学ハンター校で私の学生だったチャーリー・ホールトン＝ビニルは、現在ではサム・シュウォルツでチームの一員として活躍してくれている。同じく私の学生であるコーリー・タムとジェイコブ・レヴァインも、しばしばチームに参加してくれた。

ハンター校総長であるジェニファー・ラーブと、ルーズベルト・ハウス所長のハロルド・ホルツアーに対し、２０１７年にハンター校ルーズベルト・ハウス公共政策研究所のセオドア・キール客員研究員に私を指名してくれたことに感謝したい。ナーチャー・ネイチャー・ファウンデーションを通じて、セオドア・キールの子供であるジェーン・キール・スタンレーとロバート・キールの支援を受けられることを、光栄に感じている。セオドア・キールはネゴシエーター（交渉人）、公民権運動の指導者、そして交通問題の権威として、長年ニューヨーカーに知られてきた。彼は社会的な公平と交通政策の関係を初めて認識した人物のひとりだった。１９６９年のニューヨーク誌の記事で、彼は「交通は住宅、教育、雇用と同じくらい、公民権の問題なのである」と書いている。私も半世紀以上、この信念に従って生きてきた。

ハンター校における私の学生たちは、混雑課金や交通に関するトレンド、そしてもちろん、自動運転車について情熱を傾け、多くのインプットを提供してくれた。ジュリア・フィオーレ、コーリー・タム、トレバー・ロヴィッツ、アタラ・リンデンバウム、ニコラス・アダモ、ありがとう。そして幸いにも、この国で最高の交通経済学者であるチャールズ・コマノフに、支援を頂くことができた。

クリスティーナ・ローマンは長年にわたって一緒に働いてくれていて、私がさまざまなイベントで自動運転車についても研究成果を発表するのを手助けしてくれている。リチャード・レッティングは30年以上にわたって、交通安全の問題について私が頼みの綱としている人物であり、本書のために貴重な情報を提供してくれた。

またブレット・バーク、ダン・スタージェス、アンディー・コーエン、ケビン・ジレット、ニャンベ・セイニャ・ハールストン＝ブレイク、ヴィヴェック・クリシュナマーシー、ベンカット・スマントラン、オリバー・ヤロス、マージョリー・ハリス・ローブ、ブライアント・スミス、ジェイソン・レヴィーン、ジェラルド・ソフィア、アイリーン・デ・ヴィラ、バーバラ・グレイ、ゲイブ・クレイン、アーロン・レンなど、貴重な時間と知見を提供してくれた、多くの専門家の方々に感謝したい。

プリンストン大学のアラン・コーンハウザーにも謝意を表する。彼は私を毎年クラスに招いて、最新の研究成果を発表し、活発な議論を行なう機会を与えてくれる。彼が毎週発行しているメールマガジン「スマート・ドライビング・カーズ」は、自動運転車に興味のある人々にとって必読の存在だ。いま現場で何が起きているのか、どこで起きているのかの手がかりを与えてくれるのである。「おいおい！」や「うーん」から始まる彼のコメントは、鋭くて容赦がなく、堂々としたものだ。

クライブ・プリドルにも感謝の言葉を述べたい。本書執筆中、彼は私のアイデアに常に耳を傾け、それについて議論してくれた。アテナ・ブライアンは本書の細かい点を修正してくれた。サンドラ・ベリスとシンシア・バックは、本書が製本されるまで見守る骨の折れる作業をしてくれた。そしてジュリー・フォードと彼女の法律顧問、宣伝チームのジョジー・アーウィンとジェイミー・リーファー、マーケティング・コーディネーターのミゲル・セルバンテスにも感謝する。

最後に私のエージェントであるキャロル・マンに対し、常にインプットとアドバイスをくれたことに、心から感謝する。

訳者あとがき

本書は２０１８年11月に出版された、サミュエル・シュウォルツによる*No One at the Wheel: Driverless Cars and the Road of the Future*（誰も運転していない——自動運転車と道路の未来）の邦訳である。原題にある「ホイール（Wheel）」とはハンドルもしくは車輪のことで、直訳すれば「ハンドルのところに誰もいない（運転席が空っぽ）」という意味になる。もちろんこれは自動運転車を示唆したものだが、日本でも「手綱を握る」という表現があるように、英語でも「ハンドルを握る」には「管理する」という意味が含まれている。その場所に誰もいないということは、このタイトルは「(自動運転車をどうするかという課題を) 誰も管理していない、できていない」というニュアンスを感じさせるものであると言えるだろう。

実際に、本書が解説する「自動運転車と道路の未来」は決してバラ色ではない。現代のクルマ社会が誕生するまでの歴史を紐解いた上で、自動運転車の車両自体の問題（技術的な可能性や安全性など）から、それが引き起こすインフラ面への影響（道路や駐車場のあり方など）、そして社会に与える影響と、数々の論点が紹介されている。

自動運転に関する本というと、普通は技術面の解説とビジネスの可能性、そして「トロッコ問題」（本書でも解説されているが、どちらを選んでも誰かを傷つけてしまうという選択肢を与えられたときに、犠牲者が少ない選択肢と多い選択肢のどちらを選ぶかという思考実験）に代表される倫理面の議論が主になることが多いが、本書では来るべき「自動運転社会」全体を俯瞰的に見る姿勢が貫かれている。

たとえば自動運転車が普及することで、道路というインフラの姿が変わる可能性が紹介されている。いまの道路の幅は、人間の運転するクルマが走ることを前提とし、多少のよそ見やミスで車両がふらついても大丈夫なように、余裕を持った広さとなっている。また人通りが多い場所や崖のそばなどでは、重大な事故が起きないようにガードレール等が設置されている。しかし自動運転車であれば、そのようなミスは起きない（もちろん機械であっても絶対ということはないが）。したがって道路の幅を狭くしたり、道路の幅はそのままで車線数を増やしたり、ガードレールや中央分離帯などを取り除いたりすることができる。

また面白いのは、路面凍結防止用の塩が撒かれる量が減るのではないかという指摘だ。雪が多い地域では、車両のスリップを防止するために、そうした凍結防止剤が道路に大量に散布される。とはいえそれは道路自体や車両にダメージを与えるもので、いくらでも撒いてよいというものではない。しかし自動運転車であれば、凍結した路面でもスリップしないよう設定できる可能性があり、それが走ることを前提とした道路であれば、以前より凍結防止剤を撒かなくて済むというわけである。個人的な話で恐縮だが、私も以前ボストンで暮らし、冬場には自家用車が凍結防止剤で真っ白になる経験をしたことがあるため、この指摘には納得するところが大きかった。

いずれにせよ、自動運転車は道路インフラの建設・維持にかかるコストを大幅に削減し、そのあり方すら変えてしまうかもしれない。日本でも、高度経済成長期に建設した社会インフラが寿命を迎えていることが大きな社会問題になりつつある。その中で「自動運転車」という存在は、難問の解法を導く方程式の新たな変数となるだろう。つまり自動運転車が社会に与えるインパクトは、街を走るクルマがガソリン車から電気自動車に変わることをはるかに上回るものになる可能性があるのだ。

道路だけではない。都市と郊外の関係や、経済、エネルギー、環境、プライバシーに至るまで、私たちの想像以上に、自動運転車が社会を一変させる力になり得ることを本書は繰り返し指摘している。キャンピングカーサイズの自動運転車が生まれ、人々がまるで家と一緒に移動するようになるかもしれない（したがって自動運転車は環境や格差の問題に対してマイナスになり得る）という予想も紹介されているが、冗談のようでいて確かに懸念されなければならない未来像だろう。そうした見落とされがちな影響まで網羅してくれているのが、本書の魅力のひとつである。

著者のサミュエル・シュウォルツはニューヨーク市在住の交通専門家で、同市の運輸局で約20年勤務した経歴を持つ。本書でも解説されているように、その間にさまざまな交通問題に対処しており、理論に精通するだけでなく現場において自動車が社会に与える影響を目にしてきた人物だ。その経験を経て、1995年にサム・シュウォルツというコンサルティング会社を設立し、現在も交通問題や輸送ソリューションに関するサービスを提供している。最近では小規模な都市からも依頼を受け、アドバイスを行なうようになっているようだ。

このことは、自動運転をめぐる状況が急速に進みつつあることと無関係ではないだろう。日本では、内閣のＩＴ総合戦略本部から「官民ＩＴＳ構想・ロードマップ」が発表され、毎年改定されている。この中で、自動運転の技術革新をどのようなペースで進めるかという政府の方針がまとめられているのだが、最新の２０１９年度版では、レベル４の高度な自動運転（システムがすべての動的運転タスク及び作動継続が困難な場合への応答を限定領域において実行）を２０２５年までに実現するとされている。つまりあと5年もすれば、限定された状況下とはいえ、人間のドライバーが乗っていなくても公道を走れる自動車が私たちの周囲に登場するのである。

この政府の掲げた目標に向け、各企業や研究機関において開発が進められており、18年度以降だけでも、日本国内のおよそ30の地域で自動運転の実証実験が行なわれている。またトヨタは、２０２０年夏をめどに、レベル4自動運転車両の一般人による試乗を東京・お台場の公道上で行なうと発表している。技術面を見れば、政府のロードマップは決して夢物語ではない。

ただ自動車に限った話ではないが、技術の進歩に対して、社会の進歩は遅れる傾向がある。カール・ベンツとゴッドリープ・ダイムラーによって、ガソリンで動く自動車が発明されたのが、今から１３０年以上前の１８８６年。そして有名な「Ｔ型フォード」が誕生したのは１９０８年のことだ。その後、ドイツでアウトバーンの建設が始まったのは１９３３年。またエアバッグを初めて搭載した自動車が市場に出たのは、１９６７年のことである。それからエアバッグの搭載が義務づけられるまでには、さらに年月が必要だった。本書でも語られているように、自動車という技術が発明されてから、それを有効かつ安全に利用できる（歩行者の権利が侵害されるという問題を抱えながらも）社会を、私たちは少しずつ構築してきたと言えるだろう。

だからといって、自動運転車への対応をのんびり進めてもいいということにはならないが、私たちが自動運転技術の社会に与えるインパクトを正しく理解し、それに適切な対処を講じるまでにはどうしても時間がかかる。その間に、後でもとに戻したり、あるいは取り除いたりするのが困難であったり、不可能であったりするような変更が社会や人々の意識に生まれてしまうことのないよう、私たちは十分に注意しなければならない。そうした警鐘を鳴らす一冊として、本書が広く手に取ってもらえることを祈っている。

小林　啓倫

Survey-Report.pdf.
(23) https://usa.streetsblog.org/2017/02/03/columbus-is-about-to-double-access-to-frequent-bus-service/.
(24) https://media.ford.com/content/fordmedia/fna/us/en/news/2017/02/10/ford-invests-in-argo-ai-new-artificial-intelligence-company.html; https://www.nytimes.com/2017/10/09/business/general-motors-driverless.html.
(25) http://thisbigcity.net/five-cities-with-congestion-pricing/.
(26) Andy Cohen, 著者との電話インタビューによる, January 8, 2018.
(27) https://fee.org/articles/retail-stores-are-dying-and-we-should-let-them/.
(28) https:/untappedcities.com/2013/07/23/repurposed-parking-spaces-garages-in-new-york-city-the-exley-antique-garage-barcade-the-park/; https://nypost.com/2017/08/26/i-turned-a-garage-into-a-loft-so-i-could-live-with-my-van/; http://www.seacoastonline.com/news/20170813/committee-shaping-vision-for-reuse-of-parking-lots.
(29) https://www.scientificamerican.com/article/self-driving-cars-could-cut-greenhouse-gas-pollution/.
(30) https://www.an-onymous.com/news/2017/4/26/iman-ansari-and-marta-nowak-at-amazons-radical-urban-transportation-salon.

第7章　未来へ

(1)　Sir Fred Hoyle, "Sayings of the Week," *Observer*, September 9, 1979.
(2)　https://www.recode.net/2018/1/9/16865384/smart-vehicles-cars-ford-cities-streets-disruption-sharing-smart-ces-ai-mobility.
(3)　https://www.citylab.com/transportation/2017/03/why-uber-is-promoting-road-pricing/521283/.
(4)　https://en.wikipedia.org/wiki/List_of_motor_vehicle_deaths_in_U.S._by_year.
(5)　https://www.theguardian.com/technology/2015/sep/18/apple-meets-california-officials-self-driving-car.
(6)　Melanie Zanona, "House Gets Serious about Driverless Cars," *The Hill*, February 14, 2017, http://thehill.com/policy/transportation/319450-house-lawmakers-weigh-driverless-car-laws.
(7)　https://www.vox.com/2014/5/28/5758560/driverless-cars-will-mean-the-end-of-car-ownership.
(8)　https://www.bicycling.com/culture/paris-electric-bikes-cargo-bikes-subsidies.
(9)　David Sachs, "Road Diet, New Sidewalks, and Bike Lanes Coming to Blake Street Bridge," *StreetsBlogDenver*, May 13, 2015, https://denver.streetsblog.org/2015/05/13/road-diet-new-sidewalks-and-bike-lanes-coming-to-blake-street-bridge/.
(10)　https://denver.streetsblog.org/2016/04/07/mayor-hancock-public-works-open-the-redesigned-blake-street-bridge/.
(11)　http://www.denverpost.com/2016/11/14/denver-city-council-budget-vote/.
(12)　https://seattletransitblog.com/2013/08/19/your-bus-much-more-often-no-more-money-really/.
(13)　http://www.sciencedirect.com/science/article/pii/S2352146516302794?via%3Dihub.
(14)　http://ubigo.se/wp-content/uploads/2017/10/Press-release-UbiGo-Fludtime-MaaS-Stockholm.pdf.
(15)　Olli Sulopuisto, "Why Helsinki's Innovative On-Demand Bus Service Failed," *Citiscope*, March 4, 2016, http://citiscope.org/story/2016/why-helsinkis-innovative-demand-bus-service-failed.
(16)　Sulopuisto, "Why Helsinki's Innovative On-Demand Bus Service Failed."
(17)　Bern Grush, "The Future of Transit Is Ride Sharing and Driverless Cars," *Toronto Star*, November 20, 2017, https://www.thestar.com/opinion/contributors/2017/11/20/the-future-of-transit-is-ride-sharing-and-driverless-cars.html.
(18)　Regina R. Clewlow and Gouri Shankar Mishra, "Disruptive Transportation: The Adoption, Utilization, and Impacts of Ride-Hailing in the United States," UC Davis Institute of Transportation Studies research report UCDITS-RR-17-07, October 2017, 5, https://www.scribd.com/document/372432822/Disruptive-Transportation-The-Adoption-Utilization-and-Impacts-of-Ride-Hailing-in-the-United-States.
(19)　http://www.princeton.edu/~alaink/Orf467F16/SamSchwartz092616PrincetonUniversity.pdf.
(20)　https://www.thespruce.com/public-transportation-reasons-people-hate-it-1709096.
(21)　http://www.apta.com/resources/reportsandpublications/Documents/twenty_first_century.pdf.
(22)　https://commuteseattle.com/wp-content/uploads/2018/02/2017-Commuter-Mode-Split-

(28) https://www.computerworld.com/article/3083426/car-tech/heres-how-ai-is-about-to-make-your-car-really-smart.html.
(29) http://news.ihsmarkit.com/press-release/artificial-intelligence-systems-autonomous-driving-rise-ihs-says.
(30) http://www.businessinsider.com/amazon-alexa-coming-to-ford-cars-2017-1.
(31) Neil M. Richards, "The Dangers of Surveillance," *Harvard Law Review*, May 20, 2013, https://harvardlawreview.org/2013/05/the-dangers-of-surveillance/.
(32) http://www.dailymail.co.uk/sciencetech/article-1352474/QinetiQ-Cars-wont-start-youre-drunk-smell-alcohol-breath.html#ixzz51AiD7uRE.
(33) https://www.nytimes.com/2017/06/05/world/europe/london-attack-uk-election.html?_r=0.
(34) https://www.usenix.org/system/files/conference/soups2017/soups2017-bloom.pdf.
(35) https://www.usenix.org/system/files/conference/soups2017/soups2017-bloom.pdf.
(36) http://valleywag.gawker.com/uber-used-private-location-data-for-party-amusement-1640820384.
(37) https://harvardlawreview.org/2013/05/the-dangers-of-surveillance/.
(38) Richards, "The Dangers of Surveillance."
(39) http://www.thecarconnection.com/news/1112329_german-self-driving-car-ethics-humans-above-animals.
(40) Dan Sturges, 著者とのインタビューによる, June 19, 2017.
(41) Robert Kirkman, "Freedom and Choice: Behavior and Action, Part 2," *The Ethics of Metropolitan Growth* (blog), April 21, 2010, http://www.metroethics.com/2010/04/choice-behavior-and-action.html.
(42) Malia Wollan, "The End of Roadkill," in "Full Tilt: When 100% of Cars Are Autonomous" (special issue), *New York Times Magazine*, November 8, 2017, https://www.nytimes.com/interactive/2017/11/08/magazine/tech-design-autonomous-future-cars-100-percent-augmented-reality-policing.html.
(43) http://junkee.com/self-driving-cars-kangaroos/110880.
(44) Adam Vacarro, "Biggest Challenge for Self-Driving Cars in Boston? Sea Gulls," *Boston Globe*, February 6, 2017, https://www.bostonglobe.com/business/2017/02/06/the-biggest-challenge-for-self-driving-cars-boston-sea-gulls/N5UHSUlyXlar4r60TXupdN/story.html.
(45) Wollan, "The End of Roadkill."
(46) https://spectrum.ieee.org/cars-that-think/at-work/education/vw-scandal-shocking-but-not-surprising-ethicists-say.
(47) https://www.researchgate.net/publication/277817334_Professional_Ethics_of_Software_Engineers_An_Ethical_Framework.
(48) Prachi Patel, "Engineers, Ethics, and the Volkswagen Scandal," *IEEE Spectrum*, September 25, 2015, https://spectrum.ieee.org/cars-that-think/at-work/education/vw-scandal-shocking-but-not-surprising-ethicists-say.
(49) https://www.nspe.org/resources/pe-magazine/may-2015/designing-future.
(50) http://www.consumerwatchdog.org/news-story/car-safety-features-stuck-slow-lane.
(51) http://www.schallerconsult.com/rideservices/unsustainable.pdf.
(52) https://www.theatlantic.com/business/archive/2016/10/uber-lyft-and-the-false-promise-of-fair-rides/506000/.

Washington Post, December 29, 2015, https://www.washingtonpost.com/news/innovations/wp/2015/12/29/will-self-driving-cars-ever-solve-the-famous-and-creepy-trolley-problem/.
(11) National Association of City Transportation Officials, "Vehicle Stopping Distance and Time," https://nacto.org/docs/usdg/vehicle_stopping_distance_and_time_upenn.pdf. 現在生産されているほぼすべての車両について、一般に公開されている路面ブレーキ性能試験の結果によれば、時速60マイル（約97キロメートル）での停止距離は通常120～140フィート（約37～43メートル）であり、これは予想される安全距離の半分以下だ。
(12) Pete Pachal, "Elon Musk Accuses Press of 'Killing People' for Criticism of Self-Driving Cars," *Mashable*, October 19, 2016, http://mashable.com/2016/10/19/elon-musk-youre-killing-people/#R7VNOpa1nEqi.
(13) https://www.verdenews.com/news/2017/aug/31/studies-say-roundabouts-are-safer-faster-cost-effe/.
(14) "2009 Taconic State Parkway Crash," *Wikipedia*, last edited on February 4, 2018, https://en.wikipedia.org/wiki/2009_Taconic_State_Parkway_crash.
(15) Selim Algar, "Wrong-Way Family Feud," *New York Post*, July 26, 2011, http://nypost.com/2011/07/26/wrong-way-family-feud/.
(16) Janet L. Kaminski Leduc, "Wrong-Way Driving Countermeasures," Research Report 2008-R-0491, Connecticut General Assembly, Office of Legislative Research, September 22, 2008, https://www.cga.ct.gov/2008/rpt/2008-R-0491.htm; Mahdi Pour-Rouholamin, Huaguo Zhou, Jeffrey Shaw, and Priscilla Tobias, "Current Practices of Safety Countermeasures for Wrong-Way Driving Crashes," paper presented at the 94th annual meeting of the Transportation Research Board, Washington, DC, January 2015, https://www.researchgate.net/publication/271207228; "Prevention of Wrong-Way Accidents on Freeways," California Department of Transportation, Division of Traffic Operations, June 1989, http://www.ce.siue.edu/faculty/hzhou/ww/PREVENTION-OF-WRONGWAY-ACCIDENTS-ON-FREEWAYS.pdf.
(17) https://www.economist.com/blogs/economist-explains/2014/02/economist-explains-16.
(18) http://www.ghsa.org/resources/spotlight-peds17.
(19) https://centerforactivedesign.org/visionzero.
(20) Vision Zero, "Safety at Every Turn," http://www.visionzeroinitiative.com.
(21) City of New York and Mayor Bill de Blasio, "Vision Zero: Action Plan 2014," http://www.nyc.gov/html/visionzero/pdf/nyc-vision-zero-action-plan.pdf.
(22) http://www.city-data.com/city/Provo-Utah.html.
(23) https://www.nytimes.com/2017/06/22/automobiles/wheels/driverless-cars-big-data-volkswagen-bmw.html?_r=0.
(24) https://www.forbes.com/sites/samabuelsamid/2017/10/27/argo-ai-and-ford-double-down-on-lidar-acquire-princeton-lightwave/#35b807583410.
(25) Jack Ewing, "BMW and Volkswagen Try to Beat Apple and Google at Their Own Game," *New York Times*, June 22, 2017, https://www.nytimes.com/2017/06/22/automobiles/wheels/driverless-cars-big-data-volkswagen-bmw.html.
(26) https://www.nytimes.com/2017/06/22/automobiles/wheels/driverless-cars-big-data-volkswagen-bmw.html.
(27) https://www.gartner.com/newsroom/id/2970017.

(102) https://www.usatoday.com/story/tech/2017/07/28/chinese-group-hacks-tesla-second-year-row/518430001/.
(103) Ivan Evtimov, et al., "Robust Physical-World Attacks on Deep Learning Models," July 27, 2017, https://arxiv.org/abs/1707.08945.
(104) http://blog.caranddriver.com/researchers-find-a-malicious-way-to-meddle-with-autonomous-cars/.
(105) http://www.computerscijournal.org/vol8no3/context-driving-speed-limit-alert-synchronized-monitoring-system/.
(106) Mark Harris, "FBI Warns Driverless Cars Could Be Used as 'Lethal Weapons,'" *The Guardian*, July 16, 2014, https://www.theguardian.com/technology/2014/jul/16/google-fbi-driverless-cars-leathal-weapons-autonomous.
(107) Vivek Krishnamurthy, 著者との電話インタビューによる, November 21, 2017.
(108) https://www.walkscore.com/walkable-neighborhoods.shtml.
(109) http://www.reuters.com/article/us-heart-noise-risk/quieting-down-might-save-billions-in-heart-disease-costs-idUSKBN0OL29B20150605?feedType=RSS&feedName=health News.
(110) https://cleantechnica.com/2016/06/05/will-electric-cars-make-traffic-quieter-yes-no/.
(111) https://cleantechnica.com/2016/06/05/will-electric-cars-make-traffic-quieter-yes-no/.
(112) "Google Self-Driving Car Project Monthly Report," May 2016, https://static.googleusercontent.com/media/www.google.com/en//selfdrivingcar/files/reports/report-0516.pdf.
(113) Will Troppe, "Driverless Cars: Good for the Planet?" *Christian Science Monitor*, September 20, 2014, https://www.csmonitor.com/Environment/Energy-Voices/2014/0910/Driverless-cars-Good-for-the-planet.

第6章　メーカー、ドライバー、乗客、歩行者――倫理に関する難問

(1) Eric McLuhan and Frank Zingrone, eds., *The Essential McLuhan* (New York: Basic Books, 1995), 217.
(2) http://www.nytimes.com/1973/12/17/archives/section-of-west-side-highway-closed-to-traffic-indefinitely.html.
(3) https://plato.stanford.edu/entries/double-effect/.
(4) http://www.nytimes.com/2016/11/06/opinion/sunday/whose-life-should-your-car-save.html?smprod=nytcore-ipad&smid=nytcore-ipad-share.
(5) https://www.dezeen.com/2016/02/12/google-self-driving-car-artficial-intelligence-system-recognised-as-driver-usa/.
(6) https://isearch.nhtsa.gov/files/Google%20--%20compiled%20response%20to%2012%20Nov%20%2015%20interp%20request%20--%204%20Feb%2016%20final.htm.
(7) https://www.technologyreview.com/s/539731/how-to-help-self-driving-cars-make-ethical-decisions/.
(8) Jean-Francois Bonnefon, Azim Shariff, and Iyad Rahwan, "The Social Dilemma of Autonomous Vehicles," Science 352, no. 6293 (June 24, 2016) : 1573–1576.
(9) https://www.gsb.stanford.edu/insights/exploring-ethics-behind-self-driving-cars.
(10) Joel Achenbach, "Driverless Cars Are Colliding with the Creepy Trolley Problem,

when-it-comes-to-safety-autonomous-cars-are-still-teen-drivers1/.
(80) Hsu, "When It Comes to Safety."
(81) https://www.anwb.nl/binaries/content/assets/anwb/pdf/over-anwb/persdienst/rapport_inventarisatie_zelfrijdende_auto.pdf.
(82) https://www.busworld.org/articles/detail/2691/autonomous-buses-testing-in-greece-and-switzerland; https://cleantechnica.com/2015/10/12/autonomous-buses-being-tested-in-greek-city-of-trikala/.
(83) https://www.nrso.ntua.gr/investigating-the-acceptance-of-autonomous-vehicles-by-greek-drivers-2017/.
(84) https://www.gov.uk/government/uploads/system/uploads/attachment_data/file/401562/pathway-driverless-cars-summary.pdf; https://www.gov.uk/government/uploads/system/uploads/attachment_data/file/446316/pathway-driverless-cars.pdf.
(85) http://self-driving-future.com/legislation/europe/.
(86) https://sputniknews.com/science/201711281059504905-sweden-driverless-cars/; http://www.unece.org/fileadmin/DAM/trans/doc/2014/wp1/Autonomous_driving_eng_short.pdf.
(87) http://www.themalaymailonline.com/drive/article/european-countries-agree-to-cooperate-on-connected-and-autonomous-cars#EeWIy1krPPrv5304.99.
(88) http://www.greencarcongress.com/2016/04/20160415-amsterdam.html.
(89) https://voorlichting.rijksoverheid.nl/documenten/rapporten/2016/04/29/declaration-of-amsterdam-cooperation-in-the-field-of-connected-and-automated-driving.
(90) "European Countries Agree to Cooperate on Connected and AutonomousCars," The Star, April 18, 2016, https://www.thestar.com.my/tech/tech-news/2016/04/18/european-countries-agree-to-cooperate-on-connected-and-autonomous-cars/.
(91) https://publications.parliament.uk/pa/bills/cbill/2016-2017/0143/cbill_2016-20170143_en_2.htm.
(92) https://www.out-law.com/en/articles/2017/february/new-uk-laws-address-driverless-cars-insurance-and-liability/.
(93) Jason Levine, telephone interview with the author, September 5, 2017; 以下も参照のこと。Hiroko Tabuchi, "Automakers Still Selling Cars with Defective Takata Airbags," *New York Times*, June 1, 2016, https://www.nytimes.com/2016/06/02/business/automakers-still-selling-cars-with-riskiest-takata-airbags.html?_r=0.
(94) https://www.theatlantic.com/technology/archive/2013/10/the-ethics-of-autonomous-cars/280360/.
(95) http://www.cnn.com/2016/07/15/europe/nice-france-truck/index.html.
(96) https://www.washingtonpost.com/news/checkpoint/wp/2016/07/15/how-the-nice-truck-attack-managed-to-kill-so-many-people-so-quickly/?utm_term=.072dec4c67c0.
(97) https://www.nytimes.com/2017/10/31/nyregion/sayfullo-saipov-manhattan-truck-attack.html?_r=0.
(98) https://www.start.umd.edu/gtd/.
(99) https://www.counterextremism.com/roundup/eye-extremism-november-8-0.
(100) https://www.pressherald.com/2015/07/22/in-rush-to-add-wireless-features-automakers-leaving-cars-open-to-hackers/.
(101) https://www.usatoday.com/story/tech/2017/07/28/chinese-group-hacks-tesla-second-year-row/518430001/f.

QSMswodRhkDEA&gclsrc=ds.
(57) http://www.nytimes.com/2010/05/16/technology/16google.html.
(58) http://www.nytimes.com/2013/04/23/technology/germany-fines-google-over-data-collection.html.
(59) Claire Cain Miller and Kevin J. O'Brien, "Germany's Complicated Relationship with Google Street View," *New York Times*, April 23, 2013, https://bits.blogs.nytimes.com/2013/04/23/germanys-complicated-relationship-with-google-street-view/.
(60) Miller and Kevin O'Brien, "Germany's Complicated Relationship with Google Street View."
(61) https://www.gdpr.associates/what-is-gdpr/.
(62) https://winbuzzer.com/2017/03/17/facebook-google-twitter-face-eu-fines-privacy-concerns-xcxwbn/.
(63) https://www.wired.com/story/google-big-eu-fine/.
(64) Cade Metz, "Artificial Intelligence Is Setting Up the Internet for a Huge Clash with Europe," *Wired*, July 11, 2016.
(65) Oliver Yaros, 著者との電話インタビューによる November 15, 2017.
(66) West, "Moving Forward," 18.
(67) Oliver Yaros, 著者との電話インタビューによる, November 15, 2017.
(68) https://www.express.co.uk/news/world/683224/END-OF-THE-EU-Germany-France-Austria-Hungary-Finland-Netherlands-Europe-Brexit; https://www.armstrongeconomics.com/international-news/europes-current-economy/five-more-countries-want-referendums-to-exit-eu/.
(69) http://newsroom.aaa.com/2017/03/americans-feel-unsafe-sharing-road-fully-self-driving-cars/.
(70) Patrick Olsen, "Doubts Grow over Fully Autonomous Car Tech, Study Finds," *Consumer Reports*, May 25, 2017, https://www.consumerreports.org/autonomous-driving/doubts-grow-over-fully-autonomous-car-tech/.
(71) Alain Kornhauser, 著者との電話インタビューによる, October 3, 2017.
(72) http://t4america.org/2017/09/12/senate-automated-vehicles-legislation-jeopardize-safety-millions-leave-cities-states-side-road/.
(73) http://www.ncsl.org/research/transportation/autonomous-vehicles-self-driving-vehicles-enacted-legislation.aspt.
(74) https://www.recode.net/2016/12/9/13890080/michigan-dot-self-driving-cars-laws-automakers.
(75) https://www.wired.com/2017/03/californias-finally-ready-truly-driverless-cars/.
(76) https://www.washingtonpost.com/local/trafficandcommuting/california-launches-system-allowing-driverless-cars-to-ditch-their-backup-drivers/2018/04/02/3217878c-36a5-11e8-8fd2-49fe3c675a89_story.html?utm_term=.5fc4a0d6a0da.
(77) Ryan Randazzo, " Arizona Getting Ahead of Autonomous Vehicle Industry by Stepping Aside," *The Republic*, June 23, 2017, https://www.azcentral.com/story/money/business/tech/2017/06/23/arizona-getting-ahead-autonomous-vehicle-industry-stepping-aside-waymo-uber-intel-chevy-bolt/405436001/."
(78) https://www.rand.org/pubs/research_reports/RR1478.html.
(79) Jeremy Hsu, "When It Comes to Safety, Autonomous Cars Are Still 'Teen Drivers,' " *Scientific American*, January 18, 2018, https://www.scientificamerican.com/article/

(38) https://www.edmunds.com/car-technology/should-i-buy-a-cars-factory-navigation-system.html.

(39) https://www.scientificamerican.com/article/when-it-comes-to-safety-autonomous-cars-are-still-teen-drivers1/.

(40) https://www.transportation.gov/AV/federal-automated-vehicles-policy-september-2016.

(41) https://www.citylab.com/transportation/2016/09/the-us-dot-officially-puts-a-car-in-the-self-driving-race/500744/.

(42) NHTSA, "Automated Driving Systems 2.0: A Vision for Safety," DOT HS 812 442, US Department of Transportation, September 2017, https://www.nhtsa.gov/sites/nhtsa.dot.gov/files/documents/13069a-ads2.0_090617_v9a_tag.pdf.

(43) Laura Bliss, "Trump's $1 Trillion Infrastructure Plan Has New Reason forSkepticism," *CityLab*, July 27, 2017, https://www.citylab.com/transportation/2017/07/trumps-1-trillion-infrastructure-plan-has-new-reason-for-concern/534957/.

(44) Johana Bhuiyan, US Transportation Secretary Elaine Chao Has Introduced a New Set of Voluntary Guidance for Self-Driving Cars," *Recode*, September 12, 2017, https://www.recode.net/2017/9/12/16296232/self-driving-regulation-guidance-elaine-chao-department-of-transportation.

(45) Bhuiyan, "US Transportation Secretary Elaine Chao Has Introduced."

(46) https://www.insurancejournal.com/news/national/2017/07/31/459421.htm.

(47) Ashley Halsey, "Senate Committee Approves Driverless Car Bill," *Washington Post*, October 4, 2017, https://www.washingtonpost.com/local/trafficandcommuting/senate-committee-approves-driverless-car-bill/2017/10/04/ba10c5ac-a908-11e7-850e-2bdd1236be5d_story.html?utm_term=.9d9ff7fde2db. For a staff working draft of the bill, see https://cei.org/sites/default/files/AV%20START%20Act%20staff%20working%20draft.pdf.

(48) http://fticommunications.com/2017/06/global-race-autonomous-vehicles-views-united-states-europe-asia/.

(49) http://safecarnews.com/un-amends-vienna-convention-on-road-traffic-to-allow-driverless-cars/.

(50) http://www.unece.org/fileadmin/DAM/trans/doc/2014/wp1/ECE-TRANS-WP1-145e.pdf.

(51) https://www.popsci.com/cars/article/2012-08/europe-requires-autonomous-braking-technology-all-commercial-vehicles-sold-next-year/.

(52) https://www.wired.com/2012/08/eu-autonomous-braking-law/.

(53) http://self-driving-future.com/legislation/europe/.

(54) https://www.brookings.edu/wp-content/uploads/2016/09/driverless-cars-3-ed.pdf.

(55) Oliver Yaros, "Connected and Autonomous Vehicles in Europe: The Challenges with Using the Data They Generate," https://www.mayerbrown.com/files/Publication/d9fa82f6-0cd1-4fdb-beb7-8472ce6e66b3/Presentation/PublicationAttachment/47eb74d6-8e19-4a42-95b4-855d0cf052ab/UPDATE_Connected_and_Autonomous_Vehicles_in_Europe.pdf.

(56) https://www.law360.com/articles/9c07/autonomous-vehicles-and-european-data-protection-part-2; https://encryption.eset.com/us/?CMP=knc-genit-Bing-G_S-US-NB-B-GDPR_B&bkw=%2Bgdpr&gcr=81226429116156&bcp302110246&bag=1299622776191412&utm_source=bing&utm_medium=cpc&utm_campaign=us_b2b_search_nb_gdpr_a_gen_bmm&utm_term=%2Bgdpr&utm_content=gdpr&gclid=CPvcj6eEwdcCF

curbed.com/2018/2/7/16980682/city-sidewalk-repair-future-walking-neighborhood.

（13） https://www.nhtsa.gov/press-releases/new-nhtsa-study-shows-motor-vehicle-crashes-have-871-billion-economic-and-societal; 以下も参照のこと。https://crashstats.nhtsa.dot.gov/Api/Public/ViewPublication/812013.

（14） http://repository.cmu.edu/cgi/viewcontent.cgi?article=1095&context=cee.

（15） http://www.iihs.org/frontend/iihs/documents/masterfiledocs.ashx?id=2142.

（16） https://www.cdc.gov/motorvehiclesafety/pedestrian_safety/index.html.

（17） https://www.npr.org/sections/thetwo-way/2016/03/17/470809148/automatic-braking-systems-to-become-standard-on-most-u-s-vehicles.

（18） https://www.consumerreports.org/car-safety/automatic-emergency-braking-availability-expands-with-2017-cars/.

（19） https://nacto.org/2016/06/23/nacto-releases-policy-recommendations-for-automated-vehicles/; https://nacto.org/member-cities/.

（20） http://hal.pratt.duke.edu/sites/hal.pratt.duke.edu/files/u10/Clamann_etal_TRB2016.pdf.

（21） https://www1.toronto.ca/City%20Of%20Toronto/Transportation%20Services/TS%20Publications/Reports/Driving%20Changes%20（Ticoll%202015）.pdf.

（22） https://www.transportation.gov/AV/federal-automated-vehicles-policy-september-2016/.

（23） Adam Millard-Ball, "Pedestrians, Autonomous Vehicles, and Cities," *Journal of Planning Education and Research* 38, no. 1（2018）, http://journals.sagepub.com/doi/full/10.1177/0739456X16675674.

（24） Rodney Brooks, "Unexpected Consequences of Self-Driving Cars," January 12, 2017, http://rodneybrooks.com/unexpected-consequences-of-self-driving-cars/.

（25） Jason Levine, 著者との電話インタビューによる, September 5, 2017.

（26） Richard Retting, 著者との電話インタビューによる, September 29, 2017.

（27） Alain Kornhauser, 著者との電話インタビューによる, October 3, 2017.

（28） Richard Retting, 著者との電話インタビューによる, September 29, 2017.

（29） https://mobilitylab.org/2017/09/05/5-ways-cities-counties-can-make-sure-autonomous-vehicles-bikes-mix-safely/.

（30） https://www.cnbc.com/2016/01/08/driverless-cars-confused-by-cyclists.html.

（31） https://www.nytimes.com/2016/07/02/business/joshua-brown-technology-enthusiast-tested-the-limits-of-his-tesla.html.

（32） https://www.nytimes.com/2017/01/19/business/tesla-model-s-autopilot-fatal-crash.html?_r=0.

（33） https://www.tesla.com/sites/default/files/model_s_owners_manual_north_america_en_us.pdf.

（34） http://www.freep.com/story/money/cars/2016/07/01/tesla-driver-harry-potter-crash/86596856/.

（35） https://www.apta.com/mediacenter/pressreleases/Documents/Fact%20Sheet%20The%20Hidden%20Traffic%20Safety%20Solution.pdf.

（36） American Public Transportation Association, "The Hidden Traffic Safety Solution: Public Transportation," September 2016, http://www.apta.com/resources/reportsandpublications/Documents/APTA-Hidden-Traffic-Safety-Solution-Public-Transportation.pdf.

（37） http://apps.dmv.ca.gov/about/profile/rd/r_d_report/Section_6/S6-238.pdf.

(105) Mike Maciag, "How Driverless Cars Could Be a Big Problem for Cities," *Governing*, August 2017, http://www.governing.com/topics/finance/gov-cities-traffic-parking-revenue-driverless-cars.html.
(106) https://nhts.ornl.gov.
(107) https://www.cbsnews.com/news/strangers-buy-car-for-20-year-old-who-walks-3-miles-to-work-in-texas-heat/.
(108) https://www.autotrader.com/car-shopping/hidden-costs-of-buying-a-used-car-maintenance-207358.
(109) Barbara Gray, 著者との電話インタビューによる, August 21, 2017.
(110) Kelly J. Clifton et al., "Consumer Behavior and Travel Mode Choices," draft final report for the Oregon Transportation Research and Education Consortium, November 2012, http://kellyjclifton.com/Research/EconImpactsofBicycling/OTRECReport-ConsBehavTravelChoices_Nov2012.pdf.
(111) Emily Badger, "Cyclists and Pedestrians Can End Up Spending More Each Month Than Drivers," *CityLab*, December 5, 2012, https://www.citylab.com/transportation/2012/12/cyclists-and-pedestrians-can-end-spending-more-each-month-drivers/4066/.
(112) "Preparing a Nation for Autonomous Vehicles: Opportunities, Barriers, and Policy Recommendations," Eno Center for Transportation, October 2013, https://www.enotrans.org/wp-content/uploads/AV-paper.pdf.

第5章　命を救う——健康と安全にとって自動運転車はプラスか？

(1) http://www.telegraph.co.uk/technology/2016/10/20/youre-killing-people-elon-musk-attacks-critics-of-self-driving-c/.
(2) NHTSA, "2016 Fatal Motor Vehicle Crashes: Overview."
(3) Richard Retting, 著者との電話インタビューによる, September 29, 2017.
(4) https://www.cdc.gov/motorvehiclesafety/impaired_driving/impaired-drv_factsheet.html.
(5) https://www.nytimes.com/2018/03/19/technology/uber-driverless-fatality.html.
(6) https://www.caranddriver.com/news/after-crash-arizona-governor-suspends-uber-self-driving-vehicle-testing.
(7) http://www.iihs.org/iihs/topics/t/general-statistics/fatalityfacts/overview-of-fatality-facts.
(8) http://www.iihs.org/iihs/topics/t/general-statistics/fatalityfacts/overview-of-fatality-facts.
(9) National Transportation Safety Board, *Reducing Speeding-Related Crashes Involving Passenger Vehicles*, NTSB Safety Study 17/01, PB2017-102341, July 25, 2017, https://www.ntsb.gov/safety/safety-studies/Documents/SS1701.pdf; 以下も参照のこと。"'Self-Drive' Bill Passes House by Unanimous Vote," *Urban Transportation Monitor* 31, no. 6 (August 31, 2017), http://files.constantcontact.com/b56bd94e001/e65ed192-0c6c-4aa3-9497-b049d37c40a5.pdf.
(10) https://www.enotrans.org/wp-content/uploads/AV-paper.pdf?x43122.
(11) http://www.mckinsey.com/industries/automotive-and-assembly/our-insights/ten-ways-autonomous-driving-could-redefine-the-automotive-world.
(12) Alissa Walker, "The Case against Sidewalks," *Curbed*, February 7, 2018, https://www.

chinas-supercomputers-race-past-us-to-world-dominance/ar-BBEXhPS?OCID=ansmsnnews11.
(83) http://www.gov.cn/zhengce/content/2017-07/20/content_5211996.htm; http://english.gov.cn/state_council/ministries/2016/05/23/content_281475355720632.htm.
(84) http://fticommunications.com/2017/06/global-race-autonomous-vehicles-views-united-states-europe-asia/.
(85) "China's Roadmap to Self-Driving Cars," *Reuters*, April 23, 2016.
(86) https://www.brookings.edu/wp-content/uploads/2016/09/driverless-cars-3-ed.pdf.
(87) Darrell M. West, "Moving Forward: Self-Driving Vehicles in China, Europe, Japan, Korea, and the United States," *Center for Technology Innovation at Brookings* (September 2016) : 14.
(88) Girault, "Chinese Firms Accelerate in Race toward Driverless Future."
(89) https://media.economist.com/news/special-report/21737418-driverless-vehicles-will-change-world-just-cars-did-them-what-went-wrong.
(90) Jennifer Lo, "Didi Casts Doubt on China Driverless Car Outlook," *Nikkei Asian Review*, April 8, 2016, https://asia.nikkei.com/Business/AC/Didi-casts-doubt-on-China-driverless-car-outlook.
(91) http://www.telegraph.co.uk/technology/news/12044117/BMW-and-Baidu-partner-to-build-driverless-cars-in-China.html.
(92) http://www.ecvinternational.com/2018ChinaVehicle/.
(93) https://www.eia.gov.
(94) Austin Brown et al., "An Analysis of Possible Energy Impacts of Automated Vehicles," in *Road Vehicle Automation: Lecture Notes in Mobility*, ed. Gereon Meyer and Sven Beiker (Cham, Switzerland: Springer, 2014), 137–153.
(95) https://vtnews.vt.edu/articles/2013/02/022613-vtti-ecocruisecontrol.html.
(96) https://www.energy.gov/management/timeline-events-2016.
(97) https://www.bna.com/energy-department-halts-n57982087155/.
(98) James Osborne, "Driverless Cars May Drive Down Oil Demand," *Houston Chronicle*, May 27, 2016, http://www.houstonchronicle.com/business/article/Driverless-cars-may-drive-down-oil-demand-7950658.php.
(99) Zack Kanter, "How Uber's Autonomous Cars Will Destroy 10 Million Jobs and Reshape the Economy by 2015," *CBS SFBayArea*, January 27, 2015, http://sanfrancisco.cbslocal.com/2015/01/27/how-ubers-autonomous-cars-will-destroy-10-million-jobs-and-reshape-the-economy-by-2025-lyft-google-zack-kanter/.
(100) http://www.governing.com/gov-data/gov-how-autonomous-vehicles-could-effect-city-budgets.html.
(101) Jeff Mays, "New York City Collects Record $1.9 Billion in Fines and Fees," *DNAInfo*, March 24, 2016, https://www.dnainfo.com/new-york/20160324/civic-center/new-york-city-collects-record-19-billion-fines-fees.
(102) Office of the New York City Comptroller, Bureau of Budget, "Fines and Fees in the New York City Budget," *NYC Budget Brief*, March 2016, https://www.scribd.com/doc/305864974/New-York-City-Fines-and-Fees#download&from_embed.
(103) https://www.gemut.com/car-rental-europe-basics/3779-driving-in-europe-traffic-tickets.html.
(104) https://www.enotrans.org/?s=VMT+fee.

driving-driverless-cars-disrupt-airline-hotel-industries-sleeping-interview-audi-senior-strategist-sven-schuwirth/.
(61) https://www.nbcmiami.com/news/weird/73-Year-Old-Florida-Man-Sues-Bar-For-Giving-Him--103815024.html.
(62) https://www.reuters.com/article/us-usa-autos-autonomous/self-driving-cars-could-generate-billions-in-revenue-u-s-study-idUSKBN0M10UF20150305.
(63) https://www.insurancejournal.com/news/national/2016/04/26/406449.htm.
(64) Chunka Mui, "Driverless Taxis Might Replace Private Cars and Public Transit," *Forbes*, April 17, 2014, https://www.forbes.com/sites/chunkamui/2014/04/17/mit-and-stanford-researchers-show-robotaxis-could-replace-private-cars-and-public-transit/2/#63c3269e2315.
(65) Joseph White and Paul Ingrassia, "Who Wins, Loses in a Driverless Car Economy?" *Insurance Journal*, April 26, 2016, https://www.insurancejournal.com/news/national/2016/04/26/406449.htm.
(66) https://legalrideshare.com/lr-chicago-tribune/.
(67) http://money.cnn.com/2018/03/31/technology/tesla-model-x-crash-autopilot/index.html.
(68) https://www.wisbar.org/NewsPublications/InsideTrack/Pages/Article.aspx?Volume=8&Issue=23&ArticleID=25226.
(69) Brulte, "Autonomous Cars Are Coming."
(70) Tony Seba and James Arbib, "Are We Ready for the End of Individual Car Ownership?" *San Francisco Chronicle*, July 10, 2017, http://www.sfchronicle.com/opinion/openforum/article/Are-we-ready-for-the-end-of-individual-car-11278535.php.
(71) Barry Devlin, "Autonomous Vehicles: Impact on Business and Society (Part 4 of 4)," https://tdwi.org/articles/2016/07/14/autonomous-vehicles-business-society-impact-pt4.aspx.
(72) Greenhouse, "Autonomous Vehicles Could Cost America."
(73) Aarian Marshall, "Robocars Could Add $7 Trillion to the Global Economy," *Wired*, June 3, 2017, https://www.wired.com/2017/06/impact-of-autonomous-vehicles/.
(74) Devlin, "Autonomous Vehicles: Impact on Business and Society (Part 4 of 4)."
(75) https://www.wired.com/2016/06/chinas-plan-first-country-self-driving-cars/.
(76) "China's Roadmap to Self-Driving Cars," Reuters, April 23, 2016; "Officials Want to Open Way for Autonomous Driving," *China Daily*, June 22, 2016.
(77) Julien Girault, "Chinese Firms Accelerate in Race toward Driverless Future," *Phys.org*, April 23, 2016.
(78) https//qz.com/1250731/china-just-made-it-easier-for-self-driving-to-take-place-on-any-road-in-the-country.
(79) https://www.techinasia.com/talk/china-win-self-driving; 以下も参照のこと。http://energyfuse.org/behind-closed-doors-china-grapples-autonomous-vehicle-policy/.
(80) "Baidu Enters the Global Race for Driverless Car Domination," *Bloomberg News*, January 24, 2016, https://www.bloomberg.com/news/articles/2016-01-24/baidu-enters-the-global-race-to-dominate-era-of-driverless-cars.
(81) http://www.fortune.com/2016/06/07/autonomous-car-sales-ihs; "Baidu Enters the Global Race for Driverless Car Domination," *Bloomberg News*, January 24, 2016.
(82) https://www.msn.com/en-sg/money/technology/chinas-supercomputers-race-past-us-to-world-dominance/ar-BBEWGVC; https://www.msn.com/en-us/news/technology/

(39) Viknesh Vijayenthiran, "Volvo, Autoliv Establish Zenuity Joint Venture Dedicated to Self-Driving Cars," *MotorAuthority*, January 3, 2017, https://www.motorauthority.com/news/1108100_volvo-autoliv-establish-zenuity-joint-venture-dedicated-to-self-driving-cars.
(40) http://www.autonews.com/article/20170627/COPY01/306289999/volvo-autoliv-deepen-self-driving-ties-with-nvidia.
(41) https://www.bloomberg.com/news/articles/2016-06-29/bmw-is-said-to-team-up-with-intel-mobileye-on-self-driving-cars.
(42) http://www.driverlesstransportation.com/bosch-getting-autonomous-done-12893.
(43) https://www.reuters.com/article/us-continental-driverless/continental-to-invest-in-driverless-mobility-with-easymile-stake-idUSKBN19P1HS.
(44) http://www.hindustantimes.com/opinion/the-future-of-jobs-in-india/story-k5lvU9uSGyjIbSybqodzFL.html.
(45) Venkat Sumantran, PhD, 著者との電話インタビューによる, November 20, 2017.
(46) https://spaces.hightail.com/receive/SdhSlwwnDH/fi-4f1a5caa-6300-440a-8f83-217fde46ef09/fv-24bded86-7040-4521-a652-90cce8d6a768/GiveAShift_MotorcycleSalesInTheSlowLane_Ebert.pdf.
(47) http://www.motorcycle.com/features/featuresgm-cruise-autonomous-car-and-motorcycle-collide-in-san-francisco-html.html.
(48) http://www.motorcycle.com/mini-features/yamaha-motorcycle-sales-down-in-u-s-but-up-worldwide.html.
(49) http://www.pantagraph.com/business/investment/markets-and-stocks/motorcycle-statistics-that-ll-floor-you/article_77e14488-0518-52a9-86a7-0ab063e7fefa.html.
(50) https://www.businesswire.com/news/home/20160628005102/en/Increasing-Focus-Consumers-Luxury-Ultra-Luxury-Motorcycles-Drive.
(51) Shivali Best, "Forget Driverless Cars, Now There's a Riderless Motorcycle," *Daily Mail*, September 13, 2016.
(52) http://www.foxnews.com/auto/2018/01/11/autonomous-honda-atv-could-be-workhorse-future.html.
(53) Seth Birnbaum, "The Insurance Impact of Self-Driving Cars and Shared Mobility," *TechCrunch*, November 8, 2016, https://techcrunch.com/2016/11/08/the-insurance-impact-of-self-driving-cars-and-shared-mobility/.
(54) http://fortune.com/2015/08/03/driverless-cars-insurance/.
(55) https://www.consumerreports.org/cro/magazine/2014/04/the-road-to-self-driving-cars/index.htm.
(56) http://www.iihs.org.
(57) https://www.theguardian.com/business/2016/may/03/driverless-cars-dent-motor-insurers-volvo.
(58) Brian Fung, "This Company Just Solved One of the Thorniest Problems for Driverless Cars," *Washington Post*, June 9, 2016, https://www.washingtonpost.com/news/the-switch/wp/2016/06/09/this-company-just-solved-the-biggest-policy-problem-for-driverless-cars/?utm_term=.eb61d5275ae0.
(59) https://www.bjs.gov/index.cfm?ty=tp&tid=451.
(60) Marcus Fairs, "Driverless Cars Could Spell the End for Domestic Flights, Says Audi Strategist," *Dezeen*, November 25, 2015, https://www.dezeen.com/2015/11/25/self-

infrastructure/20110912.htm#8; https://www.rikvin.com/press-releases/singapores-infrastructure-ranked-best-in-the-world/; http://www.nationsencyclopedia.com/economies/Asia-and-the-Pacific/Hong-Kong-INFRASTRUCTURE-POWER-AND-COMMUNICATIONS.html.

(15) http://www.businessinsider.com/the-most-high-tech-cities-in-the-world-2017-8/#20-shenzhen-china-6.

(16) http://fortune.com/2016/04/23/china-self-driving-cars/.

(17) Peter Drucker, *The Concept of the Corporation* (New York: John Day, 1946), 149.

(18) Bern Grush and John Niles, "Public Fleets of Autonomous Vehicles and How to Manage Them," thinkinghighways.com, http://endofdriving.org/wp-content/uploads/2017/03/Public-fleets-of-automated-vehicles-and-how-to-manage-them.pdf.

(19) "Reports, Trends & Statistics," American Trucking Associations, http://www.trucking.org/News_and_Information_Reports_Industry_Data.aspx.

(20) http://www.goldmansachs.com/our-thinking/public-policy/narrowing-the-jobs-gap-report.pdf.

(21) Steven Greenhouse, "Autonomous Vehicles Could Cost America 5 Million Jobs. What Should We Do About It?" *Los Angeles Times*, September 22, 2016, http://www.latimes.com/opinion/op-ed/la-oe-greenhouse-driverless-job-loss-20160922-snap-story.html.

(22) Greenhouse, "Autonomous Vehicles Could Cost America."

(23) http://sanfrancisco.cbslocal.com/2015/01/27/how-ubers-autonomous-cars-will-destroy-10-million-jobs-and-reshape-the-economy-by-2025-lyft-google-zack-kanter/.

(24) https://www.bls.gov/iag/tgs/iagauto.htm.

(25) https://www.ibisworld.com/media/wp-content/uploads/2017/08/Tech-Takeover-Six-Industries-Affected-by-New-Autonomous-Vehicles.pdf.

(26) International Transport Forum, "Managing the Transition to Driverless Road Freight Transport," https://www.itf-oecd.org/sites/default/files/docs/managing-transition-driverless-road-freight-transport.pdf.

(27) https://www.digitaltrends.com/cool-tech/walmart-floating-warehouse-drone-delivery/.

(28) https://www.bloomberg.com/news/articles/2017-08-18/wal-mart-s-amazon-war-takes-to-skies-with-floating-warehouses.

(29) Kevin Gillette, 著者とのインタビューによる, Shohola, PA, September 17, 2017.

(30) http://ebusiness.mit.edu/erik/.

(31) http://prospect.org/article/driverless-future.

(32) http://www.maciverinstitute.com/2013/01/feds-regulations-hurt-small-businesses-more-than-big-business/.

(33) International Transport Forum, "Managing the Transition to Driverless Road Freight Transport."

(34) https://www.brookings.edu/wp-content/uploads/2016/09/driverless-cars-3-ed.pdf.

(35) Vivek Krishnamurthy, telephone interview with the author, November 21, 2017.

(36) https://www.theguardian.com/technology/2016/jun/20/britain-leads-europe-technology-unicorns.

(37) http://www.iotevolutionworld.com/autonomous-vehicles/articles/432332-how-europe-help-move-us-autonomous-car-industry.htm.

(38) https://techcrunch.com/2016/07/25/audi-setting-up-a-subsidiary-dedicated-to-self-driving-car-tech/.

pedestrians-step-wrong-direction/82529988/.
(69) https://www.6sqft.com/loop-nyc-proposes-driverless-auto-expressways-across-manhattan-and-a-13-mile-pedestrian-park/.
(70) https://transitapp.com.
(71) https://www.geekwire.com/2017/uber-announces-new-integration-with-transit-app-on-android-to-better-connect-with-public-transportation/.
(72) http://www.businessinsider.com/ford-using-chariot-service-to-focus-on-enterprise-2018-1.
(73) http://whimapp.com/fi-en/.
(74) https://www.csail.mit.edu/news/study-carpooling-apps-could-reduce-taxi-traffic-75.

第4章　ビジネスと消費者主義

(1) Reuters, "Amazon Being Amazon: Strong Sales Gain, but Losing Money," *Fortune*, April 23, 2015, http://fortune.com/2015/04/23/amazon-being-amazon-strong-sales-gain-but-losing-money/.
(2) https://www.nakedcapitalism.com/2016/11/can-uber-ever-deliver-part-one-understanding-ubers-bleak-operating-economics.html.
(3) https://www.bloomberg.com/news/articles/2017-11-29/uber-s-third-quarter-loss-is-said-to-widen-to-1-46-billion.
(4) https://www.bloomberg.com/news/features/2015-06-23/this-is-how-uber-takes-over-a-city.
(5) http://www.jwj.org/how-much-will-uber-spend-to-get-its-way.
(6) http://www.nydailynews.com/news/national/uber-spent-1-2m-lobbying-efforts-2017-article-1.3408470.
(7) Matthew Flamm, "Bradley Tusk Made $100 Million Helping Uber Conquer New York, and He's Not Apologizing," *Crain's New York Business*, September 12, 2017, http://www.crainsnewyork.com/article/20170912/TECHNOLOGY/170919983/bradley-tusk-made-100-million-helping-uber-conquer-new-york-now-hes-helping-other-startups-disrupt-the-status-quo.
(8) https://www.forbes.com/sites/joannmuller/2017/11/30/gm-says-self-driving-car-service-could-add-billions-to-its-bottom-line/#4a45d5963d28.
(9) http://www.businessinsider.com/dying-shopping-malls-are-wreaking-havoc-on-suburban-america-2017-2; https://fee.org/articles/retail-stores-are-dying-and-we-should-let-them/; http://time.com/4865957/death-and-life-shopping-mall/.
(10) https://www.wired.com/2017/06/impact-of-autonomous-vehicles/.
(11) Jenni Bergal, "No More Toll Booth Collectors," *Governing*, July 27, 2015, http://www.governing.com/topics/mgmt/no-more-toll-booth-collectors.html.
(12) Barry Devlin, "Autonomous Vehicles: The Employment Outlook (Part 3 of 4)," *TDWI*, July 13, 2016, https://upside.tdwi.org/articles/2016/07/13/autonomous-vehicles-and-employment-pt3.aspx.
(13) Grayson Brulte, "Autonomous Cars Are Coming, but Not for Your Job," *future.com*, January 10, 2017, https://futurism.com/autonomous-cars-are-coming-but-not-for-your-job/.
(14) http://www.rediff.com/business/slide-show/slide-show-1-nations-with-the-worlds-best-

「ジェネレーションZは自動運転車に魅力を感じている。しかしその理由を聞いて驚くだろう。ジェネレーションZの回答者の半数以上（54パーセント）が、完全に自動化された自動運転車が魅力的だと答えている。またジェネレーションZの回答者の47パーセントが、今後10年間でより多くの自動車が自動運転するようになることを望んでいる。しかし繰り返しになるが、それを促しているのは、彼らの安全に対する懸念だ。自動運転車によって道路はどのように変化すると思うか尋ねたところ、10代のジェネレーションZの61パーセントが、道路が安全になるだろうと答えた。さらに10代のジェネレーションZの45パーセントが、自動運転車は「ながら運転」の問題を軽減するだろうと考え、また41パーセントが、自動運転車は路上での事故数を減らすだろうと考えている」

（48） https://www.nytimes.com/2015/03/29/jobs/make-way-for-generation-z.html?_r=0.
（49） http://www.nielsen.com/us/en/insights/news/2015/the-facts-of-life-generational-views-about-how-we-live.html.
（50） https://www.weforum.org/agenda/2015/10/why-is-tech-getting-cheaper/.
（51） https://fee.org/articles/the-iphone-in-your-pocket-is-worth-millions.
（52） Nick Lucchesi, "Google's 'Full-Stack' Approach Will Make Autonomous Driving Cheap AF," Inverse Skunkworks, January 8, 2017, https://www.inverse.com/article/26102-waymo-detroit-auto-show.
（53） https://blogs.unicef.org/innovation/how-mobile-phones-are-changing-the-developing-world/.
（54） Daniel Schwartz, "Self-Driving Cars Confront Urban Traffic Congestion," *CBC News*, July 22, 2015, http://www.cbc.ca/news/technology/self-driving-cars-confront-urban-traffic-congestion-1.3155811.
（55） https://www.statista.com/statistics/183505/number-of-vehicles-in-the-united-states-since-1990/.
（56） http://carnegieendowment.org/2012/07/23/in-search-of-global-middle-class-new-index-pub-48908.
（57） https://people.hofstra.edu/geotrans/eng/ch6en/conc6en/rci_population.html; https://people.hofstra.edu/geotrans/eng/ch6en/conc6en/ch6c4en.html.
（58） http://eprints.whiterose.ac.uk/92861/.
（59） http://documents.atlantaregional.com/taqc/2017/2017-01-12/Regional_Trails.pdf.
（60） http://www.sciencedirect.com/science/article/pii/S0968090X15000042.
（61） Eric Jaffe, "How Driverless Cars Could Make Traffic Dramatically Worse," *CityLab*, January 26, 2015, https://www.citylab.com/life/2015/01/how-driverless-cars-could-make-traffic-dramatically-worse/384821/.
（62） Jaffe, "How Driverless Cars Could Make Traffic Dramatically Worse."
（63） http://usa.streetsblog.org/2017/07/18/honolulu-city-council-wants-tighter-distraction-rules-for-pedestrians-than-for-drivers/.
（64） https://systemicfailure.wordpress.com/2017/07/24/the-hysteria-over-distracted-walking/.
（65） Jack L. Nasar and Derek Troyer, "Pedestrian Injuries Due to Mobile Phone Use in Public Places," *Accident Analysis and Prevention* 57 (2013): 91–95, https://pdfs.semanticscholar.org/40d4/4805cd7aa72e53355f61c07427d8a71ccff9.pdf.
（66） http://www.nytimes.com/2010/01/17/technology/17distracted.html.
（67） https://pdfs.semanticscholar.org/40d4/4805cd7aa72e53355f61c07427d8a71ccff9.pdf.
（68） http://www.courierpostonline.com/story/opinion/columnists/2016/04/02/criminalizing-

(27) https://www.census.gov/newsroom/releases/archives/miscellaneous/cb12-134.html.
(28) Dana E. King, Eric Matheson, Svetlana Chirina, et al., "The Status of Baby Boomers' Health in the United States: The Healthiest Generation?" *JAMA Internal Medicine* 173, no. 5 (2013): 385–386, doi:10.1001/jamainternmed.2013.2006; Linda G. Martin and Robert F. Schoeni, "Trends in Disability and Related Chronic Conditions among the Forty-and-Over Population: 1997-2010," シラキュース大学の老化政策研究センターと、ミシガン大学アナーバー校のミシガン老化人口統計学センターが主催し、米保険福祉省のコミュニティー生活局、米国立衛生研究所の国立老化研究所、米教育省の障害者リハビリテーション研究所、障害者研究省庁間連絡委員会がスポンサーとなった省庁間会議で発表された論文, May 17–18, 2012; Vicki A. Freedman et al., "Trends in Late-Life Activity Limitations in the United States: An Update from Five National Surveys," *Demography* 50, no. 2 (2013): 661–671.
(29) Tony Dutzik and Phineas Baxandall, "A New Direction: Our Changing Relationship with Driving and the Implications for America's Future," Frontier Group and US PIRG Education Fund, Spring 2013, http://uspirg.org/reports/usp/new-direction.
(30) http://www.umich.edu/~umtriswt/PDF/UMTRI-2016-4.pdf, i.
(31) https://www.greencarreports.com/news/1106395_european-millennials-will-flock-to-electric-cars-if-survey-results-hold-true; http://www.pewresearch.org/fact-tank/2015/04/16/car-bike-or-motorcycle-depends-on-where-you-live/.
(32) http://www.pewresearch.org/fact-tank/2015/04/16/car-bike-or-motorcycle-depends-on-where-you-live/.
(33) https://www.theguardian.com/cities/2015/apr/28/end-of-the-car-age-how-cities-outgrew-the-automobile.
(34) https://www.theatlantic.com/international/archive/2012/08/its-official-western-europeans-have-more-cars-per-person-than-americans/261108/.
(35) http://carnegieendowment.org/2012/07/23/in-search-of-global-middle-class-new-index/cyo2.
(36) "Beijing to Cut New Car Registration by Two Thirds," *China Post*, December 24, 2010, www.chinapost.com.tw/china/local-news/beijing/2010/12/24/284851/Beijing-to.htm.
(37) http://daxueconsulting.com/chinese-millennials-spending-behaviors/.
(38) http://www.sohu.com/a/119108215_538479.
(39) http://carnegieendowment.org/2012/07/23/in-search-of-global-middle-class-new-index/cyo2.
(40) http://www.prb.org/Publications/Articles/2012/india-2011-census.aspx.
(41) https://vimeo.com/157768796; https://www.citylab.com/equity/2016/03/keeping-millennials-in-cities-dowell-myers/473061/.
(42) https://www.wsj.com/articles/more-young-adults-stay-put-in-big-cities-1421697632.
(43) http://ec.europa.eu/eurostat/statistics-explained/index.php/Statistics_on_European_cities.
(44) Julia Fiore, インタビュー, New York City, September 30, 2017.
(45) http://cityobservatory.org/are-the-young-leaving-cities/.
(46) https://www.forbes.com/sites/petesaunders1/2017/01/12/where-educated-millennials-are-moving/.
(47) Kelly Blue Book Research, "What's Driving Gen Z," March 2016, https://coxautoinc.app.box.com/v/autotrader-kbb-gen-z-research/file/56691606014.

(5) World Atlas, "Cities with the Worst Traffic in the World."
(6) https://www.tomtom.com/en_gb/trafficindex/.
(7) http://schallerconsult.com/rideservices/unsustainable.htm#overv.
(8) American Highway Users Alliance, "Unclogging America's Arteries 2015: Prescriptions for Healthier Highways," http://www.highways.org/wp-content/uploads/2015/11/unclogging-study2015-hi-res.pdf.
(9) https://mobility.tamu.edu/ums/.
(10) https://www.huffingtonpost.com/2013/05/16/foreclosure-crisis-lost-wealth_n_3287643.html.
(11) Jamie Condliffe, "A Single Autonomous Car Has a Huge Impact on Alleviating Traffic," *MIT Technology Review*, May 10, 2017, https://www.technologyreview.com/s/607841/a-single-autonomous-car-has-a-huge-impact-on-alleviating-traffic/; Raphael E. Stern et al., "Dissipation of Stop-and-Go Waves via Control of Autonomous Vehicles: Field Experiments," May 4, 2017, https://arxiv.org/abs/1705.01693.
(12) この実験の映像については、次を参照。Lauren Isaac, "Are We Ready for Driverless Cars?" TEDxSacramento, April 14, 2016, https://www.youtube.com/watch?v=kSmTF6KoUb8.
(13) http://www.insideedition.com/headlines/19301-school-of-gridlock-how-to-drive-smarter-when-theres-traffic.
(14) US Department of Transportation, Federal Highway Administration, Office of Operations, "2012 Urban Congestion Trends Operations: The Key to Reliable Travel," April 2013, https://ops.fhwa.dot.gov/publications/fhwahop13016/index.htm.
(15) https://iotbusinessnews.com/2017/02/28/90147-honda-launches-connected-car-services-european-countries/.
(16) https://www.northjersey.com/story/news/bergen/leonia/2018/02/08/traffic-ban-leonia-bad-business-shop-owners-say/316070002/.
(17) http://cvp.nyc.
(18) https://www.consumerreports.org/cro/magazine/2014/04/the-road-to-self-driving-cars/index.htm.
(19) Alain Kornhauser, 著者とのインタビューによる, Princeton University, October25, 2017.
(20) http://inrix.com/blog/2014/03/top-10-worst-traffic-cities-in-the-us-san-jose-ranks-7/.
(21) https://www.itf-oecd.org/sites/default/files/docs/15cpb_self-drivingcars.pdf; https://www.itf-oecd.org/urban-mobility-system-upgrade-1.
(22) Dana Hull and Carol Hymowitz, "Google Thinks Self-Driving Cars Will Be Great for Stranded Seniors," *Bloomberg BusinessWeek*, March 2, 2016, https://www.bloomberg.com/news/articles/2016-03-02/google-thinks-self-driving-cars-will-be-great-for-stranded-seniors.
(23) Michael Sivak, "Has Motorization in the US Peaked?" UMTRI-2013-17, June 2013, https://deepblue.lib.umich.edu/bitstream/handle/2027.42/98098/102947.pdf?sequence=1&isAllowed=y.
(24) http://www.umich.edu/~umtriswt/PDF/UMTRI-2016-4_Abstract_English.pdf.
(25) Aaron Renn, 著者とのインタビューによる, July 23, 2017, telephone.
(26) "Projections and Implications for Housing a Growing Population: Older Households 2015–2035," Harvard University, Joint Center for Housing Studies, http://www.jchs.harvard.edu/sites/jchs.harvard.edu/files/harvard_jchs_housing_growing_population_2016.pdf.

(40) https://www.sciencedaily.com/releases/2017/08/170821111517.htm.
(41) https://www.engadget.com/2017/09/16/electric-car-built-for-africa/.
(42) https://medium.com/@NissanMotor/autonomous-driving-technology-developing-at-a-rapid-pace-c72014d996b0.
(43) https://www.investopedia.com/terms/m/mooreslaw.asp.
(44) Pew Research Center, "Cell Phones in Africa: Communication Lifeline," April 15, 2015, http://www.pewglobal.org/2015/04/15/cell-phones-in-africa-communication-lifeline/.
(45) http://www.vut-research.ac.za/do-self-driving-cars-have-a-future-in-south-africa/.
(46) http://www.itnewsafrica.com/2017/10/interview-how-autonomous-vehicles-will-impact-africa/.
(47) http://www.motherjones.com/environment/2016/01/future-parking-self-driving-cars/.
(48) http://www.reinventingparking.org/2013/10/is-30-of-traffic-actually-searching-for.html.
(49) http://www.telegraph.co.uk/motoring/news/10082461/Motorists-spend-106-days-looking-for-parking-spots.html.
(50) Graham Cookson and Bob Pishue, "The Impact of Parking Pain in the US, UK, and Germany," *Scribd*, July 2017, https://www.scribd.com/document/353598656/Parking-pain-INRIX-studies-parking-woes-in-major-U-S-cities.
(51) https://www-03.ibm.com/press/us/en/pressrelease/35515.wss.
(52) Eran Ben-Joseph, Rethinking a Lot: The Design and Culture of Parking (Cambridge, MA: MIT Press, 2012), xi.
(53) Donald Shoup, The High Cost of Free Parking (New York: Routledge, 2011), xxxi.
(54) https://www.statista.com/statistics/183505/number-of-vehicles-in-the-united-states-since-1990/.
(55) https://www.lta.gov.sg/ltaacademy/doc/J14Nov_p12Rodoulis_AVcities.pdf.
(56) Andy Cohen, telephone interview with the author, January 8, 2018.
(57) https://www.citylab.com/transportation/2012/08/lessons-zurichs-parking-revolution/2874/.
(58) Marcus Fairs, "Paris Deputy Mayor Questions London's Approach to Skyscrapers and Public Space," *Dezeen*, September 12, 2017, https://www.dezeen.com/2017/09/12/paris-deputy-mayor-questions-london-approach-skyscrapers-public-space/.
(59) http://edition.cnn.com/travel/article/public-transportation-ridership-increasing/index.html.
(60) http://www.npr.org/2016/02/11/466178523/like-millennials-more-older-americans-steering-away-from-driving.
(61) http://mashable.com/2017/05/25/cars-replaced-by-ride-hailing-poll/#F9N2OqiHCOqb.
(62) Dan Sturges, 著者との電話インタビューによる, July 9, 2017.

第3章　交通と土地利用の未来

(1) Jon Winokur, *Return of the Portable Curmudgeon* (New York: Plume, 1995), 14.
(2) https//www.nytimes.com/2018/05/23/technology/uber-finds-profits-in-leaving-tough-overseas-markets.html
(3) https://tti.tamu.edu.
(4) World Atlas, "Cities with the Worst Traffic in the World," https://www.worldatlas.com/articles/cities-with-the-worst-traffic-in-the-world.html.

athensguide.com/driving/greek-driving-rules.htm.24. http://www.nytimes.com/2007/11/09/world/europe/09athens.html?_r=2&oref=slogin.
(25) http://greeklandscapes.com/travel/driving_athens.html.
(26) http://www.rediff.com/business/slide-show/slide-show-1-nations-with-the-worlds-best-infrastructure/20110912.htm#8; https://www.rikvin.com/press-releases/singapores-infrastructure-ranked-best-in-the-world/; http://www.nationsencyclopedia.com/economies/Asia-and-the-Pacific/Hong-Kong-INFRASTRUCTURE-POWER-AND-COMMUNICATIONS.html.
(27) https://www.autocarindia.com/industry/nitin-gadkari-states-no-autonomous-vehicles-for-india-405503; http://www.bbc.com/news/technology-40716296; 以下も参照のこと。Samar Harlarnkar, "1.5 Million Dead in a Decade: Just What Is Wrong with India's Roads and Vehicles?" *Quartz India*, September 25, 2017, https://qz.com/1086057/1-5-million-dead-in-a-decade-just-what-is-wrong-with-indias-roads-and-vehicles.
(28) http://www.nationmaster.com/country-info/stats/Transport/Roads/Paved/%25-of-total-roads; http://www.mtri.org/unpaved/; https://www.rita.dot.gov/bts/sites/rita.dot.gov.bts/files/publications/national_transportation_statistics/html/table_01_04.html.
(29) Venkat Sumantran, 著者との電話インタビューによる, November 20, 2017.
(30) 30. "Nitin Gadkari Is Right, Driverless Cars Make No Sense in India," *Economic Times*, July 26, 2017, htpps://economictimes.indiatimes.com/articleshow/59769631.cms?utm_source=contentofinterest&utm_medium=text&utm_campaign=cppst.
(31) 「それに加えてインドでは、依然として多くの道路が渋滞や陥没に悩まされており、そのため無人自動車を普及させることは難しい。都市部であっても、家畜や人力車、スクーター、歩行者が車の間をジグザグに通り過ぎるという危険な光景を目にすることは珍しくない。誰も信号や交通マナーに関心を持っておらず、アスファルト上で自分の場所を確保しようと躍起になっている。ここで自動運転車を走らせられるようになるには、何年も準備期間を要するだろう」Leeza Mangaldas, "Why India May Not See Driverless Cars Anytime Soon," *Forbes*, July 25, 2017, https://www.forbes.com/sites/leezamangaldas/2017/07/25/why-india-may-not-see-driverless-cars-anytime-soon/#334dd5b871bd.
(32) Amrit Raj, "India Isn't the Best Market for Autonomous Vehicles: WEF's John Moavenzadeh," *LiveMint*, October 24, 2016, http://www.livemint.com/Companies/4kCgewR8wtLYc20WxAeNqN/India-isnt-the-best-market-for-autonomous-vehicles-says-WE.html.
(33) Peerzada Abrar, "Driving Autonomous Vehicles in India Is the Ultimate Test," The Hindu, July 25, 2016, http://www.thehindu.com/todays-paper/tp-business/Driving-autonomous-vehicles-in-India-is-the-ultimate-test/article14507656.ece.
(34) http://www.ibtimes.co.in/tata-elxsi-planning-test-driverless-cars-bengaluru-roads-712714; 以下も参照のこと。http://trak.in/tags/business/2017/01/19/tata-autonomous-vehicles-1st-self-driving-car-tata/.
(35) https://thetechportal.com/2017/06/20/nissan-autonomous-vehicle-patents-india/.
(36) http://12.000.scripts.mit.edu/mission2014/solutions/roads-in-sub-saharan-africa.
(37) http://www.un.org/africarenewal/magazine/january-2009/laying-africa's-roads-prosperity.
(38) Nyambé Séinya Harleston-Blake, 著者との電話インタビューによる, January 8, 2018.
(39) https://www.forbes.com/sites/mfonobongnsehe/2012/10/25/poor-infrastructure-is-africas-soft-underbelly/#136a15bc632f.

第2章　インフラストラクチャー——少ないほうが豊かになる

(1)　Lewis Mumford, *The Highway and the City* (New York: New American Library, 1964), 23.

(2)　https://www.fhwa.dot.gov/publications/publicroads/96summer/p96su2b.cfm.

(3)　"1916 Democratic Platform, June 14, 1916," *The Patriot Post*, https://patriotpost.us/documents/473.

(4)　https://www.fhwa.dot.gov/publications/publicroads/96summer/p96su2.cfm.

(5)　Archer Butler Hulbert and others, *The Future of Road-making in America: A Symposium*, vol. 15, *Historic Highways of America* (Cleveland: Arthur H. Clark Co., 1905), available at: http://www.gutenberg.org/files/33706/33706-h/33706-h.htm.

(6)　Richard F. Weingroff, "Highway History: Portrait of a General: General Roy Stone: Part 5 of 8: US Office of Road Inquiry," US Department of Transportation, Federal Highway Administration, https://www.fhwa.dot.gov/infrastructure/stone05.cfm.

(7)　https://www.fhwa.dot.gov/publications/publicroads/96summer/p96su10cfm.

(8)　https://www.britannica.com/technology/road.

(9)　http://www.dartfordarchive.org.uk/20th_century/transport_roads.shtml.

(10)　http://www.german-autobahn.eu/index.asp?page=history.

(11)　http://www.abs.gov.au/ausstats/abs@.nsf/0/2e904c15091c39a5ca2569de0028b416.

(12)　American Society of Civil Engineers, "2017 Infrastructure Report Card," http://www.infrastructurereportcard.org.

(13)　Jim Kinney, "Massachusetts Secretary of Transportation Richard Davey Wants to Cut Down on Single Occupancy Car Trips," *MassLive*, October 9, 2012, http://www.masslive.com/business-news/index.ssf/2012/10/massachusetts_state_secretary_of_transpo.html.

(14)　http://blog.cubitplanning.com/2010/02/road-miles-by-state/.

(15)　http://usa.streetsblog.org/2012/10/10/massdot-secretary-we-will-build-no-more-superhighways/.

(16)　http://www.dot.ca.gov/hq/LocalPrograms/atp/index.html; http://la.streetsblog.org/2015/03/18/california-says-it-is-committed-to-increasing-biking-walking/.

(17)　http://www.sun-sentinel.com/news/transportation/fl-reg-doctor-detour-qna-090417-story.html.

(18)　https://www.theguardian.com/technology/2016/apr/07/convoy-self-driving-trucks-completes-first-european-cross-border-trip.

(19)　US Government Accountability Office, *Excessive Truck Weight: An Expensive Burden We Can No Longer Support*, CED-79-94, July 16, 1979, https://www.gao.gov/assets/130/127292.pdf.

(20)　http://www.eupave.eu/documents/news-items/eupave-event-electric-vehicles.xml?lang=en.

(21)　http://didattica.unibocconi.it/mypage/upload/49430_20111107_060417_PUBLICINVESTMENTREV.PDF.

(22)　https://www.pwc.com/gx/en/transportation-logistics/pdf/assessing-global-transport-infrastructure-market.pdf.

(23)　https://www.angloinfo.com/how-to/greece/transport/driving/on-the-road; https://www.acerentacar.gr/rent-a-car-athens-greece/traffic-signs-signals.html; http://www.

Museum, https://trumanlibrary.org/publicpapers/index.php?pid=1548&st=highway&st1=.

(51) https://www.fhwa.dot.gov/infrastructure/safety01.cfm.

(52) Richard F. Weingroff, "Highway History: President Dwight D. Eisenhower, and the Federal Role in Highway Safety: Chapter 1: President Harry S. Truman's Highway Safety Conferences," US Department of Transportation, Federal Highway Administration, https://www.fhwa.dot.gov/infrastructure/safety01.cfm.

(53) Richard F. Weingroff, "Federal-Aid Highway Act of 1956: Creating the Interstate System," *Public Roads* 60, no. 1 (Summer 1996), https://www.fhwa.dot.gov/publications/publicroads/96summer/p96su10.cfm.

(54) https://legalbeagle.com/5436948-history-traffic-laws.html.

(55) http://www.unece.org/trans/main/wp29/meeting_docs_wp29.html.

(56) "Nils Bohlin: Swedish Engineer," *Encyclopaedia Britannica*, https://www.britannica.com/biography/Nils-Bohlin; "The Story of Volvo Cars," https://www.volvocars.com/intl/about/our-company/heritage/innovations.

(57) Seat belts became mandatory in the United States on January 1, 1968, with the passage of 49 US Code, Chapter 301: Motor Vehicle Safety.

(58) https://mitpress.mit.edu/sites/default/files/titles/content/9780262015363_sch_0001.pdf.

(59) http://chandigarh.gov.in/knowchd_gen_plan.htm.

(60) https://aha.confex.com/aha/2017/webprogram/Paper21474.html.

(61) http://www.nyrr.org/about-us/history.

(62) http://www.bettertransport.org.uk.

(63) http://transalt.org/sites/default/files/news/magazine/034Fall/18europe.html.

(64) http://newurbanism.org.

(65) Wendell Berry, *The Art of the Commonplace: The Agrarian Essays of Wendell Berry* (Berkeley, CA: Counterpoint, 2002). 実のところ、ベリーの著作の大部分は同じ主張を行っている。

(66) http://www.telegraph.co.uk/news/worldnews/11414064/How-Europe-is-slowly-dying-despite-an-increasing-world-population.html.

(67) International Monetary Fund, "World Economic Update: Cross Currents," January 2015, http://www.imf.org/external/pubs/ft/weo/2015/update/01/; see also Céline Le Prioux, "Youth Unemployment: Europe's Unshakeable Challenge," *AFP*, January 31, 2018, https://www.yahoo.com/news/youth-unemployment-europes-unshakeable-challenge-175646190.html; and Peter S. Goodman, "Europe's Economy, after 8-Year Detour, Is Fitfully Back on Track," *New York Times*, April 29, 2016, https://www.nytimes.com/2016/04/30/business/international/eurozone-economy-q1.html?mtrref=r.search.yahoo.com&gwh=B45938147C0C8B9CD5C69130F1A9E43E&gwt=pay.

(68) http://www.pewtrusts.org/en/research-and-analysis/blogs/stateline/2017/11/03/millennials-to-cities-ready-or-not-here-we-come; https://www.nytimes.com/2014/10/20/upshot/where-young-college-graduates-are-choosing-to-live.html; https://www.nytimes.com/2014/10/22/upshot/where-the-graduates-are-going-and-where-they-already-are.html; see also http://www.businessinsider.com/best-housing-markets-2018-millennial-home-buying-2017-12/#9-madison-wisconsin-2.

(69) Jane Jacobs, *The Economy of Cities* (New York: Vintage, 1970), 3–4, 6–8.

(24) "What Shall Be the Cure for Automobile Speed Mania?" *Illustrated World* 34, no. 1 (September 1920), available at: https://books.google.com/books?id=_-3NAAAAMAAJ&pg=PA85&lpg=PA85&dq="What+Shall+Be+the+Cure+for+Automobile+Speed+Mania?"&source=bl&ots=rri4b633M3&sig=-Bp6tXcM-yslRDOFLuB8khgbEz8&hl=en&sa=X&ei=3OS2VO-hKIG9ggS-6oOgDA&ved=0CCAQ6AEwAA#v=onepage&q= "What%20Shall%20Be%20the%20Cure%20for%20Automobile%20Speed%20Mania%3F" &f=false.
(25) https://wikivisually.com/wiki/List_of_traffic_collisions.
(26) Edward Robb Ellis, *The Epic of New York City* (New York: Old Town Books, 1966), 460–461.
(27) https://thedayintech.wordpress.com/2013/05/30/auto-vs-bike-ouch/.
(28) http://irishpost.co.uk/mary-ward-irish-scientist-became-worlds-first-car-death-day-1869/.
(29) Andrew McFarlane, "How the UK's First Fatal Car Accident Unfolded," *BBC News*, August 17, 2010.
(30) Ellis, *The Epic of New York City*, 460–461.
(31) http://www.somacon.com/p469.php.
(32) http://worldpopulationreview.com/us-cities/new-york-city-population/.
(33) https://blog.allstate.com/from-rome-to-detroit-a-history-of-street-signs/.
(34) http://www.cabinetmagazine.org/issues/17/blocking.php.
(35) Joseph F. Zimmerman, *The Government and Politics of New York State*, 2nd ed. (Albany: State University of New York Press, 2008), 232.
(36) http://www.nytimes.com/2008/10/12/automobiles/12LIMP.html?mtrref=undefined&gwh=22D8F93D6EE798B24C56D8EB7B1D061B&gwt=pay.
(37) http://www.destination360.com/europe/germany/autobahn.
(38) Lloyd Alter, "It's Blame the Victim Week in the War on Pedestrians," *Tree-hugger*, December 10, 2015, https://www.treehugger.com/walking/cost-war-pedestrians-69750-jaywalking-halifax.html.
(39) https://esnpc.blogspot.com/2014/11/jaywalkers-and-jayhawkers-pedestrian.html.
(40) Peter Norton, *Fighting Traffic: The Dawn of the Motor Age in the American City*, Kindle ed. (Cambridge, MA: MIT Press, 2008), location 916.
(41) http://www.bbc.com/news/magazine-26073797.
(42) https://catalog.hathitrust.org/Record/000968627.
(43) https://legalbeagle.com/5436948-history-traffic-laws.html.
(44) https://www.myparkingsign.com/blog/pedestrian-crossing-signs-history/.
(45) https://en.wikipedia.org/wiki/List_of_motor_vehicle_deaths_in_U.S._by_year.
(46) http://www.u-s-history.com/pages/h1674.html.
(47) https://en.wikipedia.org/wiki/List_of_motor_vehicle_deaths_in_U.S._by_year.
(48) "118. Address Opening the President's Second Highway Safety Conference, June 18, 1947," Public Papers, Harry S. Truman, 1945–1953, *Harry S. Truman Presidential Library and Museum*, https://trumanlibrary.org/publicpapers/index.php?pid=2127&st=highway&st1=.
(49) https://en.wikipedia.org/wiki/List_of_motor_vehicle_deaths_in_U.S._by_year.
(50) "106. Address Before the President's Highway Safety Conference, May 8, 1946," Public Papers, Harry S. Truman, 1945–1953, *Harry S. Truman Presidential Library and*

第1章　昨日、今日、明日――未来は今

(1)　Roland Barthes, *Mythologies* (New York: Jonathan Cape, 1972), 88.
(2)　Rossella Lorenzi, "Da Vinci Sketched an Early Car," *ABC Science/News in Science*, April 26, 2004, http://www.abc.net.au/science/news/stories/s1094767.htm.
(3)　https://www.thoughtco.com/history-of-steamboats-4057901.
(4)　http://www.thedrive.com/vintage/6797/the-untold-history-of-the-first-driverless-car-crash-part-1; see also http://brettberk.com/wp-content/uploads/2017/01/JJ-Lynch-11.jpg; and "Magic Car to Demonstrate Safety," *Herald Statesman*, Yonkers, NY, July 28, 1936, front page (no author).
(5)　http://www.agriculture.com/technology/robotics/autonomous-ag-equipment-is-here_581-ar52154; https://www.theatlantic.com/magazine/archive/2013/09/the-killing-machines-how-to-think-about-drones/309434/;http://www.tomshardware.com/news/amazon-prime-air-drone-delivery,25252.html; http://www.unmannedsystems technology.com/2017/05/new-autonomous-technology-allows-ugvs-cooperate-drones/.
(6)　https://www.technologyreview.com/s/408988/prelude-to-a-robot-race/.
(7)　http://www.dnaindia.com/scitech/report-navia-the-first-driverless-vehicle-introduced-by-induct-company-1948091.
(8)　Reema Punjabi, "Navia—The First Driverless Vehicle Introduced by Induct Company," *DNA*, January 9, 2014, http://www.dnaindia.com/scitech/report-navia-the-first-driverless-vehicle-introduced-by-induct-company-1948091.
(9)　http://news.sky.com/story/public-trial-for-driverless-cars-beginning-in-milton-keynes-10613089.
(10)　http://www.bbc.com/news/uk-england-beds-bucks-herts-24849948.
(11)　https://sputniknews.com/science/201711281059504905-sweden-driverless-cars/.
(12)　https://techcrunch.com/2017/03/27/ubers-autonomous-cars-return-to-the-road-in-san-francisco-today/.
(13)　https://owlcation.com/social-sciences/Cultural-Differences-Between-the-US-and-Japan.
(14)　https://www.forbes.com/sites/tromero/2018/04/03/what-ubers-crash-tells-us-about-japans-silent-strategy-for-driverless-cars/#102e2f0a3e39.
(15)　http://www.businessinsider.com/what-bmw-driverless-car-looks-like-2017-3/#the-interior-is-sleek-and-clear-of-any-clutter-if-you-choose-to-drive-it-yourself-a-heads-up-display-will-show-you-useful-information-like-where-you-are-on-your-route-3.
(16)　ダン・スタージェスへの電話インタビューによる。2017年6月19日実施。
(17)　Isaac Asimov, "Sally," first published in *Fantastic*, May-June 1953, available at: http://www.e-reading.club/chapter.php/82060/20/Isaac_Asimovs_Worlds _of_Science_Fiction._Book_9__Robots.html.
(18)　Carlton Reid, *Roads Were Not Meant for Cars* (Washington, DC: Island Press, 2015), xiii.
(19)　https://en.wikipedia.org/wiki/Good_Roads_Movement.
(20)　http://www.kshs.org/kansapedia/good-roads-movement/12067.
(21)　https://www.kshs.org/p/western-trails-project-advent-of-automobiles/13881. *Bicycles on roads:* www.Bikeforum.net/touring/123478/how-to-find-out-state-interstate-highways-freeways-you-can-bicycle.html
(22)　http://www.carhistory4u.com/the-last-100-years/car-production.
(23)　http://www.drivinglessons-cumbernauld.com/history-of-driving.html.

註

自動化された乗り物の登場がもたらす未来については、多くの人々がウェブサイトやブログ、伝統的な紙のメディア、あるいは学術論文で主張を展開している。それらはアーカイブのされ方がさまざまで、有料でのみ閲覧可能なものもあれば、なかにはあっという間に消えてしまうものもある。ここに掲載した「道路標識」はすべて読む価値があるが、リンクを示すことしかできないものがほとんどだ。引用した情報に百科事典のような詳細な注釈を付けることは避けた。本書の性質上、膨大なページを費やしてしまうし、急速に進むオンライン上の議論のためにすぐに内容が陳腐化してしまうからだ。

イントロダクション　この車はバックできません

(1) Norman Bel Geddes, *Magic Motorways* (New York: Random House, 1940), 4.

(2) Mike Isaac, "Self-Driving Truck's First Mission: A 120-Mile Beer Run," *New York Times*, October 25, 2016, https://www.nytimes.com/2016/10/26/technology/self-driving-trucks-first-mission-a-beer-run.html?mtrref=www.bing.com.

(3) https://www.rita.dot.gov/bts/programs/freight_transportation/html/transportation.html.

(4) http://www.businessinsider.com/heres-everywhere-uber-is-banned-around-the-world-2015-4.

(5) https://www.bloomberg.com/news/articles/2015-01-08/driverless-car-global-market-seen-reaching-42-billion-by-2025; 以下も参照のこと。https://www.marketresearchfuture.com/statistical-reports/europe-autonomous-vehicles-countries-market-2402.

(6) https://www.infoholicresearch.com/global-autonomous-vehicles-market-to-reach-126-8-billion-by-2027/.

(7) http://reports.weforum.org/digital-transformation/reinventing-the-wheel/.

(8) https://newsroom.intel.com/newsroom/wp-content/uploads/sites/11/2017/05/passenger-economy.pdf.

(9) Daniel B. Kline, "How Often Does the Average American Replace Her Cell Phone?" *Motley Fool*, July 15, 2015, https://www.fool.com/investing/general/2015/07/15/how-often-does-the-average-american-replace-his-or.aspx.

(10) Aarian Marshal, "Elon Musk Reveals His Awkward Dislike of Mass Transit," *Wired*, December 12, 2017, https://www.wired.com/story/elon-musk-awkward-dislike-mass-transit/.

(11) http://asirt.org/initiatives/informing-road-users/road-safety-facts/road-crash-statistics.

サミュエル・I・シュウォルツ（Samuel I. Schwartz）
「グリッドロック（渋滞）・サム」として知られる全米トップの交通専門家。ニューヨーク市運輸局のチーフエンジニア、局長を務めた後、サム・シュウォルツ・エンジニアリングを創設。全米の都市はもとより世界のさまざまな都市の交通計画についてコンサルティングを行なうかたわら、ニューヨーク・デイリーニュースのコラムニストも務める。ニューヨーク市在住。

小林啓倫（こばやし・あきひと）
1973年東京都生まれ。筑波大学大学院修士課程修了。システムエンジニアとしてキャリアを積んだ後、米バブソン大学にてMBA取得。外資系コンサルティングファーム、国内ベンチャー企業などで活動。著書に『FinTechが変える！ 金融×テクノロジーが生む出す新たなビジネス』『IoTビジネスモデル革命』（いずれも朝日新聞出版）など、訳書に『テトリス・エフェクト』（白揚社)、『ピボット・ストラテジー』（東洋経済新報社)、『FinTech大全』（日経BP社)、『プロフェッショナルの未来』（朝日新聞出版）などがある。

NO ONE AT THE WHEEL by Samuel I. Schwartz

ISBN 978-4-8269-0214-4

ドライバーレスの衝撃《しょうげき》

二〇一九年十二月二十一日　第一版第一刷発行

著　者　サミュエル・I・シュウォルツ
訳　者　小林啓倫《こばやしあきひと》

発行者　中村幸慈
発行所　株式会社　白揚社　©2019 in Japan by Hakuyosha
〒101-0062　東京都千代田区神田駿河台1-7
電話　03-5281-9772　振替　00130-1-25400
装　幀　岩崎寿文
印刷・製本　モリモト印刷株式会社

ダン・アッカーマン 著　小林啓倫 訳

テトリス・エフェクト

世界を惑わせたゲーム

１９８９年、任天堂がソ連へ送りこんだ一人の男――目的はゲームボーイ版テトリスの発売権獲得だった。ソ連政府との駆け引き、日米英ライセンス争い、法廷闘争……史上最も売れたゲームの驚きの誕生秘話。　四六判　３５８ページ　本体価格２３００円

リチャード・ハリス著　寺町朋子訳

生命科学クライシス

新薬開発の危ない現場

効果を再現できない医薬研究、約９割――命を救うはずの研究が無用な臨床試験、誤った情報、虚しい希望を生み出し続けている。ずさんな研究はなぜ横行するのか？　医薬研究の衝撃の実態を暴く問題作。　四六判　３０２ページ　本体価格２７００円

アナスタシア・マークス・デ・サルセド著　田沢恭子訳

戦争がつくった現代の食卓

軍と加工食品の知られざる関係

プロセスチーズ、パン、成型肉、レトルト食品、シリアルバー……「安くて長持ちするおいしい食品」のルーツは兵士の糧食だった！　綿密な取材を基に、食品開発に軍と科学技術がどんな役割を果たしてきたかを探る。　四六判　３８４ページ　本体価格２６００円

マーク・ブキャナン 著　熊谷玲美 訳　高安秀樹 解説

市場は物理法則で動く

経済学は物理学によってどう生まれ変わるのか？

市場均衡、合理的期待、効率的市場仮説……これまで経済学が教えてきた考えでは、現実の市場は説明できない。『複雑な世界、単純な法則』などのベストセラー著者が、物理学の視点から経済学の常識に鋭く切り込む！　四六判　４２０ページ　本体価格２４００円

ポール・ブルーム著　高橋洋訳

反共感論

社会はいかに判断を誤るか

無条件に肯定されている共感に基づく考え方が、実は公正を欠く政策から人種差別まで、社会のさまざまな問題を生み出している。心理学・脳科学・哲学の視点からその危険な本性に迫る全米で物議を醸した衝撃の論考。　四六判　３１８ページ　本体価格２６００円

経済情勢により、価格に多少の変更があることもありますのでご了承ください。
表示の価格に別途消費税がかかります。